Sammlung Metzler
Band 285

Lena Lindhoff

Einführung in die feministische Literaturtheorie

2., überarbeitete Auflage

Verlag J.B. Metzler Stuttgart · Weimar

Bibliografische Information Der Deutschen Bibliothek
Die Deutsche Bibliothek verzeichnet diese Publikation in der Deutschen Nationalbibliografie; detaillierte bibliografische Daten sind im Internet über <http://dnb.ddb.de> abrufbar.

Gedruckt auf chlorfrei gebleichtem, säurefreiem und alterungsbeständigem Papier

SM 285

ISBN 3-476-12285-9
ISSN 0 558 3667

© 2003 J.B. Metzlersche Verlagsbuchhandlung
und Carl Ernst Poeschel Verlag GmbH in Stuttgart
www.metzlerverlag.de
info@metzlerverlag.de
Einbandgestaltung: Willy Löffelhardt)
Satz: Schreibbüro Eva Burri, Stuttgart
Druck und Bindung: Ebner & Spiegel GmbH, Ulm
Printed in Germany
April/2003

Verlag J.B. Metzler Stuttgart . Weimar

Inhalt

Einleitung

Das Weiblichkeitsideal der Autorin X ist eine passive, leidende Frau, die darin aufgeht, einen Mann zu lieben: Nicht die Empirie, sondern die internalisierte Geschlechtsrolle bestimmt ihr Selbstbild. Sie hat sich nicht aus der männlich-literarischen Tradition befreit, obwohl schon lange ein neues Modell von Weiblichkeit existiert, das der Realität der Frauen im 20. Jahrhundert Rechnung trägt: Ibsens Nora, die schlicht und einfach den Entschluß faßt, die eingeübte Abhängigkeit aufzugeben. Nora führt vor, wie die Frau vom Stadium eines stummen Bildes abrückt und zum Entwurf einer eigenen Identität gelangt. Autorin X jedoch beharrt wider besseres Wissen auf einer Weiblichkeit, die dem Mann zwar als das ganz Andere gegenübersteht, aber nicht Autonomie, sondern Abhängigkeit, Unmündigkeit, Masochismus und Selbstzerstörung bedeutet.

Autorin Y hat die feministische Kritik der patriarchalischen Ordnung radikalisiert. Ihre Texte machen sichtbar, daß die Fundamente der Unterdrückung in der Sprache selbst zu suchen sind, im abendländischen Typus von Symbolisierung, der durch eindeutige Sinnzuweisungen das ›Andere‹ zu eliminieren sucht. Im ›hysterischen‹ Aufbegehren der Protagonistin ihres Romans führt Autorin Y die Kolonialisierung und Vernichtung der Frau im allesbeherrschenden patriarchalischen Symbolisierungsprozeß vor Augen. Durch ihr Verfahren einer ›Entsymbolisierung‹ leitet sie zugleich einen anderen literarischen Prozeß ein, in dem das verworfene ›Andere‹ auftauchen kann.

Zwei zeitgenössische Schriftstellerinnen im Spiegel der feministischen Literaturkritik – so scheint es. In Wirklichkeit beziehen sich beide Darstellungen auf dieselbe Autorin: Ingeborg Bachmann. Die erste entstammt Marlis Gerhardts *Essays zur Kränkung der Frau* (Gerhardt 1982), die zweite einem nur zwei Jahre später erschienenen Aufsatz von Marianne Schuller (Schuller 1984). Die etwas vergröbernde Zusammenfassung läßt die Tatsache außer acht, daß Gerhardt über *Malina*, Schuller über *Der Fall Franza* schreibt; aber das, worüber hier verhandelt wird, gilt für den gesamten *Todesarten*-Zyklus Bachmanns, dem die beiden Romane entstammen. Die Polarität der Wertungen ist mehr als eine individuelle Meinungsverschiedenheit. Sie läßt einen Paradigmenwechsel sichtbar werden, der sich in den achtziger Jahren des 20. Jh. innerhalb der feministischen Literaturwissenschaft vollzog:

einen Wechsel von angloamerikanischen zu französischen und von
soziohistorischen zu poststrukturalistischen Theoriemodellen. Die
deutschsprachige feministische Literaturwissenschaft vollzieht dabei mit
einer gewissen Zeitverzögerung eine Entwicklung in den USA nach. In
Gerhardts *Malina*-Verriß finden sich Wertungskriterien, die in den
siebziger Jahren vor allem von angloamerikanischen Literaturwissenschaftlerinnen an literarische Texte herangetragen wurden: etwa die Gegenüberstellung von Frauenleben und ideologisch verzerrten literarischen Frauenbildern oder die moralisierende Forderung, literarische
Texte sollten realistische und zugleich vorbildliche Frauenfiguren entwerfen.

Seit Ende der siebziger Jahre forderte eine neue Generation ameri-
kanischer Feministinnen eine Revision unhinterfragter Grundannah-
men der bisherigen feministischen Literaturkritik. Nach der Befreiungs-
euphorie der siebziger Jahre hatte sich gezeigt, daß mit dem Zauber-
wort Emanzipation die Probleme der Frauen keineswegs gelöst waren.
Die Unterdrückung des Weiblichen ging tiefer, als es zunächst schien:
bis in die eigene Sprache, die eigene Sexualität, das eigene Selbst. Es
entstand ein neues Interesse an der Psychoanalyse, die von den angloamerikanischen Pionierinnen der neuen Frauenbewegung als ein
Hauptstützpunkt patriarchalischer Ideologie zurückgewiesen worden
war. Die poststrukturalistische Theoriebildung Lacans, Derridas, Kristevas, Foucaults oder Barthes' schien eine neue, zeitgemäße Theoreti-
sierung von Sprache, Subjektivität und Sexualität auf der Grundlage
einer entstaubten Psychoanalyse zu bieten, auf deren Fundament auch
die feministische Kritik aufbauen konnte. Das zentrale Anliegen der
bisherigen feministischen Literaturkritik, die Konstitution weiblicher
Subjektivität und Identität, wurde zurückgewiesen: Die Frauen sollten
jetzt vielmehr dazu beitragen, die abendländischen Subjektivitäts- und
Identitätskonzepte überhaupt zu überwinden.

Das Subjekt erscheint in der poststrukturalistischen Theorie als
bloßes Produkt sprachlicher Strukturen und kollektiver Diskurse; sein
Selbstverständnis als autonomer Ursprung seines Denkens und Sprechens ist nur ein illusionärer Versuch, die sinn- und realitätskonstitu-
tive Macht der Sprache zu leugnen. Durch diese Leugnung stützt das
Subjekt das ›phallogozentrische‹ Bedeutungssystem der abendländischen Kultur. Die phallogozentrische ›Metaphysik des Identischen‹, die
sich über den Ausschluß dessen konstituiert, was der Eindeutigkeit
zuwiderläuft, hat eine scheinbar ansichseiende, eindeutige, hierarchisch
geordnete Sinnstruktur hervorgebracht, in der das – allen Sinn erst
produzierende – Spiel der Sprache verleugnet und stillgestellt wird. Die
›Dekonstruktion‹ dieser Ordnung muß zwar zunächst über eine Privi-

legierung des ›Weiblichen‹ erfolgen, da dieses innerhalb der phallogozentrischen Ordnung metaphorisch mit dem Verdrängten identifiziert
ist: dem Unbewußten, Unheimlichen, Nichtidentischen, dem Tod. In
dieser Funktion ist das Weibliche/die Frau die unterdrückte ›Wahrheit‹
des herrschenden, patriarchalischen Sinnsystems, das vom ›Gesetz des
Vaters‹ bestimmt wird. Letztlich geht es in der poststrukturalistischen
Theoriebildung aber nicht um das Weibliche, sondern um eine Dekonstruktion der Geschlechterdifferenz überhaupt: Auch die Rede von
zwei Geschlechtern ist bloßes Konstrukt, eine spracherzeugte, hierarchische Opposition, die dekonstruiert werden muß.

Die paradigmatische Erscheinungsform des Weiblichen im poststrukturalistischen Diskurs ist die Hysterie. Die ›Frauenkrankheit‹ der
Sprach- und Ichlosigkeit und des psychosomatisierenden Körpers wird
zum Vorbild der Dekonstruktion, weil die Frau als Nicht-Subjekt von
jeher die subversive Praxis der ›Maskerade‹, der Verweigerung von Identität verkörpere. Insofern die Dekonstruktion sich das so definierte
›weibliche Verfahren‹ zu eigen machen will, versteht sie sich als eine
Feminisierung des Denkens (und verstehen sich Theoretiker wie Lacan
und Derrida als ›weibliche‹ Denker). Von der Frau wird dieses ›Weibliche‹ im Zuge der ›Dekonstruktion der Geschlechterdifferenz‹ vollständig abgelöst. Es läßt sich kaum übersehen, daß diese Bestimmung
des ›Weiblichen‹ die Züge einer vertrauten Vereinnahmung trägt: Wenn
männliche Denker ›weiblich‹ werden, sind Frauen und damit auch eine
feministische Theorie überflüssig geworden. Einmal mehr fungiert die
Frau als Trägerin und Ressource eines Verdrängten, dessen Aktivierung
zu einer Selbstkritik und Erneuerung des männlichen Subjekts dient,
während der Frau der Subjektstatus versagt bleibt. Ein affirmativer Re-
kurs auf Lacan und Derrida hat daher keine Erneuerung des Feminismus zur Folge, sondern dessen ›postfeministische‹ Eliminierung. Zwar
trägt feministische Theoriebildung ihr Ende immer schon in sich, insofern sie auf eine Veränderung der Verhältnisse zielt, deren Realisierung sie überflüssig machen würde. Aber ein Ende des Feminismus
auszurufen, solange sich nicht die Verhältnisse, sondern nur die Erklä-
rungsmuster dafür geändert haben, kommt einer Affirmation des Status quo gleich.

Seit Beginn der neunziger Jahre begann sich auch in den Reihen
der Poststrukturalistinnen selbst Kritik an der poststrukturalistischen
Weiblichkeitstheorie zu regen. Die amerikanische Derrida-Übersetzerin Gayatri Spivak etwa schreibt: »Erstens, Dekonstruktion ist erhellend als eine Kritik des Phallogozentrismus; zweitens, sie ist überzeugend als Argument gegen die Begründung eines hysterazentrischen
Diskurses, mit dem ein phallozentrischer Diskurs gekontert werden

soll; drittens, als eine ›feministische‹ Praxis selbst ist sie auf der anderen Seite der sexuellen Differenz gefangen« (Spivak 1992, 204). Welche neue feministische Praxis in der Literaturwissenschaft könnte aus dieser Erkenntnis folgen? Diese Frage ist der Fluchtpunkt der vorliegenden Rekonstruktion der Entwicklung der feministischen Literaturtheorie. Die scharfe Trennung zweier Paradigmen erweist sich dabei als unhaltbar. Deutlich wird vielmehr, daß aus den immanenten Problemstellungen der einzelnen Ansätze Fragen hervorgehen, die auf den jeweils anderen Ansatz notwendig verweisen.

In den eingangs erwähnten Bachmann-Interpretationen von Marlis Gerhardt und Marianne Schuller stehen sich zwei Frauengestalten gegenüber, die als mythische Figuren des Feminismus bezeichnet werden können: Nora, die Figur aus Ibsens *Puppenheim* und Dora, die Hysterikerin, deren Fall Freud in seinem *Bruchstück einer Hysterie-Analyse* publik gemacht hat. Beide sind uns durch Texte von Männern bekannt, obwohl die eine fiktiv, die andere real ist, und beide verdanken ihre Bekanntheit derselben signifikanten Geste: Sie schlagen eine Tür hinter sich zu, hinter der sie einen Mann zurücklassen. Dennoch verkörpern sie in ihrer Rezeption einen diametralen Gegensatz: Nicht nur in den genannten Bachmann-Interpretationen lassen sie sich als Verkörperungen der beiden Paradigmen der feministischen Literaturwissenschaft lesen. Gerhardt hält dem weiblichen Ich in *Malina* Noras Entschluß entgegen, die versklavende Gemeinschaft mit dem Mann aufzukündigen. Schuller interpretiert den *Fall Franza* auf der Folie des ›Falles Dora‹ als eine Hysterie-Studie mit umgekehrten Vorzeichen, in der die Psychoanalyse, stellvertretend für die patriarchalische Wissenschaft überhaupt, nicht als Heilungsmöglichkeit, sondern als Ursache der Hysterie dargestellt werde: Franza wird von ihrem Psychoanalytiker-Ehemann krank gemacht, indem er sie zu seinem Geschöpf zu machen, die ›Andere‹ in ihr zu ›töten‹ versucht. Franzas Hysterie ermöglicht ihr, die eindeutigen Identifizierungen dieses patriarchalischen »Bedeutungswahns« zu unterlaufen und das verworfene ›Andere‹ einzuklagen (Schuller 1984, 153).

Nora, die Emblemfigur der siebziger und frühen achtziger Jahre, steht in der feministischen Rezeption zum einen für die Befreiung von den repressiven männlichen Zuschreibungen an die Frau – die Simone de Beauvoir bereits 1949 als patriarchalischen ›Mythos‹ analysierte –, zum anderen für den Entwurf einer eigenständigen weiblichen Identität – wie sie schon in Virginia Woolfs Suche nach einer eigenen weiblichen Schreibtradition zum Ausdruck kam. Von jeder dieser beiden Pionierinnen der feministischen Literaturtheorie nahm eine eigene Richtung literaturwissenschaftlicher Forschung in den siebziger Jahren ihren Ausgang: Auf Beauvoir berief sich die ideologiekritische Relektüre des männlichen Literaturkanon, Woolf wurde zur ›Mutter‹ der Frauenliteraturgeschichte.

Im ersten Teil wird versucht, anhand ausgewählter Beispiele die theoretischen Grundlagen dieser beiden Forschungsrichtungen deutlich zu machen und ihren feministischen Anspruch mit dem methodischen Vorgehen, den Ergebnissen und Wertungen, zu denen sie gelangen, zu konfrontieren. Dabei ergeben sich immanente Widersprüche und ungelöste Probleme, die erst innerhalb des poststrukturalistischen Paradigmas thematisiert werden können. So bestimmt die feministische Relektürepraxis im Anschluß an Beauvoir den ›Mythos Frau‹ als Projektion des Verdrängten im Patriarchat; indem sie diesen Mythos aber zugunsten ideologiefreier Weiblichkeitsdarstellungen zurückweist, ohne seine verdrängten Gehalte auf ihr subversives Potential hin zu befragen, bleibt sie bei einer Reproduktion der männlichen Ordnung und der männlichen Subjektivität stehen. Symptomatisch dafür ist die Tendenz, literarische Texte von Frauen am (männlichen) Maßstab ›großer‹ Kunst zu messen und häufig als defizitär zu verwerfen, ohne die Möglichkeit in Betracht zu ziehen, sie in den Kontext einer anderen ästhetischen Praxis zu stellen. Die ideologiekritische Analyse kanonisierter ›männlicher‹ Texte dagegen beschränkt sich auf die ›Sexualpolitik‹ der Inhaltsebene, bleibt aber blind für die Gewaltförmigkeit ihrer ästhetischen Form. In dieser spiegelt sich jedoch eine Subjektivität, die sich über die Vernichtung und Aneignung des ›Anderen‹ konstituiert; weil dieser Zusammenhang nicht gesehen wird, verordnen diese Theoretikerinnen der Frau als Autorin jene männliche Subjektivität, die sich über die Opferung des ›Weiblichen‹ konstituiert. Erst die Subjektkritik der poststrukturalistischen Ansätze trägt dieser Problematik Rechnung; sie mündet aber in eine Zurückweisung von Subjektivität und Identität überhaupt, die aus feministischer Sicht nicht weniger problematisch erscheint.

Der Darstellung der poststrukturalistischen Weiblichkeits- und Literaturtheorien, als deren emblematische Figur sich Dora, die Hysterikerin, zu erkennen gibt, ist zunächst ein Kapitel über das Verhältnis von feministischer Theorie und Psychoanalyse vorangestellt. Zum einen ist die Theorie Freuds eine Grundlage zum Verständnis zentraler poststrukturalistischer Theoreme. Zum anderen erweist sich die psychoanalytische Theorie der psychosexuellen Subjektkonstitution als eine der wichtigsten Grundlagenwissenschaften feministischer Literaturtheorie – sofern sie einer feministischen Revision unterzogen wird.

Der dritte Teil widmet sich der Darstellung von Theorien aus dem Umkreis des Poststrukturalismus (Lacan, Derrida, Kristeva, Cixous,

Irigaray). Mit dem Versuch, die Genese zentraler poststrukturalistischer Termini nachvollziehbar zu machen und die einzelnen Theorien unterscheidbar zu halten, möchte ich dabei der verbreiteten eklektischen Tendenz entgegenwirken, diese schwierigen Theorien zu einem einzigen ununterscheidbaren und damit unangreifbaren Konglomerat zusammenzuziehen. Gerade aus einer feministischen Perspektive sind die Differenzen dieser Theorien hinsichtlich der Bestimmung von Sprache/Schrift, Realität, Körper und Weiblichkeit von entscheidender Bedeutung: Ein feministisches Erkenntnisinteresse läßt deutlich werden, daß auch Theorien, die sich das Ins-Spiel-Bringen von unterdrückten Differenzen zur Aufgabe gemacht haben, zu einer hierarchischen Festschreibung oder Verdrängung der Geschlechterdifferenz neigen können. Ein großer Teil der poststrukturalistischen Theoriebildung partizipiert selbst noch an jenem scheinbar geschlechtsneutralen, in Wirklichkeit aber männlichen Wissenschaftsdiskurs, als dessen (Selbst-) Kritik sie auftritt.

Das feministische Bestreben, die verleugnete Geschlechterdifferenz in die männlichen Diskurse hineinzutragen, bedeutet auch einen Abschied von der Scheinobjektivität wissenschaftlicher Urteile und der Verabsolutierung des eigenen Standpunkts. Feministische Literaturwissenschaftlerinnen sollten die Perspektivik auch der eigenen Urteile erkennbar machen – nicht nur die Differenz einer weiblichen zur universalisierten männlichen Perspektive, sondern auch die Differenzen von Frauen untereinander. Deutlich wird sowohl die Andersartigkeit des Blicks, der von der weiblichen Seite der Geschlechterdifferenz ausgeht, als auch die Unterschiedlichkeit der Selbstidentifikation von Frauen vor allem bei dem Versuch, poststrukturalistische bzw. feministische Literaturtheorien auf literarische Texte von Frauen anzuwenden: Die Komplexität, Uneindeutigkeit und Erfahrungshaltigkeit literarischer Texte läßt theoretische Reduktionen sichtbar werden. Daher werden in der vorliegenden Darstellung immer wieder literarische Texte – vor allem von Ingeborg Bachmann, Virginia Woolf und Marguerite Duras – herangezogen, um die Theorien an ihnen zu überprüfen, anschaulich werden zu lassen oder zu kritisieren.

Das Phänomen der Hysterie erweist sich dabei – jenseits ihrer poststrukturalistischen Vereinnahmung – als ein Schlüssel zu zentralen Problemen feministischer Literaturwissenschaft. Die poststrukturalistische ›Hommage‹ an die Hysterikerin trägt der ›unerhörten Botschaft der Hysterie‹ ebensowenig Rechnung wie ihre Verwerfung durch die feministische Literaturkritik der siebziger Jahre (wie sie sich noch an Marlis Gerhardts Bachmann-Kritik ablesen läßt). Eine freudkritische, feministische Hysterie-Theorie dagegen vermag die Ambivalenz dieses

Phänomens sichtbar zu machen: Einerseits dem ›Gesetz des Vaters‹ verhaftet, klagt die Hysterikerin andererseits ein Unerfülltes ein, das sich mit einer ausstehenden weiblichen Selbstidentifikation und der verdrängten präödipalen Beziehung zur Mutter in Zusammenhang bringen läßt. Wenn der ›Diskurs der Hysterikerin‹ Lacan und Irigaray zufolge in der abendländischen Kultur der weibliche Diskurs überhaupt ist, so wäre eine ›Heilung‹ der Hysterikerin gleichbedeutend mit der (nicht-essentialistischen) Konstruktion einer anderen, weiblichen Subjektivität. In ihr wäre die kulturelle Spaltung des Weiblichen in eine ›andere‹ (die Frau als ein scheinbar ›identisches‹ Individuum, das aber als Subjekt von sich selbst entfremdet und verfügbares Objekt des Mannes ist) und eine ›Andere‹ (die Frau als Trägerin des Fremden, Heterogenen, aus dem männlichen Selbstbild Ausgegrenzten), die die Hysterikerin in ihrer gespaltenen Ich-Erfahrung reproduziert, aufgehoben.

Eine feministische Literaturwissenschaft, die weder in die unreflektierten Emanzipationsentwürfe der siebziger Jahre zurückfallen will, auf deren versteckte Reproduktion patriarchalischer Ideologie der Poststrukturalismus zu Recht aufmerksam gemacht hat, noch in einen affirmativen Postfeminismus einstimmen will, sollte sich die Hysterieforschung zu eigen machen. Im Hinblick auf die Literatur von Frauen müßte sie sowohl die Normativität der emanzipatorischen Lektüre als auch die bloße Suche nach hysterischen Dekonstruktionsstrukturen überwinden, indem sie beide Konzepte zusammenführte. Das Ergebnis könnte eine ›symptomatische‹ Lektüre sein, die insofern dekonstruktivistisch vorgeht, als sie die in den Texten selbst ausgetragenen Konflikte aufnimmt und in Bewegung bringt, aber sie auch weiterdenkt, indem sie nach ihrer Lösung im Sinne einer weiblichen Selbstidentifikation fragt. Sie müßte auf der Konstitution einer weiblichen Subjektivität beharren, die sich aber ihrer Konstruiertheit und Unabschließbarkeit bewußt ist und offen bleibt für unterschiedliche Sinnmöglichkeiten der Bestimmung von Frausein. In einer so verstandenen feministischen Praxis wären Nora und Dora nicht mehr Gegnerinnen, sondern Schwestern.

I. Nora oder Weiblichkeit als patriarchalischer Mythos

> *[...] es war ja die Welt der Bilder, die, wenn alles weggefegt war, was von den Geschlechtern abgesprochen war und über sie gesprochen war, noch blieb. Die Bilder blieben, wenn Gleichheit und Ungleichheit und alle Versuche einer Bestimmung ihrer Natur und ihres Rechtsverhältnisses längst leere Worte geworden waren und von neuen leeren Worten abgelöst wurden. Jene Bilder, die, auch wenn die Farben schwanden und Stockflecken sich eintrugen, sich länger hielten und neue Bilder zeugten. Das Bild der Jägerin, der großen Mutter und der großen Hure, der Samariterin, des Lockvogels aus der Tiefe und der unter die Sterne Versetzten ... Ich bin in kein Bild hineingeboren, dachte Charlotte. Darum ist mir nach Abbruch zumute. Darum wünsche ich ein Gegenbild, und ich wünsche, es selbst zu errichten.*

> Ingeborg Bachmann:
> *Ein Schritt nach Gomorrha*

1. Die Welt der Bilder

Beauvoir: Grundprobleme

Mit Simone de Beauvoirs *Le Deuxième Sexe* erschien 1949 ein Buch von epochaler Bedeutung. Mehr als ein Jahrzehnt vor der neuen Frauenbewegung und in einer Zeit, in der der Feminismus des 19. und frühen 20. Jahrhunderts fast in Vergessenheit geraten war, unternahm Beauvoir nicht nur den Versuch einer umfassenden empirisch-historischen Bestandsaufnahme der Situation der Frau, sondern auch deren philosophische Begründung. Beauvoir entwickelte Grundbegriffe zur Bestimmung der Geschlechterdifferenz, mit denen die feministische Theorie bis heute operiert: das ›Eine‹/das ›Andere‹, ›Transzendenz‹/›Immanenz‹, der ›Mythos‹ des Weiblichen, biologisches Geschlecht/soziales Geschlecht. Im Ansatz nahm sie bereits die gesamte Problematik vorweg, die in den folgenden Jahrzehnten mit wechselnder Akzentsetzung diskutiert werden sollte: die Frage nach Gleichheit oder Diffe-

renz, nach einer weiblichen Subjektivität, nach der sozialen Konstruiertheit von Weiblichkeit, nach der Bedeutung des Körpers, nach dem
Verhältnis von diskursiven und sozialen Strukturen – auch wenn sie
selbst auf diese Fragen unbefriedigende und widersprüchliche Antworten gab. Ausgangspunkt ihrer Theoriebildung war die Erkenntnis, daß
die abendländische Kultur eine männliche Kultur sei:

Daß in Standesamtsregistern und auf Personalbogen die Rubriken ›Männlich,
Weiblich‹ gleichgeordnet erscheinen, ist rein äußerlich. Das Verhältnis der
beiden Geschlechter ist nicht das von zwei Elektrizitäten, zwei Polen: Der
Mann ist so sehr zugleich der positive Pol und das Ganze, daß im Französischen das Wort ›homme (Mann)‹ den Menschen schlechthin bezeichnet. Die
Frau [...] wird bestimmt und unterschieden mit Bezug auf den Mann, dieser
aber nicht mit Bezug auf sie; sie ist das Unwesentliche angesichts des Wesent-
lichen. Er ist das Subjekt, er ist das Absolute: sie ist das Andere. (Beauvoir
1968, 10)

Der Gedanke war nicht ganz neu. Er findet sich bereits bei dem deutschen Kulturphilosophen Georg Simmel und in der Folge im Umkreis
der Kritischen Theorie. »Die Frau ist nicht Subjekt«, schreiben auch
Adorno und Horkheimer in der *Dialektik der Aufklärung*. Doch während der Ausschluß der Frau entweder, wie bei Horkheimer/Adorno,
nur am Rande thematisiert oder, wie bei Simmel, durch die Rede von
einer substantiellen Andersheit der Frau letztlich wieder legitimiert
wurde, war Beauvoir die erste, die den Status der Frau als ›Andere‹
systematisch zu analysieren suchte und ihre Subjektwerdung einklagte.
    Das ›Andere‹ ist für Beauvoir eine Grundkategorie des menschli-
chen Denkens. Sie geht davon aus, daß der Mensch nichts als ›Eines‹
bestimmen kann, ohne ihm ein ›Anderes‹ entgegenzusetzen; daß Be-
deutungszuschreibungen nur mittels binärer, hierarchischer Gegensät-
ze erfolgen können. Das gilt für sie in erkenntnistheoretischer wie in
sozialer Hinsicht: Die Selbstdefinition menschlicher Gemeinschaften
bringt stets den ›Anderen‹ in Gestalt ausgegrenzter oder unterdrückter
Gruppen, Klassen, Kasten oder Rassen hervor. Die Konstitution gesellschaftlicher Kollektive sieht Beauvoir in der des einzelnen Subjekts
vorgebildet, wie Hegel sie in der *Phänomenologie des Geistes* modellhaft
mit der Dialektik von Herr und Knecht beschrieben habe. Beauvoirs
Theoriebildung liegt eine vereinfachende Hegellektüre zugrunde, die
dessen Philosophie für ihre Zwecke nutzbar zu machen sucht. Sie geht
davon aus, daß »das Subjekt sich nur (setzt), indem es sich entgegen-
setzt: es hat das Bedürfnis, sich als das Wesentliche zu bejahen und das
Andere als das Unwesentliche, als Objekt zu setzen« (Beauvoir 1968,
10f.). Die Pointe des Hegelschen Modells ist jedoch gerade die Ein-
sicht in die Intersubjektivität der Subjektwerdung; das Bewußtsein fin-

det sein Wesen nicht durch sich selbst, sondern nur in der Anerkennung durch das andere Bewußtsein. In Beauvoirs Worten: »Sobald das Subjekt sich zu bejahen sucht, braucht es [...] das Andere [...]: nur durch diese Wirklichkeit, die es selber nicht ist, gelangt es zu sich selbst« (ebd., 152). Spätere feministische Theoretikerinnen wie Luce Irigaray, Hélène Cixous oder Jessica Benjamin werden die Notwendigkeit des Wunsches nach Vernichtung des Anderen in Frage stellen. Für Beauvoir aber ist eine wechselseitige Anerkennung zweier Subjekte, die nicht von dem Wunsch nach Vernichtung und Unterwerfung geprägt wäre, nicht denkbar. Eine andere, nichtrepressive Form der Interaktion, in der eine wechselseitige Anerkennung zweier Subjekte verwirklicht wäre, kann sie sich nur als »einen unaufhörlich unternommenen und wieder aufgegebenen Kampf« (ebd., 152) vorstellen; noch die Utopie einer Gleichberechtigung der Geschlechter, die die hierarchische Geschlechterordnung ablösen würde, wäre für sie ein unendlicher Geschlechterkampf.

Da die Herr-Knecht-Beziehung auf einem grundsätzlichen Widerspruch basiert – das herrschende Subjekt setzt den ›Anderen‹ als unwesentlich, obwohl es sich nur in ihm seines eigenen Wesens gewiß werden kann –, trägt sie immer schon den Keim ihrer Zerstörung in sich: die Möglichkeit, daß sich das unterdrückte Bewußtsein selbst als wesentlich erkennt. »Die Proletarier sagen ›wir‹. Ebenso die Schwarzen. Indem sie sich selbst als Subjekt setzen, verwandeln sie die Bourgeoisie, die Weißen in die ›Anderen‹« (ebd., 13). Warum, so fragt Beauvoir, haben die Frauen jahrhundertelang ihren Status als ›Andere‹ so widerstandslos hingenommen? Warum haben sie sich nicht längst als Subjekt gesetzt? Diese Frage läßt einen Sonderstatus der Frau als ›Andere‹ hervortreten, der sie von anderen unterdrückten Gruppen unterscheidet. Die Frauen bilden keine Gemeinschaft und haben keine eigene Geschichte, die ihnen die Ausbildung einer eigenen Identität als Frauen ermöglicht hätte.

Sie leben verstreut unter den Männern, durch Wohnung, Arbeit, wirtschaftliche Interessen, soziale Stellung mit einzelnen von ihnen – Mann oder Vater – enger verbunden als mit den anderen Frauen. [...] Das Band, das sie an ihre Unterdrücker fesselt, kann mit keinem anderen verglichen werden. (ebd., 13)

Beauvoir zufolge ist der Frau als der ›Anderen‹ und anderen unterdrückten Gruppen gemeinsam, daß ihnen eine Reihe von Wesensbestimmungen zugeschrieben wird, die dazu dienen, das Herrschaftsverhältnis zu legitimieren und sie an ihre Unterdrücker zu binden: Kindlichkeit, Unfähigkeit zur Selbstverantwortung, physische oder moralische Minderwertigkeit gehören zum Standardrepertoire der Charakterisierung unterdrückter Rassen, Kasten und Klassen ebenso wie der Frauen. Die Zuschreibungen im Interesse der Herrschenden werden von diesen als ›Natur‹ ausgegeben und von den Beherrschten mit der Zeit verinnerlicht. Aber dieses ›Sein‹ der Unterdrückten ist ›Gewordensein‹: Produkt ihres unfreien Status und ihrer fremdbestimmten Selbstauffassung. Bei den Frauen geht die Verinnerlichung der ideologischen Wesenszuschreibungen über die anderer unterdrückter Gruppen aber weit hinaus. Ihnen fehlt eine eigene Kultur; »die Vorstellung der Welt als Welt ist ein Produkt der Männer; sie beschreiben sie von ihrem Standpunkt aus, den sie mit der absoluten Wahrheit verwechseln« (ebd., 155). Die Frauen haben keine eigene Deutung der Welt hervorbringen können; sie haben »keinen [...] Mythos geschaffen [...]; sie haben keine Religion und keine Poesie, die ihnen eigen ist: selbst wenn sie träumen, tun sie es durch die Träume der Männer« (ebd.). Sie sind nichts außerhalb der patriarchalischen Wesenszuschreibungen, die definieren, was ›weiblich‹ ist. Beauvoir geht dabei so weit, Weiblichkeit überhaupt als soziale Konstruktion zu sehen: »Man kommt nicht als Frau zur Welt, man wird es« (ebd., 265).

In der feministischen Debatte um die Kategorien ›sex‹ (biologisches Geschlecht) und ›gender‹ (soziales Geschlecht), die sich vor allem in den 90er Jahren des 20. Jh. an den Büchern der amerikanischen Literaturwissenschaftlerin Judith Butler entzündet hat, hat dieser Satz neue Aktualität gewonnen. Bestand in der feministischen Theorie lange Zeit der Konsens, daß die biologische Zweiheit der Geschlechter als eine naturgegebene, nicht-hierarchische Differenz anzusehen sei, die durch die hierarchisch strukturierten kulturellen Konstrukte eines femininen oder maskulinen Geschlechtscharakters nachträglich überformt werde, so wird diese Trennung von ›sex‹ und ›gender‹ von Butler und anderen aufgegeben. Nach ihrer Ansicht ist auch ›sex‹ nichts Ursprüngliches, sondern selbst ein Effekt kultureller Diskurse. Schon Beauvoir stellt die Interpretation des eigenen Körpers als männlich oder weiblich als ein Produkt des gesellschaftlichen Umfeldes dar:

Insofern es für sich existiert, vermag das Kind sich als sexuell undifferenziert aufzufassen. Bei Mädchen und Knaben ist der Körper zunächst die Ausstrahlung einer Ichheit, das Werkzeug, das die Erfassung der Welt vollzieht. Mittels der Augen, der Hände und nicht mittels der Geschlechtsteile begreifen sie das Universum. (ebd., 265)

Dieser Passus klingt zunächst durchaus befreiend. Aber er ersetzt die Reduktion der Frau auf ihr angebliches anatomisches Schicksal durch eine andere: Beauvoir reduziert hier den Körper auf »Augen« und »Hände«, auf die Organe des distanzierten Zu-Griffs auf die Welt, der Aneignung und Beherrschung. Der ›Rest‹ des Körpers, zu dem eben auch die ›Geschlechtsteile‹ gehören, ist seltsam ausgespart. Was Beauvoir an anderer Stelle über den weiblichen Körper sagt, paßt gut dazu. Sie verhehlt nicht, daß die spezifische Körperlichkeit der Frau für sie gleichbedeutend mit Mangelhaftigkeit ist: Die Frau sei durch ihre Gebärfähigkeit stärker der menschlichen Gattung »versklavt«, sie sei mit »Schwäche«, »Unausgeglichenheit«, »Mangel an Beherrschung« und größerer »Anfälligkeit« (ebd., 48) geschlagen. Ihre ›Rettung‹ sieht Beauvoir allein darin, daß es ihr gelingt, sich von ihrem Körper nicht mehr beherrschen zu lassen, sondern ihn wie der Mann zu ›transzendieren‹. Die Selbstverwirklichung der Frau ist bei Beauvoir gleichbedeutend mit einer Leugnung des Körpers. Dabei läßt gerade die Theorie Beauvoirs kulturelle Zusammenhänge sichtbar werden, die die von ihr selbst reproduzierte Hierarchie von Geist und Körper in Frage stellen.

Die Frau als ›Andere‹ ist nach Beauvoir ein ›Mythos‹ des Mannes. Sie dient ihm als Projektionsfläche seiner Hoffnungen und Ängste. Zur Erklärung dieser Mythisierung der Frau geht Beauvoir erneut von der *Phänomenologie des Geistes* aus. Sie trägt dabei die Frage nach der Frau in einen Kontext hinein, in dem sie bei Hegel nicht vorkommt. Das hypothetische einzelne Bewußtsein findet sich erst in zweiter Linie einem anderen menschlichen Bewußtsein gegenüber, mit dem es den Kampf um Anerkennung austrägt. Zunächst steht es vor einem bewußtseinslosen ›Anderen‹, der Natur. Das Verhältnis des Subjekts zu beiden Instanzen ist in unterschiedlicher Weise problematisch. Beide stellen es in seinem Sein in Frage. Wo ihm aber die bewußtseinslosen Naturobjekte zu wenig Widerstand entgegensetzen, um es seiner selbst gewiß werden zu lassen – sie bleiben ihm entweder ganz fremd oder sie werden von ihm vollständig beherrscht – setzt ihm das andere Bewußtsein zu viel Widerstand entgegen, da es selbst den Anspruch erhebt, als wesentlich anerkannt zu werden. In dieser Situation, so Beauvoir, »träumt« der Mensch/Mann von einem Mittelding zwischen beiden, einem Wesen, das widerstandslos und selbstgenügsam wie ein Naturding und doch ein Bewußtsein wäre. Dieses Wesen ›findet‹ er in der Frau und setzt von nun an alles daran, seinen Traum in der Realität zu verankern. Die Frau soll ihm »die zur Transparenz des Bewußtseins erhobene Natur und dabei ein von Natur gefügiges Bewußtsein« (ebd., 154) sein, das »ihm weder das feindselige Schweigen der Natur noch die harte Forderung des wechselseitigen Sich-Ineinander-Erkennens entgegen(setzt)« (ebd., 153). In ihr sieht er die Vermittlerin zur Natur. Die Frau wird dabei als ›Immanenz‹ bestimmt: als naturhaftes, in sich ruhendes Sein, als ganz in der Gegenwart und im Realen aufgehende Körperlichkeit. Das männliche/menschliche Subjekt erfährt sich dagegen als ein vom Realen getrenntes Mangelwesen, das kein Sein hat, sondern dieses erst in der Auseinandersetzung mit einem ›Anderen‹ hervorbringen muß; es setzt sich als unendliches Übersichhinausgehen, als ›Transzendenz‹. Bedeutet das menschliche Dasein als ›Transzendenz‹ einen unendlichen, ruhelosen Kampf um die Verwirklichung des eigenen Seins, so hat die Frau als ›Immanenz‹ aber nur scheinbar das bessere Los gezogen. Denn der männliche/menschliche Mangel an Sein bedeutet zugleich Individuation und Freiheit, eine – wenn auch nur phantasmatische – Überwindung der Abhängigkeit von Natur und Körper, Vergänglichkeit und Tod.

Der Mensch senkt seine Wurzeln in die Natur; er ist erzeugt worden wie die Tiere und Pflanzen; er weiß wohl, daß er nur existiert, solange er auch lebt. Aber seit dem Aufkommen des Patriarchats hat das Leben in seinen Augen einen zweifachen Aspekt bekommen: es ist Bewußtsein, Wille, Transzendenz, ist Geist; aber es ist auch Stoff, Passivität, Immanenz, ist Fleisch. (ebd., 156)

Damit der Mann sich als Bewußtsein, Wille, Geist und Transzendenz setzen kann, soll die Frau die andere, unselbständige, natur-und todverhaftete Seite des auseinandergespaltenen Menschendaseins ganz auf sich nehmen: Sie ist Unbewußtheit, Passivität, Körper.

Soweit Beauvoirs Analyse des abendländischen Mythos der Weiblichkeit. Trotz der scheinbaren Evidenz, daß auch Männer einen Körper und auch Frauen Denkvermögen besitzen, hat dieser Mythos eine erstaunliche Zählebigkeit bewiesen. Das patriarchalische Arrangement der Geschlechter ist von so großer Wirksamkeit, daß es sich selbst bei vielen seiner Kritikerinnen noch fortsetzt – und das gilt zuallererst für Beauvoir selbst. Es gelingt ihr nicht, in ihrem eigenen Blick auf die Frau die männlichen Vorurteile zu überwinden, die sie an anderer Stelle so brillant analysiert. Beauvoir fordert, daß die Frauen ihr beschränktes Dasein als Immanenz überwinden und sich als Subjekte setzen. Sie vergißt aber zu fordern, daß auch die Männer ihr beschränktes Dasein als Transzendenz überwinden und sich als Körper bejahen. Statt dessen übernimmt sie die patriarchalische Trennung und Hierarchisierung von Geist und Natur, deren Infragestellung doch gerade ihre Analyse betreibt. Auch bei Beauvoir sind die ›männlichen‹ Werte Geist, Transzendenz, Kampf positiv konnotiert, Körper, Natur und Immanenz dagegen negativ. Die Frauen sollen es den Männern gleichtun: sich aus ihrer kreatürlichen Abhängigkeit befreien, ihre Existenz als Mangel und unendlichen Kampf auf sich nehmen, sich selbst zum Entwurf und Projekt werden. Beauvoir verordnet den Frauen genau die Form von Subjektivität, der sie bislang zum Opfer gefallen sind: die männliche Selbstsetzung als herrschaftliches Subjekt. Die Selbstverwirklichung der

Frau läuft bei ihr auf eine Überwindung des Frauseins hinaus. Dabei legt ihre eigene Theorie andere Denkmöglichkeiten nahe, deren Formulierung jedoch einer späteren Generation französischer Feministinnen vorbehalten blieb. Erst poststrukturalistische Theoretikerinnen wie Irigaray oder Cixous unternehmen eine grundsätzliche Infragestellung der binären Gegensatzpaare Transzendenz/Immanenz, Geist/Körper, Subjekt/Anderes; sie fragen nach einer anderen Subjektivität und Rationalität, die den Körper und das Leben nicht abwerten oder verleugnen müßte. Beauvoir macht diesen Schritt noch nicht; zwar setzt sie dem männlichen Mythos des Weiblichen die »gelebte Erfahrung« der Frau entgegen, aber ihr Denken, das der existentialistischen Ethik Sartres verpflichtet ist, steht dieser Realität zugleich feindlich gegenüber:

> Es gibt keine andere Rechtfertigung der gegenwärtigen Existenz als ihre Ausweitung in eine unendlich geöffnete Zukunft. Jedesmal, wenn die Transzendenz in Immanenz verfällt, findet ein Absturz der Existenz in ein Ansichsein statt, der Freiheit in Faktizität; dieser Absturz ist ein moralisches Vergehen. (ebd., 21)

Der Widerspruch zwischen Beauvoirs Feminismus und ihrem Verhaftetsein in einem patriarchalen Denken spiegelt sich in ihren Ausführungen zur Literatur wider. Ihre Analyse des Geschlechterverhältnisses als Transzendenz und Immanenz, als männliches Subjekt und weibliche Andere, müßte eigentlich zu einer Problematisierung zentraler Kategorien auch des literarischen Schreibens führen: etwa zur Frage nach dem Autorsubjekt und dem Status der Frau als Autorin; oder zur Frage, was ›Realismus‹ sei, wenn »die Vorstellung der Welt als Welt ein Produkt der Männer« ist. Diese Fragen stellt Beauvoir aber nicht. Das liegt vor allem daran, daß ihr ein Literaturbegriff im eigentlichen Sinne fehlt, obwohl in *Le Deuxième Sexe* literarische Texte breiten Raum einnehmen. Sie behandelt darin sowohl Texte männlicher wie weiblicher Autoren, aber in sehr unterschiedlicher Weise. Den Werken männlicher Autoren ist ein eigenes Kapitel gewidmet, das an Beauvoirs Analyse des ›Mythos Frau‹ anschließt. Sie liest literarische Texte von Stendhal, Montherlant, D. H. Lawrence, Paul Claudel und André Breton als Fortschreibung des alten patriarchalischen Mythos des Weiblichen. Den besonderen Status des literarischen Diskurses und seine Funktion innerhalb der bürgerlichen Gesellschaft reflektiert sie nicht. So bleiben ihre Lektüren auf die Inhaltsebene beschränkt. Bei jedem der Autoren zeichnet sie nach, wie er ein Bedeutungssystem zu etablieren sucht, in dem das männliche Subjekt als Transzendenz, die Frau als mythische ›Andere‹ definiert ist – ein immergleicher Vorgang, der die unterschiedlichsten individuellen Ausprägungen annehmen kann. Sie reichen von offener Erniedrigung der Frau bei Montherlant über das fragwürdige Lob ihrer Beschränktheit auf die Immanenz bei Lawrence und Claudel bis zur scheinbaren Umkehrung der Rangordnung der Geschlechter bei Breton. Auch Breton, so zeigt Beauvoir, reduziert die Frau auf die mythische Immanenz, »die reine, fugenlose Gegenwart des Wirklichen«; zwar wertet er die Immanenz auf – »Handlung, bewußtes Denken, in die der Mann seine Transzendenz verlegt, sind für ihn nur eine platte Täuschung, aus der Krieg, Dummheit, Bürokratie, die Verneinung des Menschlichen entstehen; [...] eine wahre Transzendenz könnte nur durch Rückkehr zur Immanenz zustandekommen« (ebd., 250) – aber diese Transzendenz ist auch bei ihm die des Mannes; die Frau bleibt auf die Verkörperung der Immanenz beschränkt. Den gleichwohl wichtigen Bretonschen Gedanken einer anderen Transzendenz durch eine Rückkehr zur Immanenz greift Beauvoir nicht auf; den Grund dafür haben wir gesehen. Stattdessen wendet sie sich einem Autor des frühen 19. Jahrhunderts (!) zu, dem ›kritischen Realisten‹ Stendhal, bei dem sie bereits verwirklicht sieht, was sie anstrebt: eine Darstellung der Frau jenseits mythischer Zuschreibungen, in der sie als Transzendenz erscheint, als gleichwertiges Subjekt, das sich vom männlichen nicht mehr unterscheidet. An Beauvoirs Charakterisierung der Texte Stendhals werden ihre literarischen Wertungskriterien deutlich: Ablösung der Kunst vom Leben, ›realistische‹ Abbildung anstelle einer ›mythischen‹ Verzerrung der Realität und zugleich Transzendierung dieser Realität in einem Entwurf, wie sie sein solle.

Bei weiblichen Autoren findet sie nichts, das diesem Maßstab entsprechen kann. Literatur von Frauen wird am Ende des Buches auf zwei Seiten abgehandelt; das Fazit lautet: Von Frauen geschriebene Texte seien mittelmäßig, konservativ und epigonal. Die Schriftstellerinnen hätten »unsere Weltanschauung nicht bereichert« (ebd., 662); im Vergleich mit männlichen Künstlern könne keine einzige Schriftstellerin ›groß‹ genannt werden. Schreibenden Frauen stehe ihre eigene Person im Weg; es gelinge ihnen nicht, ihr Werk von ihrem Leben abzulösen. Diese Ablösung ist für Beauvoir unabdingbare Voraussetzung der Produktion ›großer Werke‹. Selbst wenn Schriftstellerinnen über die Ebene narzißtischer Selbstbefragung hinausgelangten, seien sie unfähig, die Welt, die sie vorfänden, infragezustellen und zu transzendieren; sie nähmen sie zu ernst. Ihnen fehle die »Freiheit [...] des Schöpfers« (ebd., 664). Beauvoirs Prämissen, die sich einerseits aus ihrem Existentialismus, andererseits aus ihrer unhinterfragten bürgerlichen Kunstauffassung herschreiben, hindern sie daran, spezifischen Qualitäten von Frauen geschriebener Texte, die sie durchaus sieht – so erwähnt sie etwa eine mimetische Verbundenheit mit der Dingwelt und der Natur (ebd., 663f.) –, einen eigenen Wert zuzusprechen. An verborgener Stelle nehmen literarische Texte von Frauen in *Le Deuxième Sexe* dennoch breiten Raum ein. Sie werden aber nicht als Literatur, sondern als Dokument »gelebter Erfahrung« behandelt. Wenn Beauvoir die Subjektlosigkeit der Frau, das Fehlen einer weiblichen Perspektive in der Kultur beklagt, so veranlaßt sie das keineswegs, literarische Texte von Frauen daraufhin zu befragen, ob sich dort vielleicht eine andere Praxis abzeichnet; die Texte werden von ihr vielmehr als ein Steinbruch der Empirie ausgebeutet. Weibliches Schreiben – auch wenn es fiktionalen Charakter hat – wird schlicht mit Autobiographie gleichgesetzt. Beauvoir bestätigt und reproduziert damit den Ausschluß der Texte von Frauen aus der Literaturgeschichte, während sich ihre Kritik männlicher Texte auf deren Inhalt beschränkt. Den Literatur- und Subjektbegriff, der diese Texte hervorgebracht hat, stellt sie nicht in Frage, sondern hält ihn den Frauen als Vorbild vor.

Lesen gegen den Strich

Im Anschluß an Beauvoirs Kritik literarischer Weiblichkeitsmythen entstand in den USA in den siebziger Jahren eine feministische Literaturkritik, die den männlichen Kanon einer ideologiekritischen Relektüre unterzog. Adrienne Rich formulierte das Programm einer feministischen Relektüre 1972 folgendermaßen:

Re-Vision – the act of looking back, of seeing with fresh eyes, of entering an old text from a new critical direction – is for us more than a chapter in cultural history: it is an act of survival. Until we can understand the assumptions in which we are drenched we cannot know ourselves. And this drive to self-knowledge, for woman, is more than a search for identity: it is part of her refusal of the self-destructiveness of male-dominated society. A radical critique of literature, feminist in its impulse, would take the work first of all as a clue to how we live, how we have been living, how we have been led to imagine ourselves, how our language has trapped as well as liberated us; and how we can begin to see – and therefore live – afresh [...] We need to know the writing of the past, and to know it differently than we have ever known it; not to pass on a tradition but to break its hold over us. (Rich 1972, 18)

»... take the work first of all as a clue to how we live«: die feministische Relektüre zielte darauf, die Trennung von Kunst und Leben rückgängig zu machen. Dazu mußte das traditionelle Verständnis und Selbstverständnis aufgebrochen werden, das ›hohe‹ Literatur seit jeher begleitet hatte: der Anspruch, universelle Wahrheiten darzustellen in einer künstlerischen Form, deren Reinheit, Meisterschaft oder Genialität den Stoff von allem Subjektiven und Interessegeleiteten geläutert und ins Exemplarische, Allgemeinmenschliche erhoben habe. Diesen Anspruch galt es als patriarchalische Ideologie zu entlarven, als Versuch, die verhüllten Geschlechtsinteressen, die in den Texten zum Ausdruck kommen, zu naturalisieren. Hinter den Wahrheits- und Universalitätsansprüchen der Kunst sollten die Machtstrategien einer misogynen ›Sexualpolitik‹ zum Vorschein kommen. Um diese verborgene Funktion der Literatur sichtbar zu machen, bedurfte es einer neuen, anderen Lektüre des literarischen Kanon, jenes Korpus' an Werken, die von der Literaturgeschichte und Literaturwissenschaft als ›groß‹ oder ›gelungen‹, als repräsentativ für eine Sprachgemeinschaft, eine Nation oder die *conditio humana* überhaupt erklärt wurden.

Initiiert wurde das Projekt einer feministischen Relektüre des literarischen Kanon in den USA durch Kate Milletts Buch *Sexual Politics* (1970). Millett fand bei ihrem Versuch, feministische Fragen in die Literaturwissenschaft hineinzutragen, literaturwissenschaftliche Betrachtungsweisen vor, deren Zweck sie in einer immer neuen Bestätigung dessen sah, was ohnehin als literarisch wertvoll galt. Die literaturgeschichtliche Einordnung und die ästhetische Formanalyse des ›New Criticism‹ absolvierten nur eine obligatorische »Pflichtrunde von Bewunderungen« (Millett 1982, 8), die ihre Gegenstände von vornherein in einer abgetrennten ästhetischen Sphäre verortete und nicht mehr kritisch auf die Gesellschaft rückbezog, in der sie entstanden waren. Der gesellschaftliche Zusammenhang, den Millett in die Literaturkritik reimportieren wollte, stellte sich für sie als ein sexualpolitischer dar.

Milletts Einstellung zur Literatur ist der Beauvoirs ähnlich. Wie dieser geht es ihr um die Konfrontation ideologischer ›Mythen‹ mit einer vorgängigen, gesellschaftlichen ›Realität‹, die ›realistisch‹ wiedergegeben werden sollte. Anders als Beauvoir erwartet sie von Literatur jedoch keine Transzendierung der Realität. Deutlich wird Milletts Literaturauffassung in ihrer Gegenüberstellung zweier Theaterstücke des ausgehenden 19. Jahrhunderts, die in unterschiedlicher Weise auf die beginnende Sexualrevolution reagieren: Oscar Wildes *Salomé* und Ibsens *Nora oder ein Puppenheim*.

Wildes parfümierte Phantasie über einen nahöstlichen Mythos steht in lebhaftem Gegensatz zum neuen Theater und seinem revolutionären Naturalismus, wie er sich in Noras sehr wirklichkeits- und sehr zeitnahem Türzuschlagen manifestiert. *Ein Puppenheim* repräsentiert die Realität der Sexualrevolution. Das Fin de siècle antwortet mit der müden Abwegigkeit eines halbbewußten Traumes. (ebd., 205)

Ibsens türenschlagende Nora ist für Millett die Verwirklichung einer ideologiefreien Weiblichkeitsdarstellung, die gesellschaftliche Entwicklungen ›realistisch‹ widerspiegelt. Das Literaturkapitel in *Sexual Politics*, das wie bei Beauvoir auf eine ausführliche historisch-kulturtheoretische Darlegung folgt, trägt entsprechend dieser Literaturauffassung den Titel »Der literarische Niederschlag«. Millett befaßt sich darin mit vier kanonisierten Autoren, die als Pioniere der Sexualrevolution gelten: D. H. Lawrence, Henry Miller, Norman Mailer und Jean Genet. Einzig Genet läßt sie bestehen; die anderen Autoren entlarvt sie als Apologeten der patriarchalen Sexualpolitik. Die Leistung dieser Autoren sieht sie darin, daß sie Sexualität nicht mehr in der romantischen Verbrämung eines Liebesverhältnisses, sondern in der Nacktheit dessen darstellten, was sie von jeher gewesen sei: ein ›politisches‹ Feld der Machtdemonstration des Mannes und der Unterjochung der Frau. Die offene Darstellung der ›Sexualpolitik‹ führe in diesen Texten aber keineswegs zur Kritik, sondern zu dem Versuch, sexuelle Bedeutungssysteme zu etablieren, die das durch die Sexualrevolution bedrohte hierarchische Geschlechterverhältnis erneut festigen und naturalisieren sollten.

Milletts Rekonstruktion dieser Bedeutungssysteme und deren Zurückführung auf die konkreten Geschlechtsinteressen ihrer Autoren unterläuft die traditionelle Trennung von Autor und Text, die Hypostasierung des Werks als ästhetisches Gebilde von allgemeingültiger Aussage, das sich vom Leben und den Interessen seines Autors abgelöst habe. Aber sie verfällt in den umgekehrten Fehler, die Trennung von Kunst und Leben gänzlich zu leugnen. Sie liest die Texte als einen Ausdruck der psychischen Motivationen konkreter Individuen. Milletts Analyse der Figuren und Handlungsstrukturen zielt letztlich darauf, Psychogramme ihrer Autoren zu erstellen: In stereotyper Wiederholung findet sich die Feststellung, daß eine Romanfigur »natürlich der Autor selbst« sei.

Da Millett den institutionellen Status von Literatur nicht reflektiert, fehlt bei ihr jede Auseinandersetzung mit den literarhistorischen und ästhetischen Wertungskriterien, die dem literarischen Kanon immanent sind. Ihre Kritik kann daher lediglich den Anspruch erheben, einen neuen, ergänzenden Aspekt in die Literaturdebatte einzubringen, nicht jedoch, die gängigen Wertungen als solche in Frage zu stellen. So kritisiert sie sexistische Stereotype bei D. H. Lawrence und Henry Miller, ohne, wie sie schreibt, ihre Leistung als »Künstler der Avantgarde« (ebd., 404) schmälern zu wollen. Entgegen ihrer Intention, die literaturwissenschaftliche »Pflichtrunde von Bewunderungen« (ebd., 8) zu unterlaufen, gelangt ihre Kritik in formaler Hinsicht letztlich nicht über die Bestätigung der traditionellen Wertungen hinaus.

Milletts treffende Kritik der patriarchalischen Subjektivität verfehlt auch heute ihre Wirkung nicht; ihre sarkastischen Lektüren eröffnen einen neuen Blick auf männliche Literatur: ›Seeing with fresh eyes‹. Aber in ihren Resultaten bleibt ihre Literaturkritik unbefriedigend. Ähnlich wie bei Beauvoir ist auch bei Millett ihre implizite Anerkennung der gängigen Wertungskriterien mit einem weitgehenden Desinteresse an Texten von Frauen verbunden. Dem ›Männlichkeitskult‹ Lawrences, Mailers und Millers stellt sie ähnlich Beauvoir nicht die Perspektive einer Frau gegenüber, sondern die eines selbst kanonisierten männlichen Autors. Jean Genet, der sich aufgrund seiner Homosexualität mit der ›weiblichen Mentalität‹ identifiziert habe, erscheint als Vertreter einer feministischen Perspektive in der Literatur. Milletts anti-essentialistischer Standpunkt koppelt Weiblichkeit als ›soziales Geschlecht‹ vom ›biologischen Geschlecht‹ vollkommen ab. So kann sie dem männlichen Schriftsteller Genet eine weibliche ›gender‹-Identifikation und damit die Möglichkeit eines ›weiblichen‹ oder feministischen Schreibens zugestehen. Trifft die konstruktivistische Privilegierung von ›gender‹ gegenüber ›sex‹ schon bei Beauvoir mit einer geheimen Misogynie zusammen, die zu ihrem Feminismus quersteht, so deutet sich ähnliches bei Millett an, wenn sie die Texte Genets als das *einzige* feministische Schreiben der Gegenwart bezeichnet; als gäbe es keine Autorin, die gleichfalls Anspruch auf diese Zuschreibung hätte. Vor allem fragt frau sich, warum es Millett gleichwohl so wichtig ist, daß die Frauen zu einer eigenen, kollektiven Identität finden. Diese weibliche Identität, deren Konzept Millett ausgehend von Genets Theaterstück *Die Neger* entwickelt, ist für sie nicht das Wiederfinden einer substantiellen Weiblichkeit, sondern das Resultat einer Konstruktion, einer »Wahl« (ebd., 462).

Anders als Millett richtet Judith Fetterley in ihrem 1978 erschienenen Buch *The Resisting Reader* ihren Angriff nicht mehr nur auf sexistische Stereotype in kanonisierten Texten, sondern auf den literarischen Kanon selbst. Alle Texte des amerikanischen Kanon, so behauptet sie, erzählen aus feministischer Sicht ein und dieselbe Geschichte: die Geschichte der Konstitution männlicher Macht mittels der Opferung einer Frau. Klingt diese Behauptung angesichts ihrer Pauschalität zunächst befremdend, so vermögen Fetterleys Lektüren einer ganzen Reihe kanonisierter Texte sie durchaus plausibel zu machen. Washington Irvings 1819 erschienene Erzählung *Rip van Winkle*, in der ein Mann nach einem zwanzigjährigen Schlaf seine Ehefrau auf dem Friedhof und sich selbst aller seiner Probleme ledig findet, und Norman Mailers fast 150 Jahre später publizierter Roman *An American Dream*, der seinen Helden exemplarisch die Kollektivpsychose einer perversen

Gesellschaft durchleben und durch den Mord an der eigenen Frau zur Selbstheilung finden läßt, offenbaren in der Tat das gleiche sexistische Aggressionspotential. Nicht immer muß sich diese Struktur so offen misogyn wie bei Irving und Mailer darstellen; sie ist durchaus mit dem Ideal romantischer Liebe vereinbar, wenn der Held verzweifelt um den Tod einer Geliebten trauert, den die innere Logik der Handlung gleichwohl notwendig macht. Wie bei Millett geht es in Fetterleys Analysen weniger um Weiblichkeitsmythen als um den nackten Machtkampf der Geschlechter, der selbst mythischen Charakter hat, insofern er komplexe soziale Konflikte auf das Geschlechterverhältnis als ihre Ursache projiziert. Fetterley liest die literarischen Inszenierungen der Dominanz des Mannes über die Frau als Akte der Kompensation: die Frauenfiguren ziehen stellvertretend Aggressionspotentiale auf sich, die eigentlich der sozialen Ordnung selbst gelten und eine revolutionäre Situation heraufbeschwören müßten. In den literarischen Texten wird eine konflikthafte, historisch-gesellschaftliche Konstellation von Individuum und Kollektiv, die für beide Geschlechter gleichermaßen gilt, kompensatorisch bewältigt, indem die Ursache der Problematik auf die Frau projiziert wird, so daß der Traum der Befreiung des Individuums sich über ihre Opferung imaginär realisieren kann. Die Frau fungiert als Sündenbock, der Mann als erlöstes, exemplarisches Subjekt. *Seine* Geschichte ist es, die der Leser/die Leserin nachvollzieht.

Der Blick auf die Welt, den die tradierte Literatur favorisiert, ist ein männlicher Blick und das Subjekt, das sich in dieser Welt konstituiert, ein männliches Subjekt. Diese Tatsache ist jedoch verschleiert, denn der literarische Kanon beansprucht universale Gültigkeit, während er gleichzeitig diese Universalität aus einer spezifisch männlichen Perspektive definiert. Für die Leserin bedeutet das, daß die Literatur des Kollektivs, in dem sie aufwächst und über das sie sich selbst definiert, ihr ganz selbstverständlich die Teilnahme an einer Erfahrung aufzwingt, von der sie im selben Zuge ausgeschlossen wird. Sofern sie diesen Sachverhalt nicht reflektiert, gerät sie unbemerkt in eine Spaltung zwischen ihrem Bewußtsein und ihrem Geschlecht, ihrer Intellektualität und ihrer Sexualität. Feministische Literaturkritik, die diese falsche Universalität aufzubrechen versucht, setzt daher eine Lektüre voraus, die permanent Widerstand leistet, Widerstand gegen die suggestiven Textstrukturen wie gegen die eigenen, ansozialisierten Lesegewohnheiten. Fetterley bestimmt feministische Literaturkritik als einen politischen Akt, dessen Ziel nicht eine bloße Interpretation der Welt ist, sondern eine Veränderung der Gesellschaft. Die angemaßte Universalität der männlichen Perspektive soll aufgebrochen werden, eine weibliche Subjektivität zur Geltung kommen:

It is the purpose of this book to give voice to a different reality and different vision, to bring a different subjectivity to bear on the old ›universality‹. (Fetterley 1978, xi)

Eine feministische Relektüre des deutschsprachigen Kanon, die mit der des französischen bei Beauvoir und des amerikanischen bei Fetterley vergleichbar wäre, ist ausgeblieben, während zahlreiche Analysen zu einzelnen Autoren veröffentlicht wurden. Die feministische Literaturwissenschaft in der BRD setzte auf einem höheren Reflexionsniveau ein als in den USA: Unter dem Einfluß der Kritischen Theorie stellte sie ihre Fragen an literarische Texte anders und komplexer als der amerikanische Feminismus. Beauvoir, Millett und Fetterley tendierten dazu, den patriarchalischen ›Mythos Frau‹ nicht wirklich zu befragen, sondern ihn zugunsten einer entmythisierten, befreiten, Subjekt gewordenen Frau beiseite zu schieben; als ob ›Mythos‹ und ›Realität‹ so einfach zu trennen wären. Der Mythos des Weiblichen wurde als bloße, verschleiernde Ideologie abgetan, hinter der sich nackte Machtstrukturen verbargen. Das wird bei Millett deutlich, wenn sie die türenschlagende Nora gegen die mythische Weiblichkeitsimago Salomé ausspielt, ohne zu sehen, daß sich das mythische Bild als verführerisch-bedrohliche Verkörperung des Verdrängten lesen läßt: Weiblichkeit, Körper, Sexualität. Übersehen wurde die kulturelle Funktion des ›Mythos Frau‹, bestimmte Potentiale aufzunehmen und stillzustellen, die bei der Konstitution der auf Naturbeherrschung gegründeten patriarchalen Ordnung ausgegrenzt werden mußten. Die Kunst, schreiben Adorno und Horkheimer, bewahrt ein »Glücksversprechen [...], von dem in jedem Augenblick die Zivilisation bedroht war« (Adorno/Horkheimer 1969, 33), – und bannt es zugleich in die ohnmächtige Sphäre des bloßen ästhetischen Scheins, in der es unüberwindlich von seiner möglichen Realisierung im Leben getrennt ist. Diese Trennung versuchten die feministischen Literaturkritikerinnen aufzuheben; das ›Glücksversprechen‹ aber sahen sie nicht.

Um die patriarchalische Ordnung in Frage zu stellen, bedarf es gerade einer Entzifferung und Artikulierung dessen, was in die lust- und angstbesetzten Mythen der Kunst abgedrängt wurde. Der feministischen Entmythisierung muß eine ›Rettung‹ der Mythen vorausgehen, wenn sie über eine bloße Reproduktion patriarchalischer Werte hinausgelangen will. Das Rationalisierungsprojekt der Aufklärung, das in den Forderungen Beauvoirs und Milletts nach entmythisierten Weiblichkeitsdarstellungen nachhallt, trägt diesen verdrängten Nachtseiten der Zivilisation keineswegs Rechnung, sondern sucht sie vollends zu eliminieren. In ihrem Buch *Die imaginierte Weiblichkeit* führt Silvia Bovenschen dies am Typus der »Gelehrten« vor, die sich im 18. Jahrhundert zu einer kulturellen Repräsentationsfigur des Weiblichen entwickelte. Bovenschen zeigt, wie die Zulassung der Frauen zur Teilhabe am männlichen Wissensdiskurs im Aufklärungszeitalter mit einem Versiegen der mythisch-literarischen Imaginationen des Weiblichen einherging – ganz im Sinne Beauvoirs und Milletts.

In seiner neuen gelehrten Gestalt war das projizierte Weibliche seiner alten Konnotationen beraubt – seiner Trägerfunktion für das Apokryphe, Dämonische, Rätselhafte und Unbewußte. Weil nichts eigenständig der Vernunft Entgegengesetztes mehr geduldet war, mußte auch das Weibliche als das von alters her bestimmte Symbol für diese unklaren Besonderheiten umgewertet und in den rationalistischen Bezugsrahmen eingebunden werden. (Bovenschen 1979, 121)

Die »Gelehrte« war eine »männliche Kopfgeburt«. Die 1725 von Gottsched publizierte Zeitschrift *Die vernünftigen Tadlerinnen* ist ein gutes Beispiel dafür:

Die erste deutsche Frauenzeitschrift wurde von einem Mann gemacht; er ließ seine Leserinnen drei Jahre in dem Glauben, die Publikation werde von Frauen redigiert, die dem avisierten Ideal bereits entsprächen. (ebd., 93)

In ähnlicher Weise verordnen auch Beauvoir und Millett den Frauen eine Subjektivität nach männlichem Vorbild. Bei beiden Theoretikerinnen entsteht eine seltsame Reibung zwischen den theoretischen Passagen ihrer Bücher, die die männlichen Universalitätsansprüche kritisieren, und den literaturkritischen Passagen, in denen sie die Werte des patriarchalischen Systems dennoch übernehmen. Im Gegensatz dazu fordert Fetterley, jenseits der angemaßten Universalität des männlichen Subjekts eine andere, weibliche Subjektivität zur Sprache zu bringen. Die Erkenntnis, wie tiefgreifend die Literatur in die patriarchalische Denkordnung involviert ist, führt Fetterley zu einer Zurückweisung dieser Ordnung. Ein geschlossenes System wie das der patriarchalischen Machtstrukturen, so schreibt sie, könne nicht von innerhalb, sondern nur von außerhalb in Frage gestellt werden. Diesen außerhalb des Systems gelegenen Standpunkt, der ermögliche, die verborgenen Wertungen und Prämissen, auf denen das System beruhe, bewußt zu machen, stelle die ›feministische Kritik‹ bereit. In dieser Erkenntnis liegt aber allererst die Formulierung des Problems, nicht schon, wie Fetterley glaubt, die Lösung. Das Außerhalb ist nicht einfach ein verfügbarer Ort, den Frauen einnehmen können, wenn sie nur wollen; sie sind zutiefst involviert in das patriarchalische System, das sie ausschließt. Virginia Woolf hat dieses Zugleich von Innerhalb und Außerhalb der Frauen in ihrem 1928 entstandenen Essay *A Room of One's Own* formuliert:

Und wenn man eine Frau ist, wird man oft von einer plötzlichen Bewußtseinsspaltung überrascht, zum Beispiel wenn, während sie Whitehall hinabgeht, sie aus einer natürlichen Erbin dieser Zivilisation plötzlich im Gegenteil zur Außenseiterin wird, fremd und kritisch. (Woolf 1981, 112f.)

Woolf aufnehmend, weist Silvia Bovenschen darauf hin, daß das Außerhalbstehen der Frauen sich nicht auf eine eigene, weibliche Geschichte und Identität berufen kann, sondern vielmehr auf das Gegenteil, auf die spezifische Geschichtslosigkeit der weiblichen Existenz. Das bedeutet aber, daß das Außerhalb kein verfügbarer Ort, sondern nur ein Postulat ist; die feministische Literaturkritikerin bewegt sich zugleich innerhalb *und* außerhalb des patriarchalen Systems. Das Außerhalb kann antizipiert, aber es muß erst konstruiert werden; darauf weist Millett mit ihren Überlegungen zur Konstruktion einer weiblichen Identität zurecht hin. Bei der Konstruktion dieses Außerhalb werden aber die verworfenen Weiblichkeitsmythen wieder bedeutsam.

Die imaginierte Weiblichkeit

Der Vergleich der abendländischen Literatur- und Realgeschichte läßt uns die Frau, wie Virginia Woolf sagt, als ein »sonderbares Monstrum« vor Augen treten:

Im Reich der Phantasie ist sie von höchster Bedeutung; praktisch ist sie völlig unbedeutend. [...] Einige der inspiriertesten Worte, einige der tiefgründigsten Gedanken der Literatur kommen ihr über die Lippen; im wirklichen Leben konnte sie kaum lesen, kaum buchstabieren und war das Eigentum ihres Ehemannes. (Woolf 1981, 51)

Der Nichtpräsenz der Frau als Subjekt in der Geschichte korrespondiert ihre überreiche Präsenz als mythisches Bild. Die Bilder, die die Literaturgeschichte tradiert, umfassen so widersprüchliche Imagines wie das der Madonna, der Hexe, der jugendlichen Unschuld, der Verführerin, der liebenden Mutter oder der *femme fatale*. Doch die Vielfalt der gleichwohl stereotypen Bilder fügt sich in ein dualistisches Schema: Sie spalten das Weibliche in eine idealisierte und eine dämonische Gestalt. Die Frau ist läuterndes ›Ewigweibliches‹ oder Verderberin, ›Lilie‹ oder ›Rose‹, Heilige oder Hure, Engel oder Dämon. Immer aber ist sie mit ›Natur‹ identifiziert.

So wird die Frau mit dem metaphysisch verklärten Prinzip Natur in eins gesetzt; sie wird zugleich erhoben und erniedrigt, und zwar so hoch und so tief, daß sie in den gesellschaftlichen Lebenszusammenhängen keinen Platz mehr findet. (Bovenschen 1979, 31f.)

Die Psychoanalytikerin Christa Rohde-Dachser bestimmt die patriarchalischen Weiblichkeitsmythen als Abwehrphantasien des männlichen Subjekts, Kompromißbildungen zwischen Wunsch und Angst, die dem Traum und dem neurotischen Symptom vergleichbar sind. In der patriarchalischen Gesellschaft wird dem Weiblichen das aus der männlichen Selbstdefinition Ausgeklammerte zugewiesen:

Das ›Weibliche‹ [...] besitzt dabei eine Art *Containerfunktion*: In einem imaginären, als weiblich deklarierten und damit gleichzeitig scharf von der Welt des Mannes geschiedenen Raum deponiert der Mann seine Ängste, Wünsche, Sehnsüchte und Begierden – sein Nichtgelebtes, könnte man auch sagen, um es auf diese Weise erhalten und immer wieder aufsuchen zu können. (Rohde-Dachser 1991, 100)

Die Weiblichkeitsbilder dienen dazu, das kollektiv Abgewehrte in eine kulturell akzeptable Form zu bringen, um es dadurch stillzustellen, kontrollierbar und verfügbar zu machen. Mit den realen Frauen hat dieses ›imaginierte Weibliche‹ nicht viel zu tun; es reduziert sie vielmehr zum Negativbild der männlichen Geschlechtsidentität. Als Hort patriarchalischer Ängste und Utopien wird die Frau zu einer Verkörperung des männlichen Unbewußten; sie »spielt dem Mann in all (ihrer) täuschenden Andersartigkeit letztlich sein Echo zurück« (ebd., 97). Als Verkörperung des Verdrängten wird die Frau einerseits zum Bild des mütterlich-naturhaften Ursprungs, von dem das männliche Subjekt sich abgeschnitten hat und zu dem es sich in Regressions- und Verschmelzungsphantasien zurücksehnt – Ort der Versöhnung und Unschuld, der Lockung und Verführung, der Lust und des Körpers. Andererseits wird sie zum bedrohlichen Bild des Unheimlichen und des Todes:

Die Frau, die als Gebärende im engsten Konnex mit dem Leben steht, wird in der Wahrnehmung des Mannes zur Botin des Todes, weil sie ihn an die Endlichkeit alles Seins erinnert. (Berger/Stephan 1987, 6)

Die männermordenden Frauengestalten wie Medea, Pandora, Judith, Salomé, Penthesilea oder Lulu, die Todesengel, Hexen, Nixen, weiblichen Vampire, Amazonen und *femmes fatales*, die die abendländische Mythologie und Literatur so zahlreich bevölkern, lassen sich als Figurationen einer Angst vor der ›Wiederkehr des Verdrängten‹ entziffern: der Erinnerung an die eigene kreatürliche Abhängigkeit. Die Angst, die sie ausdrücken, ist ein Reflex der aggressiven Potentiale einer Kultur, die auf Ausgrenzung und Unterwerfung basiert. Die patriarchalische Scheidung von Geist und Natur und deren Projektion auf die Geschlechter ist nicht als friedliche Trennung vorzustellen, sondern als eine mörderische Unterwerfung, Aneignung und Vernichtung des ›Anderen‹: der Natur, des Körpers als Natur im Menschen, der Frau als eines anderen menschlichen Wesens mit eigenen Wünschen, Erfahrungen und Vorstellungen.

Furchtbares hat die Menschheit sich antun müssen, bis das Selbst, der identische, zweckgerichtete, männliche Charakter des Menschen geschaffen war, und etwas davon wird noch in jeder Kindheit wiederholt. (Adorno/Horkheimer 1969, 33)

Die patriarchalischen Weiblichkeitsmythen sind zwar, sofern sie als Frauendarstellungen gelesen werden, Phantasieprodukte und Projektionen männlicher Subjekte. Aber sie sind auch Träger des Ausgegrenzten, Verdrängten, das in den Selbstentwurf des männlichen Subjekts nicht eingegangen ist und dessen Aktivierung die Konstruktion eines *anderen* Subjekts allererst möglich macht. Von den realen Frauen müssen die mythischen Gehalte zwar unbedingt unterschieden werden: Sie sind nur mit diesen identifiziert worden. Dennoch haben die Frauen außerhalb des Mythos keine Identität, denn die Identifikation mit dem Ausgegrenzten hat sie daran gehindert, eine eigene Identität und Geschichte auszubilden. Dieses Dilemma ist das Grundproblem feministischer Theoriebildung. Postulieren Feministinnen ein essentielles Weibliches, das sie dem männlichen Subjekt entgegenstellen, so sind sie in Gefahr, die alten patriarchalischen Zuschreibungen der Frau als Natur zu wiederholen; versuchen sie, das Weibliche zu entmythisieren, so droht die verborgenere Falle einer Reproduktion der patriarchalischen Ordnung der Dinge und die Übernahme einer ›männlichen‹ Subjektivität.

Bovenschen versucht, dieser Problematik Rechnung zu tragen. Wie die amerikanischen Literaturkritikerinnen geht sie aus von der Diskrepanz zwischen »Schattenexistenz und Bilderreichtum«, zwischen der fehlenden Präsenz der Frauen in der Geschichte und ihrer überreichen mythischen Präsenz in der Literatur. Sie bezweifelt jedoch die Möglichkeit einer klaren Trennung zwischen dem Mythos des Weiblichen und der realen Frau:

Der Begriff des Weiblichen erschöpft sich nicht in den sozialen Existenzformen der Frauen, sondern er gewinnt seine Substanz aus der Wirklichkeit der Imaginationen. Die mythologisierte, zuweilen idealisierte, zuweilen dämonisierte Weiblichkeit materialisiert sich in den Beziehungen der Geschlechter und in dem aus diesem fremden Stoff gewonnenen Verhältnis der Frauen zu sich selbst. [...] Die Morphogenese der imaginierten Weiblichkeit schiebt sich im Rückblick an die Stelle der weiblichen Geschichte. Die Grenzen zwischen Fremddefinition und eigener Interpretation sind nicht mehr auszumachen. (Bovenschen 1979, 40f.)

Bovenschen schiebt daher die Weiblichkeitsmythen nicht einfach beiseite; es gehe vielmehr darum, »die verschiedenartigen Thematisierungen und Präsentationen des Weiblichen zu sondieren und zu dekomponieren, um so allererst eine begriffliche Grundlage für die Analyse der heteromorphen Gestalt des Weiblichen in der Kulturgeschichte zu schaffen« (ebd., 14). Vor diesem Hintergrund liest sie Frank Wedekinds Drama *Lulu*. Sie sieht darin nicht einen weiteren Weiblichkeitsmythos der männlichen Literatur, sondern bereits eine Reflexion der Mythisierung der Frau: eine Inszenierung der patriarchalischen Inszenierung des ›Weiblichen‹. Wedekind führt in seinem Drama eine Frauenfigur vor, die eine ganze Palette unterschiedlicher Weiblichkeitsbilder zu verkörpern vermag: Lulu wechselt ihre Rollen mit den Männern, die ihr diese Rollen antragen. Entlarvt Wedekind somit die patriarchalischen Weiblichkeitsimagines als männliche Projektionen, so verfällt er selbst, wie Bovenschen zeigt, einer erneuten Substantialisierung des Weiblichen, wenn er in der *femme fatale* Lulu das Weibliche zugleich als ein Ursprüngliches und Natürliches jenseits der kulturellen Bilder darstellt. Bovenschen versucht, die Figur der Lulu aus diesem erneuten Einrasten in eine Verkörperung der Natur zu befreien und zu einem feministischen Bild umzufunktionieren. Für sie ist »Lulus gefährlicher Tanz in der schwindelerregenden Höhe der Projektionen« (ebd., 48) die Darstellung der fehlenden weiblichen Identität: »Lulu kann eine Vorstellung davon, was sie ist, selber nur über die jeweilige Adaption und die nachfolgende Negation der männlichen Projektionen und Ergänzungsbestimmungen gewinnen« (ebd., 51). Sie gewinnt dabei aber eine gewisse Freiheit durch ihre Verfügungsgewalt über die Bilder; statt dem ›Diktat der Bilder‹ zu folgen, das bedeuten würde, sich mit *einem* Bild zu identifizieren, ›spielt‹ Lulu die weiblichen Rollen und gewinnt dadurch eine Distanz, die ihr ermöglicht, *mit* ihnen zu spielen. In diesem Spiel sieht Bovenschen die Vorbildlichkeit der Lulu-Figur für den Versuch der Frauen, den patriarchalischen Zuweisungen zu entkommen:

Da [...] die Frauen sich in der Geschichte nicht selber präsentierten, da sie sich nicht artikulierten, sondern stumm blieben, kann sich das Weibliche immer nur in dieser ›irgendwie fremden Gestalt‹ ausdrücken [...] die Imitation (mag) eine Möglichkeit der weiblichen Selbstdarstellung sein, vielleicht sogar die einzige, allerdings nur insofern, als sie bewußt und souverän gebraucht wird und nicht mit der Illusion weiblicher Authentizität verknüpft ist. (ebd., 57f.)

Dennoch erscheint (mir) diese Perspektive unbefriedigend. Warum nicht den »gefährliche(n) Tanz in der schwindelerregenden Höhe der Projektionen«, den ähnlich auch Christina von Braun den Frauen ver-

ordnet, als eine (Fort-)Bewegung denken, die den Bannkreis des Tanz-
platzes zu verlassen trachtet: eine mimetische *Durchquerung* der männlichen Projektionen mit dem Ziel, sich einen anderen Ort zu konstruieren. Der neue Ort weiblicher Selbstidentifikation dürfte jedoch kein
Fixpunkt, er müßte Ausgangspunkt einer neuen Bewegung sein. Diese
Fragen werden im folgenden noch ausführlich thematisiert. Hier soll
zunächst der veränderte Problemhorizont feministischer Literaturwissenschaft bei Bovenschen und anderen Theoretikerinnen, der nicht nur
auf die Kritische Theorie, sondern bereits auf den Einfluß der französischen Theoriebildung verweist, in seiner Relevanz für eine feministische Relektürepraxis beleuchtet werden. Unter diesem Aspekt hat er
einen erweiterten Blickwinkel zur Folge: den Übergang von der Fokus-
sierung auf literarische Weiblichkeitsbilder zu einer feministischen
Revision der Ästhetik überhaupt:

> Es geht [...] nicht nur darum, ›Weiblichkeitsbilder‹ in der Literatur zu analy-
> sieren, sondern es geht um folgende zu produzierende Problemstellung: wel-
> chen Stellenwert hat ›Weiblichkeit‹ im Konstitutionsprozeß literarischer Pro-
> duktion selber? (Schuller 1990, 48)

Mörderische Kunst

Die feministische Relektüre versuchte, die Kunst auf ihre Verwurze-
lung im Leben zurückzuführen: auf die subjektive und geschlechtsspezifische Perspektive künstlerischer Darstellung, die sich hinter der Ideologie von der Universalität autonomer Kunst verbirgt. Aber sie be-
schränkte sich zunächst auf die Inhalte literarischer Texte; sie themati-
sierte nicht die ästhetische Form selbst. Die ›Sexualpolitik‹, die die
Inhalte literarischer Texte prägt, macht sich aber gleichermaßen in der
Form geltend. Und sie verbirgt sich nicht nur hinter dem ›Wahren,
Schönen, Guten‹ der bürgerlichen Ästhetik, sondern noch hinter deren
anti-idealistischen Transformationen, Um- und Abwertungen in der
Literatur der Moderne. Für die Ideologie der autonomen Kunst gilt
aber dasselbe wie für die Mythen des Weiblichen: Sie kann nicht einfach zugunsten eines unhinterfragten ›Realismus‹ über Bord geworfen
werden, wenn sich nicht unter der Hand die alten Ideologeme in neuem Gewand reproduzieren sollen. Sie muß vielmehr daraufhin befragt
werden, was sich in ihr eigentlich geltend macht.

»Nach der Vollendung« heißt ein Denkbild von Walter Benjamin,
das den Bedeutungsgehalt der bekannten Vorstellung auslotet, die Entstehung eines Kunstwerks gleiche einer Geburt (vgl. Weigel 1990b,
237). Dieser Vergleich, der in der abendländischen Kunsttheorie von

Platons *Symposion* bis zur idealistischen Ästhetik des bürgerlichen Zeit-alters einen zentralen Stellenwert einnimmt, ist keine unschuldige Me-tapher. Benjamin zeigt, wie diese Kunstauffassung den Künstler als dop-pelgeschlechtlich vorstellt: ein ›Weibliches‹ in ihm ›empfängt‹ die Idee zum Kunstwerk, während eine ›männliche‹ Meisterschaft, die den ›wah-ren‹ Künstler ausmacht, das Empfangene zum Werk vollendet. Der Pro-duktionsprozeß gipfelt in einer Vernichtung des ›Weiblichen‹ im Künst-ler. Indem er dieses im Akt der Vollendung ›sterben‹ läßt, eliminiert er zugleich seine Abhängigkeit vom ›weiblichen‹ Element überhaupt; nicht nur von der Natur, die ihn zum Werk inspiriert hat, sondern auch von »der dunklen Tiefe des Mutterschoßes« (Benjamin 1980, 438), die ihn selbst hervorgebracht hat. Denn mit seinem Werk glaubt der Künstler auch sich selbst neu und in einem höheren Sein geschaffen zu haben: die Kunst enthält das Phantasma einer männlichen Selbstgeburt. »Be-seligt überholt er die Natur«, schreibt Benjamin; »er ist der männliche Erstgeborene des Werkes, das er einstmals empfangen hatte« (ebd.). Benjamins Denkbild ist keineswegs ein feministischer Text, sondern ein Selbstausloten der männlichen Perspektive, die auch die Benjamins ist. Aber er macht die verborgenen geschlechtlichen Konnotationen, die geheime Misogynie der bürgerlich-idealistischen Kunstauffassung offenbar, die den herrschenden Kunstbegriff bis in die Gegenwart hin-ein prägt. In Benjamins Denkbild erscheint Kunstproduktion als männ-liche Machtphantasie, in der die Vereinigung und Eliminierung von Gegensätzen wie weiblich und männlich, Subjekt und Objekt, Emp-fangen und (Sich-)Schöpfen in einem männlichen Subjekt gedacht ist. Drei Aspekte lassen sich innerhalb dieser Kunstideologie unterschei-den, die den Prozeß, das Produkt und das Subjekt der Kunstproduk-tion betreffen:

1. Die bürgerliche Kunstauffassung schließt eine Vereinnahmung und Verdrängung des Weiblichen durch den männlichen Künstler ein. Der androgyne Künstler hat über das ›Weibliche‹ teil an ›Natur‹. Das ›Weibliche‹ in ihm verleiht ihm seine Schöpferkraft, macht ihn zum ›Genie‹. Frauen sind in diesem Geniebegriff aber nicht vorge-sehen, denn ihnen fehlt die ›männliche‹ Fähigkeit zur vollendenden Nachbildung der Natur in einem höheren Sein.

2. Das Kunstwerk dient dazu, die natürliche Erzeugung, die von dem Vermögen zu gebären abhängig ist, durch eine höher bewertete, männlich konnotierte, künstliche Schöpfung zu ersetzen. Kunst zielt auf ›Vollkommenheit‹, auf das Schaffen eines ›Ewigen‹, ›Unverän-derlichen‹, ›Geistigen‹, das sich in der Natur nur unvollkommen und vergänglich realisiere.

3. Diese Schöpfung ist gleichbedeutend mit einer Selbstschöpfung des Künstlers als autonomes Subjekt, einer Befreiung von Körper, Mutter, Weiblichkeit und materieller Realität, die phantasmatisch zu einem einzigen mythischen Komplex zusammengeschlossen sind.

Silvia Bovenschen hat gezeigt, wie im bürgerlichen Zeitalter das Bild der Frau als Natur sie mit ›Versöhnung‹ synonym werden läßt. Sie gewinnt diese Funktion in einer Epoche der Spaltung von Ich und Welt, in der die Eindeutigkeit eines stabilen, religiös fundierten Weltbildes aufbricht und das (männliche) Subjekt sich als getrennt von der Welt vorfindet. So kommen in dieser Epoche die Sphären von Kunst und Weiblichkeit zur Deckung: Beide verheißen die Versöhnung der Gespaltenheit von Ich und Welt, Geist und Natur in einer höheren Harmonie. Gerade durch ihre Identifizierung mit der Kunst wird die Frau aber von der Kunst*produktion* ausgeschlossen. Die Frau ist bewußtlose Verkörperung der Harmonie alles Seienden, schönes, in sich ruhendes Vor-Bild des Kunstwerks, Vermittlungsinstanz hin zur äußeren wie inneren Natur. Der Mann aber ist der bewußte Produzent, der das vollendete Kunstwerk hervorbringen kann. In den klassischen Kunsttheorien Kants und Schillers und noch bis ins 20. Jahrhundert hinein weist Bovenschen diese Rollenverteilung nach. Die Bewertung, die mit solchen Zuschreibungen verbunden ist, wandelt sich zwar: »Die Bewertung des Weiblichen tendiert in dem Maße, wie die Hoffnung verloren geht, daß der Geschichtsprozeß mit einem Fortschritt zur Vernunft verbunden sei, zur Glorifizierung« (Bovenschen 1979, 232). Aber das derart aufgewertete Weibliche bleibt bis hin zu Bretons surrealistischem Hymnus auf die Frau eine ›imaginierte Weiblichkeit‹: »Projektionsfläche eines Traums; des Traums von der großen Versöhnung« (ebd., 241).

Die Vereinnahmung und Eliminierung des Weiblichen in der Kunst wird deutlich in den poetologischen Androgyniekonzepten, die seit dem 18. Jahrhundert auftraten und bis in die Gegenwart hinein ihre Wirkung entfalten. Christine Battersby schreibt in ihrer Studie *Gender and Genius*, einer feministischen Rekonstruktion der Geschichte des Genie-Begriffs:

If we look at the aesthetic literature of the late eighteenth century, we will see that the greatest *males* (the natural ›geniuses‹) were being praised for qualities of mind that seem *prima facie* identical with Aristotelian femininity. [...] A man with genius was *like a woman* ... but was *not a woman*. (Battersby 1989, 8)

Der wahre Künstler ist den modernen Kreativitätskonzepten zufolge ein Androgyn: männlich und weiblich zugleich, vermag er aus sich heraus die Welt neu zu gebären. Scheint dies auf den ersten Blick gleichermaßen für männliche wie weibliche Künstler gelten zu können, so zeigt sich die Künstlerandrogynie bereits in einem älteren Modell vorgebildet, das die Rollenverteilung hinter der scheinbaren Geschlechtsneutralität verdeutlicht: in dem Paar des Dichters und seiner Muse, wie es Dante und Beatrice verkörpern. Die – bevorzugt tote – ideale Geliebte wird zum Bild, das als Spiegel des ›weiblichen‹ Anteils im Künstler selbst fungiert. Die reale Frau, die dem Bild zugrundelag, wird im selben Zuge zum Verschwinden gebracht, in dem sie dazu verhilft, das Werk und dessen Autor hervorzubringen. Christina von Braun zeigt in einer Untersuchung über das im 19. und frühen 20. Jahrhundert unter Künstlern verbreitete Phänomen der ›männlichen Hysterie‹, wie die scheinbare Aufwertung des Weiblichen bei diesen Künstlern mit einer Tendenz zur Eliminierung der realen Frau einhergeht. Es geht ihnen nicht um eine Neubewertung der Frau, sondern um das ›Weibliche‹ im Mann. Ein exemplarisches Beispiel dafür findet Braun in dem ›effeminierten‹ Romantiker Novalis. Dessen Ästhetik zielt auf eine »Materialisierung der Idee«, die untrennbar ist »von der gleichzeitigen Bemühung um die Entleibung alles Sichtbaren, Sinnlichen, Lebendigen« (Braun 1989, 59). Der Künstler, der dieses versinnlichte Geistige und vergeistigte Sinnliche hervorbringen soll, muß das Männliche und Weibliche in seiner Person vereinigen. Dieser poetologische Schöpfungs- und Vereinigungsmythos benötigt zwar die Frau als Vervollständigung des Mannes, läßt jedoch für eine reale Andere keinen Raum; er muß die Frau in eine Idee transformieren und dem männlichen Ich anverwandeln. Genau dies vollzieht Novalis in der Realität mit seiner noch kindlichen Braut Sophie: er verklärt sie zu einem Ideal, das ihr keinen Platz für ein eigenes Leben läßt. »Sie stirbt pflichtschuldig, möchte man sagen, gleichsam einen Opfertod« (ebd., 62). Novalis selbst und seine Biographen stilisierten Sophies Tod zur ›Geburtsstunde‹ des romantischen Dichters. Das mörderische Verhältnis Novalis-Sophie ist kein Einzelfall; Elisabeth Bronfens Buch *Nur über ihre Leiche*, das den Zusammenhang von Weiblichkeit, Tod und Ästhetik thematisiert, geht einer ganzen Reihe ähnlicher Beispiele nach (Bronfen 1994).

Sigrid Weigel weist die Vereinnahmung des Weiblichen durch den männlichen Künstler an einem Text nach, der allgemein als Paradigma des romantischen Androgyniekonzeptes gilt: Friedrich Schlegels poetologischer Roman *Lucinde*. Weigel zufolge ist die herrschende Lesart, nach der Schlegel Männlichkeit und Weiblichkeit als gleichermaßen wichtige Bestandteile vollständigen Menschseins darstellt, charakteristisch für die »notorische Blindheit« der Literaturwissenschaft gegenüber dem Weiblichen (Weigel 1990a, 50; vgl. auch Weigel 1990b). Diese Lesart übernehme die universell formulierte Programmatik des

Autors und übersehe die fehlende Einlösung dieses Programms in der einseitig männlichen Perspektive des Romans.

›Ich sehe hier eine wunderbare sinnreiche bedeutende Allegorie auf die Vollendung des Männlichen und Weiblichen zur vollen ganzen Menschheit‹, heißt der programmatische Satz, auf den sich die genannte Lesart des Textes stützt. [...] Schon aus der genauen Textanalyse erschließt sich, daß dieser Satz ganz aus der Perspektive männlicher Entwicklung und Vervollkommnung formuliert ist – einer Entwicklung zur Einheit und Vollkommenheit des Mannes, für die eine Serie von Frauenfiguren den Weg markiert, auf dem sie selbst ›erschöpft werden‹, absterben, und das nicht nur im metaphorischen Sinne. (Weigel 1990a, 50f.)

Am Ende steht, im Entwicklungsroman wie in der Selbstauffassung des Künstlers, das autonome, männliche Subjekt, das seine ›menschliche‹ Vervollkommnung erreicht hat: Indem es das ›Andere‹ sich angeeignet und, mit dem Stempel *seines* Geistes versehen, wieder aus sich herausgestellt hat, ist es Schöpfer seiner eigenen Welt geworden.

Eine Erzählung von E. A. Poe, die zu einem Schlüsseltext der feministischen Literaturwissenschaft geworden ist, offenbart den Preis, den diese Kunstideologie fordert (und wer ihn stellvertretend zahlen muß): die Opferung des Lebendigen (vgl. Schuller 1990, 47ff.). *The Oval Portrait* erzählt von der unheimlichen Begegnung eines Mannes mit einem Frauenbildnis, das ihn durch eine beunruhigende Lebensnähe entsetzt. Aus einem Buch erfährt er die mörderische Entstehungsgeschichte des Porträts, das die Frau des Malers darstellt. Je besessener sich der Künstler seinem Bild widmete, je lebensechter es dabei wurde, desto mehr schwand das Leben aus dem realen Modell. Der Augenblick der Vollendung des Kunstwerks war der des Todes der Frau. »Kunstproduktion ist immer eine Form von Entlebendigung zum Zwecke der Überwindung von Zeitlichkeit« (Berger/Stephan 1987, 7). Der Versuch, den Tod zu überwinden, indem die zeitliche Erfahrung in die Unsterblichkeit der vollkommenen, künstlerischen Form transformiert wird, schlägt in der abendländischen Kunst in sein Gegenteil um: in Nekrophilie, Begehren des Toten. Die Kunst ist das Phantasma des absoluten Besitzes, der absoluten Macht über die Objekte ihres Begehrens; sie will sie im Kunstwerk in höherer, reinerer Form stillstellen – und behält einbalsamierte Leichname zurück. Daß die Kunst diesen Prozeß – gerade dort, wo sie wie bei Poe ihre eigenen Entstehungsbedingungen reflektiert – meist als die Tötung einer Frau inszeniert, hat seinen Grund im patriarchalischen Weiblichkeitsmythos, der das Lebendige, Körperliche, Sinnliche, Prozessuale und Vergängliche als das ›Andere‹ des Subjekts in die Gegenbilder ›Natur‹ und ›Tod‹ bannt und mit dem ›Weiblichen‹ identifiziert.

In Bronfens Studie über das Motiv des weiblichen Todes in der Kunst erscheint die Literatur- und Kulturgeschichte der letzten 200 Jahre als ein gigantischer ›Mordschauplatz‹ (Bachmann). Bronfen zeigt, wie die literarischen Inszenierungen weiblicher Tode die Funktion einer Verdrängung und zugleich Artikulierung des Todes erfüllen. Am toten Körper der Frau werden stellvertretend kulturelle und gesellschaftliche Normen verhandelt und bestätigt. Die ›schöne Leiche‹ sichert die Ordnung, indem sie die Beunruhigung durch das ›Chaos‹, das ›Andere‹, die Grenzüberschreitung, mit der die Frau bzw. der weibliche Körper synonym gesetzt wird, im wahrsten Sinne des Wortes stillstellt. Zugleich soll die Zurschaustellung des toten Körpers die gefahrlose, voyeuristische Inbesitznahme des ›Anderen‹ ermöglichen. Ihr Paradigma ist Schneewittchen im gläsernen Sarg. Wenn in dieser mörderischen (Kunst-)Geschichte das Weibliche scheinbar nur als Metapher fungiert, so demonstriert Bronfen anhand zahlreicher Doppelbiographien von Künstlern und den Frauen in ihrer Umgebung, wie die mörderische Metapher in der Realität selbst wirksam ist.

Die Kunst ist kein unschuldiges Medium, dessen sich männliche und weibliche Subjekte nach dem Motto ›Der Geist hat kein Geschlecht‹ gleichermaßen bedienen könnten. Denn in unserer Kultur hat er nachweislich ein Geschlecht bekommen: »Der Autor als Instanz ist männlich« (Weigel 1990a, 45). Sandra Gilbert und Susan Gubar entfalten in ihrem Buch *The Madwoman in the Attic* die komplexen Implikationen dieses patriarchalischen Autorbegriffs:

The patriarchal notion that the writer ›fathers‹ his text just as God fathered the world is and has been all-pervasive in Western literary civilization, so much so that [...] the metaphor is built into the very word, author, with wich writer, deity, and *pater familias* are identified. [...] as the author of an enduring text the writer engages the attention of the future in exactly the same way that a king (or father) ›owns‹ the homage of the present. [...] that such a notion of ›ownership‹ or possession is embedded in the metaphor of paternity leads to yet another implication of this complex metaphor. For if the author/father is owner of his text and of his reader's attention, he is also, of course, owner/possessor of the subjects of his text (Gilbert/Gubar 1979, 4ff.),

und damit auch ›owner/possesor‹ der Weiblichkeit als des bevorzugten Gegenstandes einer Kunst, deren letzter Zweck die Verfügung des ›männlichen‹ Geistes über die ›weibliche‹ Natur ist. Die Überwindung der eigenen Naturhaftigkeit des (männlichen) Subjekts wird in der Identifikation des Künstlers mit dem supponierten geistigen Ursprung aller Dinge, dem männlichen Schöpfergott, gesucht. »Our modern notions of creativity are modelled on notions of a male God creating the universe, [...] all creative and procreative power (is represented) as the attribute of males« (Battersby 1989, 8).

Was bedeutet das aber für die Frau als Kunstproduzentin? Wenn die Kunst sich über einen »Verzehr« von Weiblichkeit konstituiert (Weigel 1990b), dann kann der Zugang der Frauen zur künstlerischen Selbstartikulation nicht, wie die feministischen Kritikerinnen des literarischen Kanon forderten, eine bloße Frage der Entscheidung sein, aus der passiven Rolle der Beschriebenen in die aktive der Schreibenden zu schlüpfen. Die Rolle der Künstlerin ist innerhalb der ›patriarchal poetry‹ (Gertrude Stein) eine unmögliche Rolle. Diese Unmöglichkeit läßt sich an den Texten aller Autorinnen, die literarisch das Wort ergriffen haben, mehr oder weniger deutlich ablesen, bis in die Gegenwart:

Ich empfinde [...] scharf die Spannung zwischen den Formen, in denen wir uns verabredungsgemäß bewegen, und dem lebendigen Material, das meine Sinne, mein psychischer Apparat, mein Denken mir zuleiteten und das sich diesen Formen nicht fügen wollte. [...] Es gibt keine Poetik, und es kann keine geben, die verhindert, daß die lebendige Erfahrung ungezählter Subjekte in Kunst-Objekten ertötet und begraben wird. (Wolf 1988, 8)

So beschreibt Christa Wolf die ›Voraussetzungen‹ ihres Versuchs, ein Kunstwerk hervorzubringen: die Erzählung *Kassandra*. Ihre Konsequenz aus dieser Erkenntnis ist der Versuch, innerhalb des Erzählens dessen ›tötende‹ Eigenschaften zu reflektieren. Sie geht jedoch nicht so weit, die Instanz des Autors und des autonomen Kunstwerks als solche in Frage zu stellen.

Ingeborg Bachmann hat versucht, einen anderen Weg zu gehen. In ihren beiden fragmentarisch gebliebenen Romanen *Der Fall Franza* und *Requiem für Fanny Goldmann* thematisiert sie den mörderischen Charakter männlicher Autorschaft. Beide Romane handeln von der Tötung einer Frau, die von ihrem Lebensgefährten ›verschriftlicht‹ wird. Franza Jordan wird von ihrem Psychoanalytiker-Ehemann zum ›Fall‹ gemacht und durch seine Aufzeichnungen über sie in eine hysterische Erkrankung getrieben, die mit ihrer (Selbst-) Vernichtung endet. Fanny Goldmann fühlt sich von ihrem Geliebten, der ihr Leben in Literatur verwandelt hat, ›ausgeschlachtet‹, ihrer eigenen Geschichte enteignet und als verfügbarer Stoff *seiner* Autorschaft vor einem Massenpublikum zur Schau gestellt. Bachmanns eigenes Spätwerk ist der problematische Versuch eines Schreibens, das aus der Sicht der Opfer selbst schreibt und sich zugleich aus dem Opferstatus herausschreiben will, ohne doch seinerseits andere/anderes zu opfern. Diesem Schreiben gelingt es in beispielloser Weise, die Bedingungen von Kunstproduktion offenzulegen; aber es kann ihnen dennoch nicht entkommen. Als Schreibende kann sich Bachmann nur in einem männlichen *alter ego*, der männlichen Erzählerfigur Malina, spiegeln; aber anders als Christa Wolf weiß sie das. Die weiblichen Figuren in ihren Texten haben keine Möglichkeit, ihren internalisierten Opferstatus zu überwinden; als einzige Form des Widerstands gegen das Getötetwerden bleibt ihnen das Selbstopfer. Paradigmatisch dafür ist die ambivalente Schlußszene von *Der Fall Franza*, die Selbstbefreiung und Selbstmord synonym werden läßt:

Ihr Denken riß ab, und dann schlug sie, schlug mit ganzer Kraft, ihren Kopf gegen die Wand in Wien und die Steinquader in Gizeh und sagte laut, und da war ihre andere Stimme: Nein. Nein. (Bachmann 1989, 135)

Den Biographien und Texten auffallend vieler Schriftstellerinnen ist eine Tendenz zur Selbstauslöschung einbeschrieben; Virginia Woolf, Marguerite Duras, Unica Zürn, Silvia Plath, Ingeborg Bachmann sind nur einige willkürlich herausgegriffene Beispiele. Die neue Frauenbewegung hatte für die meisten dieser Autorinnen wenig Verständnis (wenn sie nicht wie Woolf als Pionierinnen des Feminismus galten). Die ›Frauenliteratur‹ der sechziger und siebziger Jahre schien ein neues Kapitel in der Geschichte weiblichen Schreibens zu eröffnen, in dem die Frauen erstmals zu sich selbst gekommen waren, endlich mit der Unterdrückung aufgeräumt hatten, der jene ›Vorgängerinnen‹ sich noch hilflos-hysterisch – allenfalls in passiver, unbewußter Subversion – unterworfen hatten. Die Defizite der emanzipatorischen ›Frauenliteratur‹ wurden jedoch bald sichtbar: Wo ihr eine ästhetische Reflexion fehlte, konnte sie den Frauen letztlich nur einen Zugang zur männlichen Autorschaft verschaffen. Mit dem Sichausbreiten einer poststrukturalistischen Orientierung in der feministischen Theorie schlug das Pendel in die entgegengesetzte Richtung: Eine entsubjektivierte Weiblichkeit wurde zum Leitbild. Der Hysterie-Begriff erfuhr eine starke, positive Bedeutungsaufladung. Im Zuge dieser Entwicklung wurden auch Autorinnen wie Ingeborg Bachmann von feministischer Seite ›rehabilitiert‹. Solche Umwertungen verwischen jedoch nur die Problematik, deren Auflösung immer noch aussteht: die Alternative zwischen männlicher Autorschaft und – wie auch immer subversiver – weiblicher Selbstauslöschung. Überwunden wäre sie erst in einem neuen, anderen Begriff von Autorschaft, der zugleich eine andere weibliche Selbstidentifikation ermöglichen würde: eine Form der Subjektivität, die keine Opfer, aber auch kein Selbstopfer fordern würde.

Virginia Woolf schreibt in ihrem Essay *Berufe für Frauen*, eine Frau, die schreiben wolle, müsse den ›Engel des Hauses‹, das patriarchalische

Weiblichkeitsideal, ›töten‹ (Woolf 1989). Doch dieser Kampf mit dem Engel ist ein Kampf mit dem eigenen ansozialisierten Selbst; so wird der ›Mord‹ am Engel oft zum ›Selbstmord‹ der Frau. Um im Schreiben das andere als Lebendiges zu bewahren, richtet sie den aggressiven Anteil ihrer Tätigkeit gegen die eigene Person, versucht ihr Ich, aber auch ihren Körper, ihre Emotionalität zu leugnen und zum Verschwinden zu bringen. Die anorektischen, ichlosen Frauenfiguren bei Duras, die als lebendige Tote zum Inbegriff von Weiblichkeit verklärt werden, sind ein anschauliches Beispiel dafür.

> Die Hervorbringung des Symbols, der Schrift, der kulturellen Ordnung [...] ist ohne eine aggressive Anstrengung nicht denkbar. Gerade diese aggressive Anstrengung fällt schreibenden Frauen [...] aufgrund traditioneller Rollenauffassungen so schwer. (Berger/Stephan 1987, 7)

Das Verdrängen des aggressiven Anteils der eigenen Produktivität, das sich in der Autoaggression um so stärker entläd, ist selbst noch ein Erbe des verinnerlichten patriarchalischen Weiblichkeitsideals. Die Rede von der ›aggressiven Anstrengung‹ erscheint aber mißverständlich; statt ›Aggression‹ sollte es eher ›Abgrenzung‹ heißen. An die Stelle der ›männlichen‹ Abgrenzung durch tötende Inbesitznahme, Opferung des ›Anderen‹, wäre dabei aber eine andere Form der Abgrenzung, eine auf Wechselseitigkeit beruhende, nie abgeschlossene An-Eignung des ›Anderen‹ zu setzen. Weibliche Selbstidentifikation muß nicht notwendig in eine Selbstinthronisation nach dem Vorbild männlicher Autorschaft münden; sie wäre zunächst Selbsterhalt. Dazu müßten wir aber, anders als Franza, »unser Verstummen, unsere Schreckenslähmung [...] umwandeln in jene Aggressivität, die notwendig ist, um die Ursachen des Alpdrucks zu beseitigen« (Weiss 1988, 83).

2. Die brüchige Geschichte des (Sich-)Schreibens der Frauen

Virginia Woolf und die Frage nach einer weiblichen Tradition

»Nennen Sie mich Mary Beton, Mary Seton, Mary Carmichael oder wie immer Sie wollen – das ist unwichtig« (Woolf 1981, 9) – so führt sich die Autorinstanz in Virginia Woolfs Essay *A Room of One's Own* (1929; *Ein Zimmer für sich allein*) ein. Der Text, entstanden aus einem Vortrag über das Thema »Women and Fiction«, ist ein Zwitter: Er verbindet einen essayistischen Diskurs mit einer fiktionalen Ich-Erzählung, in der die Einheit von Zeit, Ort, Handlung und Erzählerinstanz gesprengt ist. So tritt einerseits Narration an die Stelle der Argumentation und überläßt es den Leser/inne/n, die Bilder zu deuten; andererseits greift die Ich-Erzählerin reflektierend und kommentierend in ihre Erzählung ein. Anders als in ihren Romanen, die durch ein multiperspektivisches Erzählen gekennzeichnet sind, bleibt in diesem Text die Einheit des Ich durch die Situation des mündlichen Vortrags, den die Vortragende unmittelbar an ihre Zuhörerinnen adressiert, gewährleistet. Aber zugleich verschwimmt dieses redende Ich immer wieder mit den anderen, von denen es erzählt: Die drei Namen, die es sich zu Beginn selbst zuspricht, treten im Verlauf des Textes als drei Figuren innerhalb der Erzählung auf. Mary Beton erscheint als eine Tante, die der Ich-Erzählerin Geld hinterlassen und damit ein unabhängiges Leben ermöglicht hat, Mary Seton als befreundete Lehrerin in einem Frauencollege und Mary Carmichael als eine junge Schriftstellerin, die gerade ihren ersten Roman veröffentlicht hat. Diese drei Figuren zusammen verkörpern die zentrale Aussage des Essays: Daß das Fehlen großer weiblicher Namen in der Literaturgeschichte nicht auf eine weibliche Unfähigkeit zu geistigen Leistungen zurückzuführen sei, sondern auf die gesellschaftlich diktierten Bedingungen weiblicher Existenz. Jahrhundertelang war für Frauen ein selbstbestimmtes Leben als Schriftstellerin undenkbar. Ausgeschlossen von Bildung, in der Ehe rechtlos und ohne eigenen Besitz, den sie ihren Töchtern hätten hinterlassen können, waren sie zu häuslichen Tätigkeiten im Dienste anderer gezwungen. So sind Mary Beton, die ihrer Nichte ein eigenes Einkommen verschafft, und Mary Seton, die zur Bildung junger Frauen beiträgt, Voraussetzungen für die Existenz von Mary Carmichael, der Schriftstellerin.

Virginia Woolf ist die erste Frau, die die Geschichte und Sozialgeschichte der (englischen) Literatur von Frauen schreibt. Sie ist die eigentliche Initiatorin der feministischen Literaturwissenschaft, nicht nur in chronologischer Hinsicht, sondern auch im Hinblick auf die Kühnheit und Radikalität ihrer Infragestellung patriarchalischer Werte in der Kultur. Lange vor Simone de Beauvoir begann sie, die patriarchalische Bestimmung von Weiblichkeit zu historisieren und auf eine soziale Rollenzuweisung zurückzuführen. Anders als Beauvoir versuchte sie aber zugleich, sich als Frau innerhalb einer weiblichen Tradition zu situieren, zu deren Rekonstruktion sie Wesentliches beigetragen hat. Mit ihrer Suche nach spezifisch weiblichen kulturellen Werten jenseits ontologischer Festlegungen kann sie als ›Mutter‹ der Differenztheorien gelten. Poststrukturalistisch orientierte Theoretikerinnen wie Toril Moi oder Gayatri Spivak haben Woolf in den achtziger Jahren zudem als Vorläuferin jener feministischen Rationalitäts- und Subjektkritik entdeckt, die mit der poststrukturalistischen Wende in der feministischen Literaturwissenschaft zentrale Bedeutung gewonnen hat (Moi 1989; Spivak 1980). Virginia Woolfs antizipatorische Weitsicht, zu der vielleicht nur eine Praktikerin, nicht eine Theoretikerin der Literatur fähig war, hat einen äußerst komplexen Problemhorizont eröffnet. Natürlich ist sie auch dem Denken ihrer Zeit verhaftet; vieles ist bei ihr noch nicht zu Ende gedacht, vieles bleibt widersprüchlich. Aber sie hat den Weg für ihre Nachfolgerinnen geebnet.

In *A Room of One's Own* stellt Woolf fest, daß Frauen vor dem 18. Jahrhundert in der englischen Literaturgeschichte so gut wie nicht existieren. In Ermangelung historischer Fakten über das Leben der Frauen in dieser Zeit entwirft sie die fiktive Geschichte einer Schwester Shakespeares: In ihren Begabungen und Interessen steht ›Shakespeares Schwester‹ ihrem Bruder nicht nach; anders als er ist sie aber von der Schulbildung aus- und im Haus eingeschlossen. Auch eine Flucht nach London hilft ihr nicht; sie endet im Selbstmord. Erst mit dem 18. Jahrhundert kann Woolfs Darstellung von der Fiktion zur Geschichte übergehen. Aphra Behn, die erste englische Berufsschriftstellerin, leitete eine Entwicklung weiblicher literarischer Produktivität ein, die im 19. Jahrhundert ihren Höhepunkt fand. Mit Jane Austen, George Eliot und den Schwestern Brontë hielten die Frauen Einzug in die Literaturgeschichte. Diese Autorinnen, so Woolf,

hatten keine Tradition hinter sich, oder eine so kurze und partielle, daß sie nur von geringer Hilfe war. Denn wir denken durch unsere Mütter zurück, wenn wir Frauen sind. Es ist zwecklos, auf die großen Männer als Hilfe zurückzugreifen [...] Das Gewicht, die Gangart, die Schrittweite von eines Mannes Geist sind dem ihren zu ungleich, um irgend etwas wirklich Wesentliches mit Gewinn zu stehlen. (ebd., 85)

Doch Woolfs Essay widerspricht zugleich dieser Rede von der Traditionslosigkeit der großen Schriftstellerinnen des 19. Jahrhunderts. Denn er widmet sich einer Rekonstruktion der verschütteten weiblichen Tradition, die ihren Romanen vorausging. Woolf holt vergessene Autorinnen wie Anne Finch, Margaret Cavendish, Aphra Behn, Fanny Burney oder Eliza Carter in die Erinnerung zurück; und sie werden von ihr nicht nur erwähnt, sie werden gelesen. Diese Autorinnen, so Woolf, hätten zwar keine Texte von hohem literarischem Wert hervorgebracht, aber ihr Schreiben sei die unabdingbare Voraussetzung für die Entstehung der großen Frauenromane des 19. Jahrhunderts. »Meisterwerke sind keine einsamen Einzelleistungen; sie sind das Ergebnis vieler Jahre gemeinsamen Nachdenkens, [...] so daß hinter der einzelnen Stimme die Erfahrung der Masse steht.« (ebd., 74f.)

Der Widerspruch zwischen der Behauptung einer Traditionslosig-keit und der Erinnerung an eine vergessene Tradition führt zu einem Problem, das nicht nur das Virginia Woolfs, sondern das der femini-stischen Literaturgeschichtsschreibung überhaupt ist: zur Frage der literaturwissenschaftlichen Wertung. Wie soll eine Frauenliteraturge-schichte, die die tradierten ästhetischen Normen in Frage stellen muß, wenn sie das historisch Ausgegrenzte retten will, ihrerseits ästhetische Wertungen vornehmen? Was wäre ein ›weibliches Meisterwerk‹ – so-fern wir ein solches überhaupt brauchen? Für Virginia Woolf stellen sich diese Fragen aber nicht. In der Beurteilung ästhetischen Gelingens spielt der Geschlechtsunterschied für sie keine Rolle. Sie hat *einen* Maßstab für ›große‹ Literatur bereit, der so rigide ist, daß eigentlich nur eine einzige Schriftstellerin ihm standhält: Jane Austen. Die be-sondere Qualität Austens sieht Woolf darin, daß sie nicht mit ihrem weiblichen Schicksal gehadert habe, obwohl sie unter äußerst be-schränkten Umständen leben und schreiben mußte. Ihre Romane sei-en »ohne Haß, ohne Verbitterung, ohne Angst, ohne Protest, ohne zu predigen« (ebd., 77) geschrieben; nur so aber könne ein Kunstwerk zum Meisterwerk vollendet werden. Im Schreiben aller anderen Auto-rinnen findet Woolf Brüche und Deformationen, die sie auf eine Ver-haftung ihres Schreibens im Leben zurückführt. Charlotte Brontë etwa habe ihr ›Genie‹ niemals ganz zum Ausdruck bringen können, da sie gegen ihr weibliches Schicksal aufbegehrt habe. Ihre Prosa spiegele dieses Aufbegehren in harten Übergängen und plötzlichen Brüchen im Erzählfluß; die ›Kontinuität‹ ihrer Romane sei gestört. Zwar solle und müsse in Romane ein großes Maß an Leben eingehen. Aber zu ›dau-erhaften‹, ›ewigen‹ Kunstwerken würden sie nur, wenn es ihnen gelän-ge, sich vom Leben abzulösen und ihm eine zweite, in sich geschlosse-ne Realität entgegenzustellen. Das Kunstwerk müsse eine Totalität her-vorbringen, in der die Vielfalt des Lebens in *einer* Emotion, *einer* Struk-tur, *einer* Skizze zusammengefaßt sei. Die Schaffung dieser Einheit, die ein ›geniales Werk‹ ausmache, sei ein »Kraftakt von ungeheuerlicher Schwierigkeit« (ebd., 59); seine Voraussetzung sei ein »weißglühender« Geisteszustand des Künstlers, der durch nichts Äußeres, durch keine Emotion mehr beeinträchtigt sei.

So sehr auch Woolfs avantgardistische Ästhetik die traditionelle Darstellungsweise in Frage stellt: In der Frage ästhetischer Wertung bleibt sie der traditionellen Kunstauffassung verpflichtet. Ganz im Ein-klang mit der bürgerlich-patriarchalischen Kunstideologie erscheinen ›Genie‹ und ›Vollendung‹ als zentrale Kriterien ›hoher‹ Kunst. Die Rede vom ›weißglühenden‹ Geisteszustand des idealen männlichen oder weiblichen Künstlers, der sich von seinen subjektiven Lebensumständen befreit, führt zurück zur Vorstellung des autonomen Künstlersubjekts und des reinen Werks, in dem die Kunst sich vom Leben abgelöst hat. Virginia Woolfs Beharren auf der materiellen Verankerung der Kunst im Leben verliert vor diesem Hintergrund sein Kritikpotential. Im Hinblick auf die Entstehung eines ›Meisterwerks‹ erscheint die materielle Bedingtheit der Kunst nur noch als ein Hindernis, das es abzubauen gilt, damit weibliche Künstler sich ebenso ungestört wie männliche der Vollendung ihrer Werke widmen können. Woolf beklagt letztlich nicht die Ausgrenzung der von Frauen geschriebenen Texte aus der Literaturgeschichte, sondern die Lebensbedingungen der Frauen, die ihnen nicht ermöglichten, bessere – und das heißt, mit der traditionellen Wertung konforme – Werke hervorzubringen. Entsprechend wird in *A Room of One's Own* dem institutionellen Aspekt des Mangels an literarischen Werken von Frauen so gut wie keine Beachtung geschenkt: der Frage nach den Ausgrenzungsmechanismen der Literaturwissenschaft und Literaturkritik. Diese Blindheit wird die von Woolf initiierte Geschichtsschreibung der Frauenliteratur noch lange begleiten:

Der heimliche Positivismus einer Frauenliteraturgeschichte, in der literarische Kritik und Biographie gleichsam nebeneinander herlaufen, wiederholt, ohne es zu wissen und zu wollen, das Ausgrenzungsurteil der ›großen‹ Geschichte. (Bürger 1990, VIII)

Dennoch – und darin liegt einer der vielen ungelösten Widersprüche in ihrem Essay – versucht Virginia Woolf zugleich, ein anderes, weibliches Schreiben zu denken und selbst zu praktizieren. In ihrem Roman *To the Lighthouse* entwirft sie in der Malerin Lily Briscoe die Figur einer Künstlerin, die dem patriarchalischen Philosophen Mr. Ramsay als Subjekt einer anderen, weiblichen Art der Erkenntnis gegenübersteht. Medium von Lilys Erkenntnis ist nicht mehr der abstrahierende Begriff, sondern das Bild, in dem sie die sinnliche Erfahrung des Lebendigen selbst zu bewahren versucht. Woolfs Ästhetik, die in diesem Roman zur Darstellung kommt, versucht, einen neuen, anderen Realismus-Begriff zu entwickeln. Für Woolf ist ›Realität‹ nicht ein immer schon Vorhandenes, sondern entsteht erst in der subjektiven Wahrnehmung. Deshalb werden »Leben oder Geist, Wahrheit oder Wirklichkeit« (Woolf 1989, 181) bei ihr austauschbar. Woolf steht mit dieser Programmatik in einer Tradition künstlerischer Rationalitätskritik, die mit den Künstlerprogrammatiken des 18. Jahrhunderts einsetzte, aber sie geht über diese hinaus. Neu an ihrer Verbindung von Leben und Geist ist deren Konzeption als eine unendliche Bewegung im Hier und Jetzt: eine Transzendenz, die sich in der Immanenz selbst verwirklicht.

Zum anderen versucht sie, in einer Selbstentäußerung des Künstlersubjekts die Subjektzentriertheit der abendländischen Rationalität, die das ›Andere‹ eliminiert, zu überwinden. Lilys künstlerische Tätigkeit in *To the Lighthouse* ist ein selbstvergessenes Sich-Öffnen hin zum ›Anderen‹, das nicht mehr zum Spiegel des eigenen Selbst degradiert ist.

Diese Unterscheidung einer weiblichen und männlichen Art der Geistestätigkeit wird bei Woolf nicht ontologisch begründet. Indem Lilys künstlerische Produktivität ihr Vorbild in der Lebenskunst der Hausfrau und Mutter Mrs. Ramsay findet, wird sie nicht in einer essentiellen Weiblichkeit verankert, sondern in der sozialen weiblichen Rolle zu einem bestimmten historischen Zeitpunkt: der viktorianischen Epoche. Woolf entwirft die Figur einer Künstlerin, die aus der kulturell bedingten Weiblichkeit einen spezifischen Erkenntnismodus herausdestilliert, ohne dabei selbst der versklavenden weiblichen Rolle zu verfallen. In ähnlicher Weise entwickelt Woolf auch in *A Room of One's Own* eine Unterscheidung zwischen einem männlichen und einem weiblichen Schreiben, die auf geschlechtsspezifischen ›Werten‹ gründet. Auch hier wird deutlich, daß sie keine Ewigkeitswerte im Sinn hat, sondern Sichtweisen, die den historischen Lebensbedingungen der Geschlechter entspringen: »Grob gesprochen sind Fußball und Sport ›wichtig‹. Die Anbetung der Mode, das Einkaufen von Kleidern ›trivial‹. Und diese Werte werden unvermeidlich vom Leben in den Roman übertragen« (Woolf 1981, 83). Den sportlichen Wettkampf-, Leistungs- und Erfolgsgedanken findet Woolf im pompösen Stil der männlichen Romanliteratur des 19. Jahrhunderts wieder. In diesem Stil hätten die Schriftstellerinnen ihre eigene Erfahrung nicht wiederfinden können, ohne aber bereits über eine eigene, weibliche Schreibweise zu verfügen; dieses Dilemma spiegele sich in den Brüchen ihrer Prosa. Nur Jane Austen sei es gelungen, sich ganz von den männlichen Vorbildern zu lösen: Sie »lachte darüber und entwickelte einen vollkommen natürlichen, wohlgeformten Satz, der sich für ihren Gebrauch eignete« (ebd., 86). Die bruchlose, fließende Prosa Jane Austens, die Woolf als stilistische Entsprechung weiblicher Erfahrung im 19. Jahrhundert sieht, wird ihr zum Paradigma weiblichen Schreibens. Bezeichnend ist aber, daß Woolf mit Jane Austen eine bereits hochkanonisierte Autorin wählt: Nur innerhalb des von der Literaturgeschichte anerkannten Bereichs erlaubt sie sich eine Suche nach weiblichen Formen des Schreibens.

Die Wirkung der bruchlosen Prosa Jane Austens auf Woolfs eigenes Schreiben ist unverkennbar. Auch ihre Schreibweise zielt auf die Hervorbringung eines flüssigen Kontinuums. So wird die Überschreitung der Einheit von Ort, Zeit, Erzählerinstanz und Gattungszugehörigkeit in *A Room of One's Own* stilistisch wieder aufgefangen durch einen alles vereinenden, ironisch-distanzierten Konversationston, der unentwegt an den *common sense* appelliert. Zugleich aber ist der Text durchzogen von ostentativ gesetzten Brüchen, mit denen die Autorin ihre Erzählung als Konstrukt sichtbar macht. So wechselt etwa während eines Spazierganges unvermittelt die Jahreszeit oder im Verlauf eines Gedankens der Schauplatz. Diese Brüche machen stets auf ungelöste Widersprüche in der gesellschaftlichen Wirklichkeit der Frauen aufmerksam: Das Denken der Ich-Erzählerin stößt bei seinen Recherchen über ›Women and Fiction‹ auf schmerzhafte Widerstände in der Realität, denen es mit einem Wechsel des Bild-Raums Rechnung zu tragen oder auch zu entkommen versucht. Diese Brüche lassen den flüssigen Gesellschaftston als eine schützende und bannende Maske erkennbar werden: Woolfs distanzierte Schreibweise ist ein Schutz, der ihr erlaubt, radikale Wahrheiten über das hierarchische Geschlechterverhältnis und dessen Reproduktion in der Literatur auszusprechen. Diesen Schutz hatte eine englische Feministin 1928 offenbar sehr nötig:

Die Geschichte des Widerstandes der Männer gegen die Emanzipation der Frauen ist vielleicht interessanter als die Geschichte der Emanzipation selbst. Es könnte ein amüsantes Buch entstehen, wenn eine Studentin von Girton oder Newnham Beispiele dafür sammeln und eine Theorie daraus entwickeln würde – aber sie würde dicke Handschuhe für ihre Hände brauchen und ein Gitter aus massivem Gold, um sich zu schützen. (ebd., 64)

Schützen mußte sich eine feministische Pionierin wie Virginia Woolf aber nicht nur nach außen, sondern auch vor der Tragweite ihrer Erkenntnisse, die nicht nur für die gesellschaftliche Ordnung, sondern auch für die des eigenen Denkens bedrohlich waren. Nicht alle Brüche in der Argumentationsbewegung des Essays sind bewußte Setzungen der Autorin: Manchmal bricht sie unvermittelt ab, ohne aus den eigenen Erkenntnissen Konsequenzen zu ziehen.

Ein Beispiel dafür ist der Auftritt von Mary Carmichael, der dritten der eingangs erwähnten Identifikationsfiguren der Ich-Erzählerin. In dieser Figur entwirft Woolf ein jüngeres alter ego, eine fiktive Schriftstellerin, die einer neuen, freieren Generation von Frauen angehört. Woolfs Beschreibung ihrer Lektüreeindrücke des ersten Romans, den Mary Carmichael veröffentlicht hat, rückt diese zunächst in eine Reihe mit den ›deformierten‹, allzu stark im Leben verhafteten Schriftstellerinnen:

Bald war offensichtlich, daß irgend etwas nicht stimmte. Das fließende Gleiten von Satz zu Satz wurde unterbrochen. Irgend etwas zerrte, irgend etwas kratzte; ein einzelnes Wort hier und da schnellte mir seine Fackel ins Auge.

[...] während Jane Austen von Melodie zu Melodie wechselt wie Mozart von Lied zu Lied, war diese Prosa zu lesen wie eine Fahrt in offenem Boot auf hoher See. (ebd., 90)

Dann jedoch erkennt sie, daß hinter der Diskontinuität eine Intention steht. Mary Carmichael zerbricht bewußt die Harmonie der Sätze, die erwartete sprachliche Ordnung. Dem entspricht eine ungeheure Neuerung in der Handlung des Romans: Er erzählt von einer Liebe zwischen zwei Frauen. Diese Entdeckung ermöglicht der Lesenden eine neue Sicht auf das Buch. Die Erfahrung der Frauen im 20. Jahrhundert ist eine andere als zur Zeit Jane Austens; offenbar ist deren Prosa den neuen Erfahrungen nicht mehr angemessen. Diese Erkenntnis gipfelt in einem Lob Mary Carmichaels, deren harter und zugleich sensibler, (sozial-)realistischer Schreibweise die Zukunft zu gehören scheint. Woolfs Darstellung der fiktiven Schriftstellerin läßt sich als ein Versuch lesen, das Schreiben einer Frau vorzustellen, die den ästhetizistischen Zwang zu einem vom Leben abgelösten, vollkommenen Kunstwerk überwunden hätte. Doch das Lob dieser Autorin bricht ab; am Ende der Passage wird Mary Carmichael in vertrauter Weise der Forderung unterworfen, »aus dem Vergänglichen und dem Persönlichen jenes dauerhafte Gebäude (zu) errichten [...], das unzerstört bleibt« (ebd., 197) – ein Maßstab, vor dem sie versagen muß. Statt den mit Mary Carmichael geknüpften Faden weiterzuverfolgen, schließt Woolf ihren Essay mit einer Theorie der Androgynie des vollkommenen Künstlers ab. Mary Carmichael erscheint innerhalb dieses Argumentationsganges als bloße, unvollkommene Vorstufe: feministisches Engagement und die Liebe zu einer Frau sind zur Einseitigkeit verdammt; vollkommen ist erst eine Wiedervereinigung der Geschlechter. »Ein Geist, der rein männlich ist, (kann) ebensowenig schöpferisch sein wie ein Geist, der rein weiblich ist« (ebd., 113); »es ist fatal für eine Frau, [...] in irgendeiner Form bewußt als Frau zu sprechen« (ebd., 119f.). Erst der »androgyne Geist«, dessen Inbegriff Shakespeare darstelle, könne vollkommene künstlerische Fruchtbarkeit erreichen. Diese Androgynietheorie erscheint nach Woolfs vehementer Kritik an der Ordnung der Geschlechter als ein gewaltsamer, vorschneller Harmonisierungsversuch, der in die alte Komplementarität der Geschlechter zurückführt. Woolf geht in die Falle der künstlerischen Androgyniekonzepte. Daß diese, wie das vorige Kapitel deutlich zu machen versuchte, auf eine Vervollkommnung des männlichen Subjekts mittels einer Vereinnahmung und Auslöschung des Weiblichen zielen, sieht sie nicht.

Die herrschende Lesart von *A Room of One's Own* hat Woolfs (von Coleridge beeinflußte) Androgynietheorie als Textsinn privilegiert. Übersehen wurde meist, daß sie nur ein Aspekt in dem widersprüchlichen Sinngewebe des Essays ist – wenn auch Woolf selbst ihren Text damit im doppelten Sinne abschließt. Am Ende versucht sie gewaltsam, die disharmonische, widersprüchliche Landschaft, die sie darin aufgeworfen hat, zu glätten, die auseinanderstrebenden Linien wieder zusammenzuführen. Der resignative Unterton, der dieses Unterfangen begleitet, ist nicht zu übersehen. Zwischen den Zeilen wird eine Angst vor Isolierung, Diskontinuität und Dissoziation erkennbar, eine Angst, die Einheit des eigenen Geistes in Frage zu stellen: »Vielleicht erfordert es eine Anstrengung, von dem einen Geschlecht als vom anderen verschieden zu denken, wie ich es die letzten beiden Tage getan hatte. Es stört die Einheit des Geistes« (ebd., 112). Der Verlust von Einheit ist für Virginia Woolf, deren Leben immer wieder durch Anfälle von ›Wahnsinn‹, von geistiger Dissoziation bedroht war, offenbar unerträglich. Seit ihrem ersten Roman, *Die Fahrt hinaus*, ist ihr Schreiben untergründig einer Erforschung dieser Krankheit gewidmet, die sie mit den Einschränkungen der weiblichen Existenz in Zusammenhang bringt.

Woolfs Texte bedürfen einer Lektüre, die die in ihnen enthaltenen Widersprüche gegen die von der Autorin selbst vorgenommene Sinnstiftung fruchtbar macht. Erst eine Lektüre, die den Text wieder öffnet, die künstliche Einheit wieder aufbricht und die ihr widerstrebenden Denkbewegungen weiterzudenken versucht, kann sichtbar machen, wieviel Woolf bereits zur Formulierung einer anderen Ästhetik beigetragen hat. Eine solche Lektüre weiß sich mit der Autorin selbst im Einverständnis, die ihren Texten einen historischen Index mitgegeben hat:

Auf jeden Fall kann man, wenn ein Gegenstand sehr umstritten ist – und jede Frage, die mit dem Geschlecht zu tun hat, ist das –, nicht darauf hoffen, die Wahrheit zu sagen. Man kann seiner Zuhörerschaft nur Gelegenheit geben, ihre eigenen Schlüsse zu ziehen, indem sie die Beschränkungen, die Vorurteile, die Idiosynkrasien des Redners wahrnimmt. (ebd., 8)

Diskurse mit zwei Stimmen

In den siebziger Jahren vollzog sich ein Wandel innerhalb der feministischen Literaturwissenschaft, der Virginia Woolfs Überlegungen neue Aktualität verlieh: Die von Simone de Beauvoir initiierte Relektüre des männlichen Kanon wurde durch ein neues Interesse am Schreiben von Frauen abgelöst. Vor allem in den USA wurde Woolfs Frage nach einer weiblichen Schreibtradition aufgegriffen; in den siebziger und frühen achtziger Jahren erschien eine ganze Reihe von Büchern, die versuchten, die englischsprachige Frauenliteratur des 19. und 20. Jahrhunderts als eine spezifische Tradition weiblichen Schreibens kenntlich zu machen. Die amerikanische Literaturwissenschaftlerin Elaine Showalter brachte diese Tendenz programmatisch auf den Begriff: *Gynocritics* nannte sie »eine feministische Wissenschaft, die frauenzentriert, unabhängig und intellektuell in sich schlüssig« (Showalter 1987, 55) sein sollte. Mit diesem Konzept wollte sie gegen die ›Ortlosigkeit‹ der feministischen Literaturkritik angehen, die sie aufgesplittert sah in einen disparaten Pluralismus der Ansätze, Methoden und Wertungen, befangen im zornigen Aufbegehren gegen einen männlichen Literaturkanon und eine männliche Wissenschaft. Der neue Blick auf Texte von Frauen sollte die wie auch immer kritische Fixierung auf männliche Texte, Theorien und Literaturmodelle ablösen und der feministischen Literaturwissenschaft eine eigene theoretische Grundlage geben.

Bald wurde deutlich, daß die Rekonstruktion einer weiblichen Tradition nicht unproblematisch war. Bestimmte Ellen Moers die Literatur von Frauen noch als eine eigene, unabhängige ›Bewegung‹, einen kraftvollen ›Unterstrom‹, der zwei Jahrhunderte lang neben dem männlichen ›Mainstream‹ einhergeflossen sei, so wurde in späteren Untersuchungen immer stärker die komplexe Verstrickung der weiblichen in die männliche Tradition betont. Die Geschichte weiblichen Schreibens erwies sich als eine diskontinuierliche Tradition, die durch immer neue Traditionsbrüche gekennzeichnet war.

Each generation of women writers has found itself, in a sense, without a history, forced to rediscover the past anew. [...] Given this perpetual disruption, and also the self-hatred that has alienated women writers from a sense of collective identity, it does not seem possible to speak of a ›movement‹. (Showalter 1977, 12)

Showalter definierte die Literatur von Frauen als eine literarische ›Subkultur‹ analog den Minderheitenkulturen in den USA. Auf der Grundlage der englischen Romanliteratur von Charlotte Brontë bis Doris Lessing entwickelte sie ein dreiphasiges Modell der literarischen Emanzipation der Frauen, das sich an den Emanzipationsbestrebungen der gesellschaftlichen Subkulturen orientierte. Die erste Phase, *feminine phase* genannt, datierte Showalter von ca. 1840 bis 1880. Diese Phase, in der die Frauen erstmals den Zugang zur Kultur angestrebt hätten, sei geprägt von weiblichem Selbsthaß und Anpassungswillen, von einer Imitation und Internalisierung der männlichen Maßstäbe, die sich in den männlichen Pseudonymen der Romanschriftstellerinnen des 19. Jahrhunderts manifestiert habe. Mit der *feminist phase* (1880-1920) sei ihr eine Phase des Protests gefolgt, in der der politische Kampf über

die ästhetische Qualität gestellt worden sei. Erst mit der *female phase*
(1920 bis zur Gegenwart) seien die Frauen in eine Phase der Selbstent-
deckung eingetreten, die auch im künstlerischen Ausdruck als höchste
Entwicklungsstufe erkennbar werde.

Insofern dieses emanzipatorische Phasenmodell einen linearen Fortschritt von einem entfremdeten zu einem befreiten Schreiben postuliert und diesen zur Grundlage einer ästhetischen Wertung zu machen
versucht, mißt es weibliches Schreiben an einem Maßstab, vor dem der
größte Teil der vorhandenen Texte versagen muß:

Auch wenn man diese Phasen nicht als historische Chronologie versteht, er-
weisen sie sich bei der Interpretation der meisten Texte als unzureichend, weil
ein großer Teil der von Frauen geschriebenen Literatur hinsichtlich des darin
ausgedrückten Frauenbildes äußerst *ambivalent* ist. (Weigel 1983, 88; Hervorhebung im Text)

Showalters Geschichte der englischen Frauenliteratur weist ähnliche
Probleme auf wie die Virginia Woolfs. Auch bei ihr findet sich zugleich
der Versuch einer rettenden Erinnerung vergessener Autorinnen und
die Wiederholung ihrer Ausgrenzung durch eine normative Kunstauffassung, deren Wertungskriterien nicht reflektiert werden. Showalters
Wertungen basieren auf unhinterfragten Kategorien der traditionellen
Literaturwissenschaft wie ›Autor‹, ›Werk‹ oder ›Realismus‹. Ihre Frage
nach dem anderen Schreiben der Frauen macht vor einer Infragestellung literaturwissenschaftlicher Kategorien und Wertungen halt. Daß
sie selbst diese Abhängigkeit von traditionellen Vorgaben nicht reflektiert, liegt offenbar an ihrem Selbstverständnis als Empirikerin. Wenn
sie die verschütteten Texte in Erinnerung rufen will, so dient dies zum
einen dem Studium der Sozialgeschichte des Schreibens von Frauen,
zum anderen hält sie die Lektüre auch der literarisch ›wertlosen‹ Texte
für notwendig, um die spezifisch weibliche Tradition verstehen und
definieren zu können. Showalter sieht diese Tradition in einer weiblichen ›Erfahrung‹ begründet, die sie, während sie jeden Biologismus
von sich weist, weitgehend auf den ›Zyklus des weiblichen Sexualle-
bens‹ reduziert: Pubertät, Menstruation, sexuelle Initiation, Schwan-
gerschaft, Geburt und Menopause sind ihr zufolge die Orientierungs-
punkte einer weiblichen Identität. Dieser geheime und ritualisierte
Bereich weiblichen Lebens habe ein spezifisches Selbstverständnis und
eine Solidarität der Frauen untereinander konstituiert, wenn auch nicht
im Sinne einer bewußten Einheit, sondern einer unbewußten kulturellen Prägung.

Showalters Argumentation spielt sich nur scheinbar in einem vor-
theoretischen Bereich ab. Die Empirie, auf die sie sich beruft, trans-

portiert implizite theoretische Vorgaben und normative Ausgrenzungen (beispielsweise die Universalisierung einer weiblichen Sexualerfahrung, die in der weißen, westlichen Mittelstandskultur situiert ist). Showalter sieht nicht, wie stark ihr eigener Diskurs selbst ›männliche Modelle‹ – unhinterfragte Konzepte von Wissenschaft, Literatur, Sprache, Erfahrung, Geschlecht und Subjektivität – reproduziert. Am Beispiel von Showalters Urteil über Virginia Woolf hat Toril Moi die Konsequenzen dieses Mangels an theoretischer Reflexion für Showalters literaturwissenschaftliche Wertungspraxis nachgezeichnet. Die scheinbare Naturhaftigkeit ihrer Literaturauffassung verhindere eine Reflexion der Ausgrenzungen, die Showalter vornehme: etwa der Ablehnung avantgardistischer Textformen und Entsubjektivierungsstrategien bei Virginia Woolf (Moi 1989, 11ff.).

Woolf steht für Showalter – zusammen mit Dorothy Richardson und Katherine Mansfield – am Beginn der *female phase*, der Phase weiblicher Selbstfindung. Doch das Projekt einer ›weiblichen Ästhetik‹, dem sich diese Schriftstellerinnen gewidmet hätten, krankte Showalter zufolge noch am Erbe der beiden vorangegangenen Phasen: am weiblichen Selbsthaß der *feminine phase*, der sich in der ›weiblichen Ästhetik‹ in einer Verleugnung der eigenen Sexualität und des weiblichen Körpers äußere, und am männerfeindlichen Separatismus der *feminist phase*, der zu einem Rückzug in einen weiblichen ›Innenraum‹ führe. Die Flucht in eine weibliche Sphäre bringe einen geschlechtslosen Ästhetizismus hervor, der seine Entsprechung in Woolfs Androgyniekonzept finde. Die avantgardistischen Innovationen des Woolfschen Schreibens – ihre ›Verweigerung‹ traditionell realistischen Erzählens und das ›Fehlen‹ eindeutiger essayistischer Stellungnahmen – sind für Showalter nichts als das Zeichen einer Flucht vor der gesellschaftlichen Realität und vor dem eigenen, weiblichen Ich. In Woolfs Kritik am Subjekt- und Realismusbegriff sieht sie nur eine eskapistische Ideologie. Die ›weibliche Ästhetik‹ Woolfs habe autoaggressive Züge, da sie die Frau auf Passivität, Rezeptivität und Selbstentäußerung festlege; sie weise ein individuelles Ich zurück. Diese Verweigerung von Subjektivität sei nicht Selbstverwirklichung, sondern weibliche Selbstauslöschung. Erst die Schriftstellerinnen der sechziger und siebziger Jahre seien im Begriff, diese ›weibliche Ästhetik‹ zu überwinden. Mit der neuen Frauenbewegung sei ein neues Bewußtsein entstanden, das den Frauen endlich den Weg zu sich selbst und zugleich in die Gesellschaft geöffnet habe. – Wie wir gesehen haben, sind diese Vorwürfe an Virginia Woolf nicht ganz haltlos. Aber Showalters normative Beschwörung einer nicht problematisierten weiblichen Subjektivität und (heterosexuellen) Sexualität fällt hinter Woolfs eigenes Reflexionsniveau weit zurück. Die Tragweite der Kritik Virginia Woolfs an den verborgenen ›männlichen‹ Werten, von denen unsere Kultur und Sprache, unser Subjekt-, Realitäts- und Literaturbegriff zutiefst geprägt sind, entgeht Showalters Pragmatismus.

In ihrem Essay *Feministist Criticism in the Wilderness* (1981) modifiziert Showalter ihr Subkultur-Modell weiblichen Schreibens. Sie sieht Frauen jetzt als eine *muted group*, eine zum Schweigen gebrachte Gruppe, deren Diskurs niemals ganz außerhalb der männlichen *dominant group* stehen kann, die ihre Wahrnehmungs- und Äußerungsweise kontrolliert. Der weibliche Diskurs wird damit als ein ›zweistimmiger Diskurs‹ bestimmt, der immer zwei Traditionen gleichzeitig angehört.

Diese These haben vor allem Sandra Gilbert und Susan Gubar in ihrem Buch *The Madwoman in the Attic* (1979) ausgeführt, einer Untersuchung der englischen Frauenromane des 19. Jahrhunderts. Während es Showalter weniger um Textlektüre, als um die Unterscheidung historischer Entwicklungsphasen einer politischen Subkultur ging, wenden sich Gilbert und Gubar den Texten selbst zu. Ihr Buch enthält eine Reihe sehr ausführlicher, textnaher Lektüren, die die englischen Frauenromane des 19. Jahrhunderts auf neue Weise zum Sprechen bringen. Auch Gilbert und Gubar gehen von einer spezifisch weiblichen Schreibtradition aus, einer »female literary tradition which, for several centuries, has coexisted with, revised, and influenced male literary models« (Gilbert/Gubar 1985, xxvii). Sie betonen die Einheitlichkeit der Thematik und Metaphorik in den Texten von Frauen, die sich jenseits geographischer, historischer und gattungsspezifischer Differenzen beobachten lasse. Aber zugleich verweisen sie stärker als ihre Vorgängerinnen auf die Gebrochenheit und Diskontinuität dieser Tradition und ihre Verflochtenheit in die herrschende Kultur. Die Texte von Schriftstellerinnen des 19. Jahrhunderts, so lautet die zentrale These des Buches, sind ›Palimpseste‹: Unter einer Oberfläche der Bestätigung konventioneller literarischer Themen und Formen enthalten sie einen Subtext, der die männlichen Bilder in verschlüsselte Zeichen weiblicher Erfahrung umdeutet.

Women from Jane Austen and Mary Shelley to Emily Brontë and Emily Dickinson produced literary works that are in some sense palimpsestic, works whose surface designs conceal or obscure deeper, less accessible (and less socially acceptable) levels of meaning. Thus these authors managed the difficult task of achieving true female literary authority by simultaneously conforming to and subverting patriarchal literary standards. (ebd., 73)

So werden die Texte der Autorinnen des 19. Jahrhunderts, die Showalter der *feminine phase*, der Unterwerfung unter männliche Maßstäbe zugerechnet hatte, als ambivalente Gebilde erkennbar, die gerade nicht in der Verinnerlichung und Nachahmung männlicher Vorbilder aufgehen.

Wie aber läßt sich die Feststellung einer grundlegenden Abhängigkeit von der männlichen Tradition mit der Behauptung einer einheitlichen, weiblichen Tradition vermitteln? Gilbert und Gubar versuchen, eine Wechselwirkung von ›Erfahrung‹ und ›Metapher‹ nachzuzeichnen, die auch ihrem eigenen Text eingeschrieben ist: »We have sought to describe both the experience« that generates metaphor and the metaphor that creates experience« (ebd., XIII). Die Erfahrung der Frauen des 19. Jahrhunderts manifestiere sich in einer spezifischen literarischen Bildwelt: in Bildern von Eingeschlossensein und Flucht, Krankheit und Tod, in einer Spaltung der weiblichen Figuren in eine angepaßte Heldin und ihr wahnsinniges Double. Doch diese Metaphorik, so zeigen Gilbert und Gubar, ist nicht einfach Ausdruck weiblicher Erfahrung; sie ist die weibliche Aneignung einer der männlichen Literaturtradition entstammenden Bildwelt, die auch weibliche Erfahrung geprägt und hervorgebracht hat. Wie Virginia Woolf fassen Gilbert und Gubar die weibliche Tradition, die sie gerade an der spezifischen Gebrochenheit der Texte festmachen, in das mythische Bild *einer* Schriftstellerin, die sich in der historischen Entwicklung immer neu zu ›verkörpern‹ versucht. Aus der Geschichte von ›Shakespeare's Schwester‹, die noch im Schatten ihres maßstabsetzenden Bruders stand, wird bei ihnen aber die einer *mother of us all*:

the story of a single woman artist [...] whom patriarchal poetics dismembered and whom we have tried to remember. Detached from herself, silenced, subdued, this woman artist tried in the beginning [...] to write like an angel in the house of fiction: with Jane Austen and Maria Edgeworth, she concealed her own truth behind a decorous and ladylike facade [...]. But as time passed and her cave-prison became [...] more claustrophobic, she ›fell‹ into the gothic/Satanic mode and, with the Brontës and Mary Shelley, she planned mad or monstrous escapes, then dizzily withdrew – with George Eliot and Emily Dickinson – from those open spaces where the scorching presence of the patriarchal sun [...] emphasized her vulnerability. [...] Yet [...] this mythic woman artist dreamed [...] of a visionary future, a utopian land in which she could be whole and energetic. (Gilbert/Gubar 1979, 101f.)

Die mythische Dichterin, in der sich die weibliche Tradition verkörpert, ist für Gilbert und Gubar die Antizipation einer Utopie. Erst diese Antizipation weiblicher Ganzheit macht die fragmentarischen, gebrochenen Manifestationen weiblichen Schreibens in der patriarchalischen Gesellschaft als Teile *einer* Tradition erkennbar.

Gilberts und Gubars Versuch, diese spezifisch weibliche Tradition zu definieren, geht von dem Geschichtsmodell des amerikanischen Literaturwissenschaftlers Harold Bloom aus. In einer Anwendung der psychoanalytischen Sozialisationstheorie Freuds auf die literarische Tradition stellte Bloom die These auf, daß die Literaturgeschichte ein ödipaler Kampf der ›Söhne‹ gegen die ›Väter‹ sei, eine Geschichte von geistigen Vatermorden. Jeder Autor stellt danach die väterliche Autorität seiner Vorgänger in Frage, um sich selbst an ihre Stelle zu setzen. Die treibende Kraft dieser Dynamik ist Bloom zufolge eine ›anxiety of influence‹, eine Angst, nicht der autonome Schöpfer des eigenen Werks bzw. des eigenen Ich zu sein, die zur Leugnung des Einflusses der Vorgänger auf das eigene Werk führe. Gilbert und Gubar weisen diese explizit männlich-patriarchalische Geschichtskonstruktion, in der Frauen nur als inspirierende Musen der literarischen ›Söhne‹ vorkommen, keineswegs zurück, da sie die herrschende literarische Tradition und damit die Rahmenbedingung auch des weiblichen Schreibens durchaus zutreffend beschreibt. Blooms Modell kann ihnen zufolge auch nicht erweitert werden, um auf die Frau als Autorin Anwendung zu finden, denn ihre Situation ist eine grundsätzlich andere. Die Entwertung von Vorgängern und das Phantasma einer Selbstschöpfung findet bei ihr keine Entsprechung. Während geistige ›Mütter‹ ihr weitgehend fehlen, kann sie sich als Tochter nicht an die Stelle der ›Väter‹, ihrer männlichen Vorgänger, setzen; denn in deren Werken wird ihr als Frau Subjektivität, Autonomie und Kreativität gerade abgesprochen.

Eine Schriftstellerin des 19. Jahrhunderts sah sich mit einer literarischen Tradition konfrontiert, in der die Frau auf dualistische, mythische Stereotype reduziert war: auf eine selbstlose, opferbereite Engelsgestalt oder eine ›Monsterfrau‹ – egoistisch, begehrend, wahnsinnig, böse. Die Frau als Kunstproduzentin hatte darin keinen Ort. Aufgrund einer weiblichen Sozialisation, die zur Verinnerlichung der patriarchalischen Zuschreibungen führte, mußte eine Frau, die schreiben wollte, ein problematisches Verhältnis zu ihrer eigenen Kreativität und Subjektivität entwickeln. Der männlichen ›anxiety of influence‹ entspricht daher nach Ansicht von Gilbert und Gubar eine ganz gegenteilige weibliche ›anxiety of authorship‹. Das Fehlen eines Weiblichkeitsbildes, das weibliche Subjektivitätsansprüche befriedigen, und einer Literaturtradition, mit der eine Frau sich identifizieren konnte, habe zu dem Versuch geführt, sich mittels der männlichen Bilder und Genres auszudrücken. Diese ›Schizophrenie der Autorschaft‹ macht sich Gilbert und Gubar zufolge in jenem ›Doppeltext‹ geltend, der Handlungsmuster, Figurengestaltung und Metaphorik der Romane bestimmt:

Of course, by projecting their rebellious impulses not into their heroines but into mad or monstrous women (who are suitably punished in the course of the novel or poem), female authors dramatize their own self-division [...]. The madwoman in literature by women is not merely, as she might be in male literature, an antagonist or foil to the heroine. Rather, she is usually in some sense the *author's* double, an image of her own anxiety and rage. (ebd., 78)

Aus der Erkenntnis, daß Metaphern Erfahrungen hervorzubringen vermögen, versuchen Gilbert und Gubar aber auch ein Gegenmittel gegen die weibliche Schizophrenie in der patriarchalischen Gesellschaft zu gewinnen. Sie suchen in den Texten der Frauen nach emblematischen Bildern, in denen weibliche Erfahrung artikuliert ist: etwa die ›Verrückte auf dem Dachboden‹ in Charlotte Brontës *Jane Eyre* oder der Spiegel der bösen Königin, aus dem die Stimme des Patriarchen spricht, im Grimmschen Märchen *Schneewittchen*. Aus solchen Bildern, die in ihren Überlegungen zu einer ›feministischen Poetik‹ leitmotivisch wiederkehren, versuchen Gilbert und Gubar die Umrisse einer anderen Poetik entstehen zu lassen. Ähnlich wie Virginia Woolf argumentieren sie in Metaphern, um sich einem anderen Denken jenseits des patriarchalischen Diskurses anzunähern. Die subversive Um-Schreibung patriarchalischer Bilder ist aber nur möglich, so Gilbert/Gubar, weil die Macht der Metapher Grenzen hat: »Finally, no human creature can be completely silenced by a text or by an image« (ebd., 16). Ein weiteres Leitmotiv, die Schattenfrau in Mary Elizabeth Coleridges Gedicht *The Other Side of the Mirror*, das die Vision einer in sprachloser Verzweiflung rasenden weiblichen Gestalt hinter dem eigenen Spiegelbild schildert, wird Gilbert und Gubar zum Sinnbild dafür, daß ein weibliches Selbstbewußtsein zwar unterdrückt und der Sprache beraubt, aber nicht gänzlich zum Verschwinden gebracht werden kann. Ein anderes literarisches Bild – die Erforschung der verlassenen Höhle der Sybille in der Vorrede zu Mary Shelleys Roman *The Last Man* – dient ihnen als Bild ihrer Utopie. Wie Shelleys Ich-Erzählerin den Versuch unternimmt, die Schriften der Sibylle, die ungeordnet in der leeren Höhle zurückgeblieben sind, zu entziffern, zusammenzufügen und zu ergänzen, so wollen Gilbert und Gubar den vergessenen Ort des Weiblichen mit neuem Leben füllen, indem sie die literarischen Texte von Frauen als fragmentarischen Ausdruck *einer* weiblichen Geschichte rekonstruieren. Das Ziel ihrer ›feministischen Poetik‹ ist die Hervorbringung von weiblicher Einheit, Identität, Ganzheit; deren notwendige Voraussetzung jedoch ist Subversion und Destruktion, die Durchquerung der männlichen Zuschreibungen: »Through disease to artistic health« (ebd., 59). Diese ›künstlerische Gesundheit‹ ist bei Gilbert/Gubar allerdings mit einem problematischen Begriff bezeichnet: die Frau solle die ›Autorität‹ (ebd., 73) der Autorschaft gewinnen.

Der Begriff der ›anxiety of authorship‹, der Gilbert und Gubar dazu dient, die weibliche Tradition zu definieren, ist ausschließlich negativ;

er bezeichnet einen zu überwindenden Zustand: »...an anxiety built from complex and often only barely conscious fears of that authority which seems to the female artist to be by definition inappropriate to her sex« (ebd., 51). Wie Woolf unternehmen sie den unmöglichen Versuch, den Werkcharakter künstlerischer Produktion beizubehalten und zugleich den Vampirismus männlicher Autorschaft zu überwinden. Daß die weibliche Zurückweisung der Autorschaft auch eine spezifische Qualität sein kann, die Verweigerung einer Subjektivität, die sich über die Eliminierung und Ausgrenzung des ›Anderen‹ konstituiert, wird bei Gilbert und Gubar nicht bedacht. Wir kennen ihr Argumentationsmuster bereits von Beauvoir und Woolf: Die herrschaftliche Praxis männlicher Autorschaft wird kritisiert, letztlich aber dennoch zum Maßstab der weiblichen erklärt.

Im Zusammenhang mit der fehlenden Reflexion auf die Problematik weiblicher Autorschaft steht bei Gilbert/Gubar ähnlich wie bei Showalter ein mangelndes Formbewußtsein und ein Ausblenden avantgardistischer Textformen, die ein subjektzentriertes Schreiben unterlaufen könnten. Ihre Lektüren sind zwar, vor allem aufgrund ihrer psychoanalytischen Orientierung, wesentlich subtiler als etwa die Showalters. Aber auch sie untersuchen *plots*, nicht ästhetische Formen. Es geht ihnen darum, die patriarchalischen ›plots‹ durch andere, weibliche zu ersetzen: ›her own story‹. Zum Teil gehen ihre Ausführungen auch über die Reduktion auf den *plot* hinaus, etwa wenn sie den parodistischen Gebrauch der Genres durch Schriftstellerinnen thematisieren:

A ›complex vibration‹ occurs between stylized generic gestures and unexpected deviations from such obvious gestures, a vibration that undercuts and ridicules the genre being employed. (ebd., 80)

Explizit befassen sich Gilbert und Gubar in ihrem Essay *Tradition und das weibliche Talent* mit den Avantgarde-Ästhetiken des frühen 20. Jahrhunderts. Sie stellen die Avantgarde – nicht ganz ungerechtfertigt, aber pauschalisierend – als eine defensive Reaktion männlicher Autoren auf den zunehmenden (auch kommerziellen) Erfolg schreibender Frauen im 19. Jahrhundert dar. Der ›Modernismus‹ wäre danach ein Versuch, durch eine anti-kommerzielle, anti-populäre Ästhetik die alte kulturelle Überlegenheit über die Frauen zu wahren:

Sogar das Establishment einer angeblich gegen das Establishment gerichteten Avantgarde war Teil dieser Reaktion, denn [...] auch die Innovationen, die z.B. in Pounds *Cantos*, Eliots *Das wüste Land* und Joyces *Ulysses* zu finden sind, dienten dazu, die patriarchalen Hierarchien wiederherzustellen, die ›dem Geist Europas‹ (Eliot) innewohnten. (Gilbert/Gubar 1987, 248)

Anders als Showalter setzen Gilbert/Gubar dem so verstandenen Modernismus aber nicht einen traditionellen Realismusbegriff entgegen, sondern skizzieren so etwas wie eine weibliche Avantgarde. Der reaktionäre Modernismus sei nur Symptom einer Krise der Geschlechterordnung, die in der Tat radikal innovative Werke hervorgebracht habe; »diese wirklich neuen Kunstwerke trugen die Handschrift von Frauen« (ebd., 250). Schon in *The Madwoman in the Attic* versuchen Gilbert und Gubar, in suggestiven Metaphern und Mythen die Umrisse einer anderen, weiblichen Ästhetik anzudeuten. Aber sie führen sie nicht aus. Und begraben sie an einigen Stellen leider unter feministischem Kitsch.

Gegenüber Showalters Forderung nach weiblicher Gesundheit, wie sie in ihrer Woolf-Kritik deutlich wird, machen Gilbert und Gubar die literarisch sich niederschlagenden Krankheits-Bilder der Schriftstellerinnen des 19. Jahrhunderts – Wahnsinn, Hysterie, physisches Unbehagen und Unangepaßtheit an die Umwelt, wie sie sich in Anorexie, Agoraphobie oder Klaustrophobie ausdrückt – als ›normale‹ Reaktion der Frauen auf ihre Auslöschung in der patriarchalischen Kultur erkennbar. Wenn Gilbert/Gubar von weiblicher Gesundheit sprechen, dann nicht im Sinne einer Forderung an reale Frauen, sondern im Sinne einer regulativen Utopie. Aber diese Utopie ist dennoch problematisch, denn sie hat normativen Charakter. Sie beschwört eine gelungene weibliche Subjektivität, in der individuelle Differenzen geleugnet werden. Die Einheits- und Ganzheitssehnsucht der beiden Autorinnen drückt sich auch im Selbstverständnis ihrer kollektiven Autorschaft aus: »our book represents not just a dialogue but a consensus« (ebd., xiii).

Auch Gisela Brinker-Gabler weist auf die Normativität von Gilbert/Gubars Auffassung weiblichen Schreibens hin, die andere Schreibweisen implizit ausgrenze:

Gilbert und Gubar entwickeln ihr Modell auf der Grundlage einer romantischen Tradition im 19. Jahrhundert [...]. Was ihre Ergebnisse betrifft, so muß aber meines Erachtens folgendes immer mitbedacht werden: Jeder theoretische Metatext ist genauso historisch wie die von ihm untersuchten Texte. Die der Theorieentwicklung zugrunde gelegte privilegierte Schreibweise [...] setzt eine Norm, die nicht nur andere Deutungsmöglichkeiten zurückweist, sondern auch eine ›Tradition‹ schafft, die nicht gleichzusetzen ist mit dem vielfältigen und komplexen Beitrag von Frauen zum literarischen Prozeß. (Brinker-Gabler 1988, 22f.)

Diese universalisierende Tendenz, die sich nicht nur bei Gilbert/Gubar, sondern auch in anderen angloamerikanischen Frauenliteraturgeschichten geltend macht, versucht Brinker-Gabler in den von ihr herausgegebenen Bänden über die *Deutsche Literatur von Frauen* (1988) zu überwinden:

Mit dem hier zugrundegelegten Konzept wird nicht *eine* Geschichte der Literatur von Frauen, die sich entwickelt oder gar vollendet, sichtbar, sondern es werden, eingebunden in den literarhistorischen Zusammenhang, unterschiedliche und widersprüchliche literarische Praxisformen der Anpassung/Auseinandersetzung bzw. Unterwanderung oder Überschreitung zeitgenössischer Normen und Konventionen erkennbar. Da sie unter veränderten Bedingungen abbrechen, sich modifiziert fortsetzen oder neue entstehen, läßt sich nicht von einer literarischen Tradition von Frauen sprechen, sondern es zeigen sich verschiedene ›Traditionen‹, die durch wechselnde Determinanten bestimmt sind, sich auch überschneiden, verschränken oder gegenseitig ausschließen. (ebd., 36)

Ein zentrales Problem der Geschichtsschreibung der Literatur von Frauen bleibt dabei die Frage, wie die Rettung der ausgegrenzten weiblichen Tradition(en) mit einer ästhetischen Wertung vereinbar sein könnte. Brinker-Gabler zufolge müßte eine Wertung der Texte von Frauen gerade die ›Zweistimmigkeit‹ dieser Texte zu ihrer Grundlage machen: »Für die Wertungspraxis hätte die Ambivalenz der Werke eine Rolle zu spielen, eine durch den zweistimmigen Diskurs konstituierte eigenständige ›Glaubwürdigkeit und Kohärenz‹« (ebd., 20). Ähnlich schlägt auch Sigrid Weigel vor: »Die feministische Wissenschaft (muß) von der besonderen Existenzweise der Frau – [...] innerhalb der bestehenden Kultur als Teilhaberin dennoch ausgegrenzt und unterdrückt zu sein – ausgehen« (Weigel 1983, 87). Virginia Woolf hatte die Stigmatisierung der Texte von Frauen durch die herrschende Kultur beklagt und zugleich bestätigt, da ihr eine Handhabe zu einer anderen Wertung noch fehlte:

Und ich dachte an all die Romane von Frauen, die – wie kleine pockennarbige Äpfel im Obstgarten – in den Antiquariaten von London verstreut herumliegen. Es war jener Riß im Zentrum, der sie verdorben hatte. (Woolf 1981, 83f.)

Wenn die Zweistimmigkeit weiblicher Diskurse nicht mehr nur als Mangel an Einheit und Eigenständigkeit, sondern als eine spezifische Eigenschaft der Texte erkennbar wird, kann gerade »jener Riß im Zentrum«, der sie vor dem männlichen Maßstab versagen ließ, zum Ausgangspunkt einer anderen Wertung werden.

Grenzüberschreitungen der Literaturwissenschaft: Wechsel des Blicks, Wechsel der Stimme

Der Mangel an tradierten literarischen Texten von Frauen ist zum einen eine Folge geringerer kultureller Produktion von Frauen, deren Grund, wie Virginia Woolf gezeigt hat, in den gesellschaftlichen Einschränkungen der weiblichen Existenz zu suchen ist. Er ist aber auch das Ergebnis einer Ausgrenzung jener weiblichen Produktion, die seit dem 18. Jahrhundert in immer stärkerem Maße auftrat, mittels »männlicher Überlieferungsnormen und -verfahren« (Weigel 1983, 83). Diese Erkenntnis führt die feministische Literaturwissenschaft von der Rekonstruktion weiblicher Schreibtraditionen zu einer Kritik der bestehenden Literaturtheorie und Literaturgeschichtsschreibung. Sie begnügt sich nicht mehr mit der Rolle, Ergänzungen zu einer ›neutralen‹ Literaturwissenschaft hervorzubringen, deren Leerstellen und blinde Flecken sie füllt. Sie erhebt vielmehr den Anspruch, das gesamte Wissen des Faches als Ergebnis einer spezifischen, interessegeleiteten Gegenstandskonstitution neu zu lesen.

In historischer Forschung geht es nicht um die Entdeckung einer vorgegebenen Realität, sondern sie besteht darin, mit einer Auswahl von Fragen an einen bestimmten historischen Gegenstandsbereich heranzugehen und ihn, eingedenk des eigenen historischen Zeithorizonts, unter neuen Gesichtspunkten zu deuten. (Brinker-Gabler 1988, 13)

Welche »Auswahl von Fragen« bestimmt(e) die literarhistorische Kanonisierung? Worin bestand die Motivation dieser Auswahl? Welche Wertungskriterien brachten diese Fragen hervor? Wie mußten Texte geformt sein, die durch diese Wertungskriterien als ›Werke‹ anerkannt wurden? Mit welcher Begründung und aufgrund welcher Eigenschaften wurde Texten von Frauen dieser Status verweigert? Wie können diese ausgegrenzten Texte neu gelesen werden? Inwiefern sind sie selbst durch die herrschende Kunstauffassung geprägt? Inwiefern verkörpern sie eine ›andere‹ ästhetische Praxis, die die männlichen Setzungen und Dichotomisierungen außer Kraft setzt? Unter welchen Gesichtspunkten könnte die feministische Literaturgeschichtsschreibung Texte selektieren, deuten und werten und woher könnte sie diese Gesichtspunkte beziehen? Welche Folgen hätte das für das Selbstverständnis der Literaturwissenschaft? Diese neuen Fragestellungen bedingten im Verlauf der achtziger Jahre einen veränderten Blick auf einen veränderten Gegenstandsbereich. So richtete sich das Augenmerk auf bislang vernachlässigte Formen und Schreibweisen, die nicht oder nur begrenzt in den Rang literarischer Gattungen erhoben waren, in denen sich Frauen aber bevorzugt ausdrückten: der Brief, das Tagebuch, die autobiographische Erzählung. Allen diesen ›weiblichen‹ Formen ist ein autobiographisches Element gemeinsam, obwohl Autobiographien im eigentlichen Sinn, als Selbstdarstellung eines namentlich zeichnenden Autor-Ichs, von Frauen nur selten geschrieben wurden.

Die Autobiographie, nie geschrieben, scheint gleichwohl das verschwiegene Ziel der Literatur der Frauen [in der Epoche der Klassik und Romantik, L. L.].

Ließen sich also in den Texten der Frauen die Umrisse einer anderen Ästhetik entdecken, so beschrieben diese zugleich die einer anderen Subjektivität. (Bürger 1990, 160)

Die neuen Fragestellungen der feministischen Literaturwissenschaft, wie sie sich z.B. bei Gisela Brinker-Gabler (Brinker-Gabler 1988), Christa Bürger (Bürger 1990), Sigrid Weigel (Weigel 1990a/b) oder – in poststrukturalistischer Akzentuierung – bei Marianne Schuller (Schuller 1990) und Eva Meyer (Meyer 1990) finden, fordern nicht nur einen anderen Blick auf den Gegenstandsbereich. Sie fordern auch einen Wechsel der Stimme, die im Text der Literaturwissenschaftlerin spricht. Diese Stimme kann nicht mehr eine sein, die über literarische Texte spricht, indem sie sich selbst neutralisiert. Die Frage jedoch, wo diese Stimme sich verortet und ob sie sich überhaupt verorten will, wird aufgrund gegensätzlicher theoretischer Ausrichtungen sehr unterschiedlich beantwortet. Geht es Schuller oder Meyer um eine Befreiung der Sprache/Schrift und deren Ablösung von der Person – sowohl der Person der Autorin wie der Wissenschaftlerin –, so unternimmt etwa Christa Bürger den Versuch einer Lektüre, die sich als ein Dialog zwischen zwei Subjekten versteht. Sie versucht, die Texte neu zum Sprechen zu bringen: ihr eigenes Interesse kenntlich zu machen, wie auch der Vorgängerin das Wort zu geben.

Das vergessene Schreiben, dem ich mich zugewendet hatte, war mir nicht ein Gegenstand. Ich wollte in Erfahrung bringen, wie ich schreiben mußte, um es zum Sprechen zu bringen. Ich wollte, daß mein Schreiben jenes Schreiben als Subjekt wieder herstellt. (Bürger 1990, VII)

In ihrem Buch *Leben Schreiben* versucht Bürger, anhand des Schreibens der Frauen der Goethezeit die Umrisse einer ›anderen Ästhetik‹ zu entwerfen. Sie fragt nicht mehr wie Woolf, Showalter oder Gilbert/Gubar nach spezifischen Charakteristika des Stils, des *plot*, der Behandlung von Frauenbildern oder literarischen Motiven in den Texten der Frauen. Das alles geht nebenbei in ihre Interpretationen ein, ihr zentrales Interesse aber gilt einer grundlegenderen Frage: der Frage nach der Art der Konstitution von Subjektivität in diesen Texten.

Bürgers Ansatz ist ein literatursoziologischer. Sie geht von der Existenz einer bürgerlichen ›Institution Kunst/Literatur‹ aus, in der die herrschende Kunstvorstellung, wie sie sich im Zusammenhang der idealistischen Philosophie herausgebildet hat, gesellschaftliche Gestalt annimmt. Die bürgerliche Ästhetik, die diese Institution repräsentiert und produziert, basiert auf der Trennung von Kunst und Lebenspraxis (›Kunstautonomie‹). Sie ist geprägt durch einen emphatischen Werkbegriff, eine kontemplative Rezeptionshaltung und eine Dichotomisierung von hoher und niederer Literatur. Anhand des Briefwechsels zwischen Goethe und Schiller und ihrer gemeinsamen kunsttheoretischen und -pädagogischen Überlegungen führt Bürger die Entstehung der ›Institution Literatur‹ in *statu nascendi* vor: im konkreten Diskurs der Weimarer Klassiker, der als eine Strategie der Selbstinthronisierung und Ausgrenzung des Andersartigen lesbar wird. Dieser Diskurs hat sich als herrschender Diskurs durchgesetzt:

> Er legt fest, was als ›Werk‹ Geltung beanspruchen darf; er bestimmt auch die Ausgrenzungsregeln. Seine Dauer ist gesichert durch die Tradition. [...] wir befinden uns daher, wenn wir über Literatur von Frauen schreiben, in einem unhintergehbaren Zuordnungsdilemma, insofern unser Gegenstand das Ausgegrenzte ist. (ebd., 19)

Als Ausdruck dieses Dilemmas wählt Bürger zur Bezeichnung der Literatur der Frauen jener Zeit den Begriff der ›mittleren Sphäre‹. Das Schreiben der Frauen bewegt sich in einer Sphäre, in der die von den Klassikern geforderte Trennung von Kunst und Leben nicht endgültig vollzogen ist. Damit aber fällt ihre Produktion aus dem Kunstbegriff des herrschenden Diskurses heraus und rückt in die Nähe dessen, was als Trivialliteratur klassifiziert ist. Der Begriff der ›mittleren Sphäre‹, der diese Zwischenstellung benennen soll, ist zweideutig. Er entspricht durchaus der Sicht der Weimarer Klassiker auf die Texte der Frauen: Nicht ›hohe‹ Kunst, aber auch nicht bloße Trivialliteratur, sind diese Texte in einer Sphäre zwischen beidem angesiedelt, die Goethe und Schiller unter dem Stichwort des ›Dilettantismus‹ verhandeln. Sie machen die zunehmende Verbreitung eines ›dilettantischen‹ Geistes für den Mißerfolg ihrer Zeitschriftenprojekte verantwortlich, mittels derer sie ihre Autonomieästhetik durchzusetzen bzw. eine klassische Nationalliteratur zu begründen suchten. Sie erkennen nicht, daß die Autonomieästhetik einerseits und der Zerfall des Publikums in eine kulturelle Elite und die Masse der Literaturkonsumenten andererseits nur die beiden Seiten »eines unumkehrbaren Modernisierungsprozesses« sind, der mit der »Ausweitung des literarischen Markts« (ebd., 22) einhergeht. Der Typus des ›Dilettanten‹ fungiert als Sündenbock für diese undurchschaute Entwicklung, seine Bekämpfung als deren kompensatorische Lösung. Die Dilettantismusdefinition der Weimarer Klassiker ist nicht ausdrücklich auf Frauen bezogen; sie umfaßt vielmehr »alles, was nicht zur eigenen Fraktion gehört« (ebd.). Aber Goethe und Schiller bringen das Phänomen des Dilettantismus nicht nur mit der zunehmenden Präsenz von Frauen im literarischen Leben in Verbindung, sie ziehen Produktionen von Schriftstellerinnen zur Veranschaulichung des Dilettantischen heran und konstruieren ihre Unterscheidung von

Kunst und Dilettantismus über die Gegensatzreihen aktiv/produzie-
rend/wirkend und passiv/rezeptiv/leidend, die mit der zeitgenössischen
Bestimmung der Geschlechtscharaktere übereinstimmen. So »wird aus
dem Dilettantismus unter der Hand der ›Dilettantism der Weiber‹«
(ebd., 28). Dieser Dilettantismusbegriff ist, bezogen auf die Frauen,
»eindeutig« (ebd., 19): Er zementiert den Maßstab der ›hohen‹ Kunst
und den Ausschluß der Frauen aus dieser Kunst. Ein zentrales Merk-
mal des Dilettantismus ist Goethe und Schiller zufolge seine »Inkorri-
gibilität« (ebd., 22).

Bürgers Begriff der ›mittleren Sphäre‹ dagegen soll die Hierarchie,
die der herrschende Diskurs etabliert hat, in Bewegung bringen. In
ihrer Zwischenstellung zwischen Kunst und Leben einerseits, ›hoher‹
Kunst und Trivialliteratur andererseits ist diese Sphäre ein Ort, an dem
die hierarchische Ausdifferenzierung unterlaufen wird und die Frage
nach dem, was Kunst sei, neu gestellt werden kann. Indem die Texte
der Frauen dem Kunstmaßstab nicht entsprechen, stellen sie ihn
zugleich in Frage. Diese Zweideutigkeit entspricht dem »schielenden
Blick« (Weigel 1983) der feministischen Literaturwissenschaftlerin, die
sich zugleich innerhalb und außerhalb der ›Institution Literatur‹ weiß.

Aus der Perspektive der Institution bezeichnet er [der Begriff der ›mittleren
Sphäre‹, L. L.] das, was nicht als ›Werk‹ anerkannt ist; aus der Teilnehmerper-
spektive aber das, was sich, auf seine je besondere Weise, nicht fügt, sei es, daß
es die mit der Autonomiesetzung der Kunst errichtete Trennung von Kunst
und Leben unterläuft, sei es, daß darin eine Subjektivität sich zeigt, die sich
dem Bildungsbegriff des klassischen Individuums verweigert. (Bürger 1990, 19)

Das Schreiben der Frauen, das sich auf seine je besondere Weise nicht
fügt, erweist sich nun – selbst innerhalb jener begrenzten Epoche – als
sehr unterschiedlich. Die Texte von Bettina von Arnim, Charlotte
von Kalb, Sophie Mereau, Caroline Schlegel-Schelling, Johanna Schopenhauer oder Rahel Varnhagen lassen sich unter keinem stilistischen, themati-
schen oder gattungsspezifischen Paradigma vereinen. Sie bilden keine
Bewegung, keine Subkultur, keine einheitliche Tradition. So ist die Frage nach dem möglichen Gemeinsamen dieser Texte, das die Umrisse
einer ›anderen Ästhetik‹ ahnen ließe, auf die individuelle Lektüre verwiesen. Die Literaturwissenschaft hat für diese Texte, die nicht ›Werke‹
sind, keine Begriffe parat; sie kann sie nur als defizitär wahrnehmen:

Die Beimischung des Autobiographischen, das Haften am ›Leben‹, der Wunsch
nach Veröffentlichung, nicht um des Werkes, sondern um der Wirkung ins
Leben willen, dies sind Merkmale einer Literatur, die von der Literaturgeschichtsschreibung, wofern sie überhaupt von ihr Kenntnis genommen hat,
mit dem Stempel der Trivialität versehen worden ist. (ebd., 109)

Ausgeschlossen aus der Bestimmtheit durch die ›Institution Literatur‹, sind die Texte der Frauen unbestimmt, »undeutlich«. Bürger sieht die Aufgabe der feministischen Literaturwissenschaft darin, diese Texte in ihrer Besonderheit »kenntlich« zu machen, ohne sie in die falsche Eindeutigkeit traditioneller literaturgeschichtlicher Kategorien einzuordnen, gegen die sie sich gerade sperren. *Leben Schreiben* versucht daher, sich diesen Texten und ihren Autorinnen in ihrer individuellen Besonderheit zu nähern; das Buch versammelt eine Reihe physiognomischer Schriftstellerinnenporträts. Diese haben nichts mit jener »biographischen Reduktion« (ebd., 84) zu tun, die den Umgang mit der Literatur von Frauen traditionell prägt. Die Texte sollen nicht als bloße Spuren und Dokumente eines gelebten Lebens entziffert werden, sondern das Schreiben der Frauen soll als eine andere ästhetische Praxis erkennbar werden, in der Leben und Schreiben gerade nicht mehr getrennt sind: in der das Schreiben den »Lebensstoff [...] als geformten in sich ein(läßt)« (ebd., 85). Es geht um die jeweils unterschiedliche Weise, in der sich eine Frau schreibend als eine bestimmte Subjektivität hervorgebracht hat.

Um sich als Subjekt zu setzen, bedarf das Individuum der Anerkennung. Diese blieb den hier versammelten Schriftstellerinnen weitgehend versagt: Die meisten von ihnen existierten bislang nicht als ›Autorinnen‹ in dem Sinne, in dem Foucault den ›Autor‹ definiert: als Resultat eines vom Literaturbetrieb konstituierten Zuschreibungsverhältnisses. Erst die Anerkennung der Texte als ›Werk‹ macht danach den Schreibenden zum ›Autor‹ (Foucault 1977). So werden diese Frauen durch eine feministische Neulektüre, die ihnen die Anerkennung ihres Schreibens nicht mehr verweigert, als ›Autorinnen‹ überhaupt erst hervorgebracht. Bürgers Annäherungen gehen aber über diese ›Funktion Autor‹ hinaus, indem sie gerade nach der individuellen Besonderheit der jeweiligen Autorin fragen, die Foucault nicht interessiert. Die Verweigerung der Trennung von Leben und Werk, die Bürger an den Texten der Frauen hervorhebt, läßt die literaturwissenschaftliche Zugangsweise nicht unberührt. Sie bringt einen mimetischen, anteilnehmenden Umgang mit den Autorinnen hervor, die nicht als Gegenstände, sondern als ›Subjekte‹ behandelt werden – Subjekte, mit denen ein anderes Subjekt, die Literaturwissenschaftlerin, in einen Dialog tritt. Auf diese Weise gelingt es Bürger, die vergessenen Texte zum Sprechen zu bringen, die vergessenen Autorinnen ›lebendig‹ werden zu lassen.

Diese Wiederbelebung des historisch Ausgegrenzten ist aber nicht bloßer Selbstzweck. Die Literaturwissenschaftlerin bringt ihren Erkenntnisstand in den Dialog mit ein: Sie weiß mehr über die Schriftstellerinnen, als diese über sich selbst. Sie sieht, wo sie sich selbst

Gewalt antun. Wenn Bürger im Schreiben dieser Frauen ein widerständiges Moment sichtbar zu machen versucht, das die Trennung von Kunst und Lebenspraxis verweigert und somit bereits auf die Avantgardebewegungen vorausweist, so entspricht diese Lesart keineswegs dem Selbstverständnis der Autorinnen. Die Schriftstellerinnen der Goethezeit situieren sich selbst in der ›mittleren Sphäre‹; sie sehen ihr Schreiben nicht als ›hohe‹ Kunst an. Die verehrten Klassiker sind ihre unerreichbaren Vorbilder. Die Abwertung der eigenen Produktion kann dabei bis zur Selbstauslöschung gehen.

So lassen sich die Unterschiede der Schreibweisen dieser Frauen auch als unterschiedliche Grade der Abhängigkeit oder Befreiung begreifen. Das Nebeneinander der in *Leben Schreiben* versammelten Porträts, die physiognomische Vielfalt, die jeder Schriftstellerin in ihrer Besonderheit gerecht zu werden, ihre spezifische Ambivalenz und Widersprüchlichkeit herauszuarbeiten versucht, ist daher von einer anderen, vertikalen Achse überlagert: einer Stufenfolge von »Stationen weiblicher Selbstvergewisserung«, deren Ziel »Selbstverwirklichung« (ebd., 170) ist. Dieser Stufenfolge ist als Folie Hegels *Phänomenologie des Geistes*, die Entwicklungslogik bürgerlicher Subjektivität, unterlegt. So erscheinen einzelne Schriftstellerinnen als Verkörperungen der Hegelschen Figuren des Geistes: Sophie Mereau etwa als »sinnliche Gewißheit«, Bettina von Arnim als das »in sich entzweite Bewußtsein«. Die Hegelschen Begriffe werden aber sehr frei gebraucht; sie werden aus ihrem systematischen Zusammenhang ›entwendet‹ und zu Bestandteilen eines anderen Entwicklungsgangs, der auf die Konstitution einer anderen, weiblichen Subjektivität ausgeht. Bürger unterscheidet in diesem Entwicklungsgang drei Stufen:

Johanna von Schopenhauer und Charlotte von Kalb stehen auf der ersten Stufe; sie unterwerfen sich ganz jener Institution Literatur, die ihre eigenen Produktionen mit dem Siegel des Dilettantismus versieht. Sie vermögen sich nicht als eigenständige Subjekte zu setzen; Selbstauslöschung und Entsagung sind die Figuren ihres Schreibens wie ihres Lebens.

Sophie Mereau verkörpert für Bürger die zweite Stufe. Ihre Briefe, Tagebücher und Erzählungen zeugen von einer ganz unklassischen Einstellung: »Ihr Lebenselement ist die Heiterkeit, und diese will im Wirklichen bleiben, ist einverstanden mit dem Leben in seiner zufälligen Alltäglichkeit« (ebd., 37). Mereau strebt nach dem vollen Genuß des irdischen Augenblicks, nicht nach dessen idealistischer Transzendierung. Aber sie selbst erkennt diese spezifische Qualität ihres Schreibens nicht. Sie gelangt nicht zu einer ästhetischen Reflexion, sondern unterwirft sich dem »Idealisierungsgebot der klassischen Ästhetik« (ebd., 38).

Aber nur Mereaus Lyrik verfällt diesem verhängnisvollen Anspruch, ›hohe‹ Kunst zu schaffen. Ihre Romane und Erzählungen dagegen tragen »eine geradezu erstaunliche Sorglosigkeit gegenüber Normen – ästhetischen und moralischen – zur Schau« (ebd, 38). Der Roman *Das Blütenalter der Empfindung* etwa ist »entschieden kein Bildungsroman«: »Der Text hat kein Zentrum, keine bestimmte Subjektivität, die sich auszudrücken suchte. Vielmehr verharrt das sprechende Ich in der einfachen Wahrnehmung« (ebd., 42). So erreicht Mereau in ihren Erzählungen zwar eine große Freiheit vom herrschenden Kunstideal, aber sie verliert sich Bürger zufolge in einer richtungslosen, genießenden Entäußerung an die Welt. Sie erscheint als Figur einer unbewußten, aber radikalen Rebellion, die jedoch kein Subjekt hervorzubringen vermag.

Dieses Ziel wird erst auf der dritten Stufe »greifbar«: Caroline Schlegel-Schelling, Rahel Varnhagen und Bettina von Arnim sind Bürger zufolge am weitesten gelangt in der Hervorbringung einer anderen Ästhetik wie einer anderen Subjektivität. Sie suchen »die Selbstverwirklichung über ein Ich, das sie sich schreibend allererst erzeugen« (ebd., 171) und erfinden dabei neue, gattungsüberschreitende, nicht-werkhafte Schreibformen wie Carolines ›Rhapsodien‹, Rahels Briefe oder Bettines Briefbücher.

Die Schreibarbeit Rahel Varnhagens ist Bürger zufolge der unabschließbare Versuch, die Negativität ihres Daseins umzuwerten in die Grandiosität eines einmaligen Ich, dessen Leben in jedem Augenblick schilderungswürdig geworden ist. Bei Bettina von Arnim wird eine ähnliche Geste der Umdeutung sichtbar: »Das Leiden an der Unwirklichkeit der eigenen Existenz [...] wird [...] umgewertet zum Akt der Selbsterzeugung des Ich« (ebd., 149). »Schreibend erfindet Bettina von Arnim ihre Wunschautobiographie«: die des »Kindes Bettine«, das die Wirklichkeit ekstatisch überfliegt. Ihre Briefbücher, die zwar ihre lange zurückliegenden Briefwechsel mit Clemens Brentano, Caroline von Günderrode und Goethe zur Grundlage haben, von ihr selbst aber überarbeitet und zum Teil umgeschrieben wurden, lassen sich als Selbstschöpfung des Wunsch-Ichs im Spiegel der geliebten anderen lesen. So übernimmt sie auch ihr ideales Selbstbild, das »Kind Bettine«, aus der Wesenszuschreibung, die der Bruder Clemens Brentano ihr anträgt. Deutlicher noch als bei ihr zeigt sich diese Abhängigkeit des Selbst-Bildes vom anderen bei Rahel Varnhagen: Sie »wirbt um ihre Adressaten, verwickelt sie in ein unaufhörliches Spiel der Anerkennung« (ebd., 120), in dem sie die immer neue Bestätigung ihrer letztlich leeren Grandiosität fordert. Wo Rahel Bestätigung ihres grandiosen Ich sucht, unterwirft sich Bettine ganz im Gegenteil dem geliebten Du: »Bettine will Ich sein für das Du, das sie sich gewählt hat.

Die andere Seite des Willens zum Ich ist daher die Hingabe« (ebd.,
154). Bürger weist auf die Nähe dieser Ich-Erfahrung zur Mystik hin.
Aber auch die ekstatische Selbstentäußerung Bettines zielt letztlich auf
»den unbeschränkten Genuß seiner selbst« (ebd., 150). So trifft sich
ihre Hingabe an den anderen wieder mit dem Willen zum grandiosen
Ich.

Rahel Varnhagen und Bettina von Arnim erschreiben sich eine ›Autobiographie‹ in Briefen – und bringen damit eine neue Art der Autobiographie hervor. Während »die autobiographische Literatur des 18.
Jahrhunderts [...] ein bestimmtes, seiner Identität gewisses Ich
voraus(setzt)«, ist für Rahel Varnhagen und Bettina von Arnim »der
Akt des Schreibens zugleich einer der Ich-Erzeugung« (ebd., 118).
Diese Ich-Erzeugung ist nicht mit der des Bildungsromans vergleichbar, dessen Schema der traditionellen Autobiographie zugrundeliegt.
Bei Rahel stellt sich »die Hervorbringung des Brief-Ich [...] nicht dar
als kontinuierlicher Bildungsprozeß, sondern sprunghaft und gewaltsam. [...] Sie übertreibt in der Verwerfung und Verzweiflung wie in der
Selbstanpreisung« (ebd., 118). Ähnliches kann für Bettina von Arnim
gelten. Das Ich, das die ›Autobiographien‹ beider hervorbringen, ist
nicht das des männlichen Bildungsromans: Es ist ohne Entwicklung,
ohne Vergangenheit, es setzt sich als reine Gegenwart und als Negativität. Rahel Varnhagen und Bettina von Arnim »bilden sich nicht in
die Wirklichkeit hinein [...]. Sie muten der Prosa des Lebens die beunruhigende Erscheinung ihres bloßen Daseins zu« (ebd., 172f.). Das
Ich, das sie sich erschreiben, ist kein fester Besitz; deshalb bedarf es der
immer neuen Setzung: »Das Ich, das sich nur als negatives oder als
hypostatisches entwerfen kann, geht auf im Augenblick« (ebd., 119).

Zu einer wirklichen Durchdringung von Leben und Schreiben ist
Bürger zufolge nur Caroline Schlegel-Schelling gelangt. Rahel und
Bettine »verdoppeln« sich noch, indem sie sich ein Wunsch-Ich entwerfen; »Caroline *ist* das seiner selbst gewisse Ich, das noch auf das
Werk verzichten kann, weil es am Leben genug hat« (ebd., 174). Gerade das Porträt Caroline Schlegel-Schellings aber bleibt seltsam farb-
los. Ihr Schreiben ist Bürger zufolge durch einen »Verzicht auf ein
›Werk‹« gekennzeichnet; ihre Bedeutung als Schriftstellerin »muß [...]
in ihren Briefen aufgesucht werden, in einer Schreibweise« (ebd., 81).
Ihre Briefe lassen den »Lebensstoff [...] als geformten in sich ein« (ebd.,
85), indem sie die Schilderung des Erlebten – parodistisch – nach literarischen Mustern formen. So entsteht eine ›rhapsodische‹ Schreibweise der literarischen Kleinformen, die bereits in die literarische
Moderne vorausweist. In ihrem »Wille(n) zum Glück, zum Genuß der
Gegenwart« (ebd., 99) scheint Caroline Schlegel-Schelling Sophie

Mereau zu gleichen. Aber anders als diese tritt sie als »ein Selbstbe-wußtsein auf, das beansprucht, nach seinem eigenen Gesetz zu leben« (ebd., 100). Die Sonderstellung, die Bürger Caroline Schlegel-Schel-ling zuspricht, erscheint jedoch nicht ganz überzeugend. Ihr »Selbstbe-wußtsein« fordert seinen Preis: Es konstituiert sich auf der Grundlage einer Verdrängung. »Die junge Caroline [...] sucht ihre Orientierung in der Aufklärung: Selbständigkeit, Reflexion, Tugend, Vernunft sind ihre Leitwerte« (ebd., 96). In den Briefen kommt diese Orientierung in einer Tendenz zur rationalen Analyse und zur Objektivie-rung zum Ausdruck. Carolines Elemente sind der (oft boshafte) Witz und die distanzierende Ironie. »Es herrscht in den Briefen durchgängig eine Stimmung der Reflexion« (ebd., 91). Sie schreibt Porträts nicht über Menschen, sondern über »Phänomene« (ebd., 93); »Rührung fängt sie ab durch die Nachahmung des Stils der Empfindsamkeit« (ebd., 90). Carolines Briefe enthalten nicht nur zahlreiche Rezensionen literari-scher und philosophischer Werke, es hat den Anschein, als rezensierten sie unentwegt die Wirklichkeit selbst. So wird in ihrem Schreiben das Erlebte in den Rang literarischer Formung gehoben und zugleich »iro-nisch entwertet« (ebd., 87). Sicherlich erreicht Caroline Schlegel-Schel-ling in ihrem Leben wie in ihrem Schreiben im Vergleich mit ihren Zeitgenossinnen die größte Freiheit. Aber wirklich eingelöst ist ›Leben Schreiben‹ auch bei ihr nicht.

Bürgers Beurteilung des sich selbst schreibenden Ich, das uns in den Texten Caroline Schlegel-Schellings, Rahel Varnhagens und Betti-na von Arnims entgegentritt, ist ambivalent. Einerseits wird deutlich, daß es Produkt eines reduzierten Lebens ist, einer Umwertung der Negativität oder Unwirklichkeit der weiblichen Existenz:

Ich Rahel und Bettine sind das Produkt eines Aktes der Umwertung. Das negative Selbstbild Rahel Levins und das unglückliche Bewußtsein Bettina Brentanos sind Ausdruck historischer Zwangsverhältnisse, der eingeschränkten Selbstverwirklichungsmöglichkeiten, die sie aufgrund einer spezifisch weibli-chen [...] Erziehung [...] haben. (ebd., 173)

Andererseits stellt Bürger es als ein »anderes Subjekt« (ebd., VIII) dem Ich des männlichen Bildungsromans gegenüber. Ein solches »anderes Subjekt« finde ich bei den genannten Autorinnen jedoch nicht ver-wirklicht. Jenes Ich, das Rahel und Bettine sich erschreiben, ist ein leeres, das, obgleich es ganz im Strom seiner Lebensaugenblicke und in der Abhängigkeit vom anderen Ich aufgeht, letztlich ohne Austausch mit der Wirklichkeit bleibt. Sie vollziehen zwar nicht jene verklärende Transformation von »Nicht-Leben [...] in eine Kulturform« (ebd., 75), die Bürger in Johanna Schopenhauers Entsagungsroman *Gabriele* beobachtet. Aber »Leben Schreiben« ist auch bei Rahel und Bettine eher ein Um-Schreiben des Nicht-Lebens. Noch Bettines mystische Versinnlichung des Geistes bleibt eher auf der Seite des Geistes als des Lebens. Hängt diese Leere des sich schreibenden Ich nicht gerade auch mit dem zusammen, was seinen Unterschied zur traditionellen Autobiographie ausmacht? Muß es nicht gerade in seinem unmittelbaren Appell an die Anerkennung des anderen von der Selbst-Verwirklichung entfernt bleiben? Ist nicht die Gewaltsamkeit seiner Setzung, seine Geschichtslosigkeit, seine Trennung von der Wirklichkeit, in der es immer nur sich selbst spiegelt, Zeichen dafür? Wäre dieses Ich nicht erst dann wirklich Subjekt, wenn es dahin käme, »sich in die Wirklichkeit hineinzubilden« – wenn auch nicht im Sinne einer hierarchischen Aneignung, sondern eines unendlichen lebendigen Austauschs? Dieses weibliche Ich, dem die Grenzen gegenüber einem konkreten anderen fehlen, das sich daher unentwegt im Spiegel der anderen sucht, im Leiden sich selbst erfahren oder in der mystischen Hingabe sich auflösen möchte, trägt die Züge der Hysterie.

Ein Gegenpol zu diesem leeren Ich läßt sich in Bürgers Darstellung Sophie Mereaus finden: ein Ich, das sich schreibend ganz der materiellen Wirklichkeit öffnet, dem aber eine eigenständige Subjektivität fehlt, die dieser Praxis einen eigenen Wert verleihen könnte. Sophie Mereau und Rahel Varnhagen erscheinen mir wie die beiden getrennten Hälften einer Schriftstellerin, die erst vereint jene andere ästhetische Praxis des ›Leben Schreiben‹ wirklich einlösen würden. Die Situierung Mereaus auf der zweiten Stufe erscheint mir daher nicht angemessen: ist doch in ihrem Schreiben ein Moment verwirklicht, das bei den Autorinnen der dritten noch aussteht.

II. Feminismus und Psychoanalyse

1. Die kastrierte Frau

Zwischen Psychoanalyse und Feminismus besteht traditionell ein spannungsgeladenes Verhältnis. Als Theorie der psychosexuellen Sozialisation ist die Psychoanalyse eine der wichtigsten Grundlagenwissenschaften feministischer Theorie, als patriarchalische Wissenschaft eine Zielscheibe ihrer Kritik. Sigmund Freud, der autoritäre ›Vater‹ der Psychoanalyse, galt den Pionierinnen der neuen Frauenbewegung als der »gegenrevolutionäre Brennpunkt der sexualpolitischen Ideologie« (Millett 1982, 235). Aber selbst eine radikale Kritikerin der psychoanalytischen Weiblichkeitstheorie wie Kate Millett kam an der Psychoanalyse nicht vorbei, wenn sie die Werke kanonisierter Autoren als narzißtische Männlichkeitsphantasien entlarven wollte. Erschien Freud aus feministischer Sicht als ein Apologet der herrschenden Gesellschafts- und Geschlechterordnung, so brachte seine Theorie des Unbewußten zugleich die patriarchalische Architektur der abendländischen Kultur ins Wanken, indem sie nicht nur das Verdrängte in dieser Kultur aufdeckte, sondern es als ihr eigentliches Fundament sichtbar werden ließ. Kritische Psychoanalytikerinnen wie Karen Horney, Luce Irigaray oder Christa Rohde-Dachser haben jedoch gezeigt, in welchem Maße die Freudsche Psychoanalyse selbst von jenem patriarchalischen Unbewußten beherrscht ist, dessen Analyse sie überhaupt erst ermöglichte. Eine Anwendung der psychoanalytischen Theorie in der feministischen Lektüre literarischer Texte setzt daher eine feministische Revision der Psychoanalyse selbst voraus.

Die Leistung der Psychoanalyse, die auch für die feministische Theoriebildung von zentraler Bedeutung ist, liegt in der Entwicklung einer materialistischen Theorie der Entstehung von Subjektivität und Sexualität. Das ›Ich‹ bildet sich Freud zufolge erst allmählich unter dem Einfluß der sozialen Außenwelt aus dem primären, triebhaften ›Es‹ (ich beschränke mich in meiner Darstellung auf die topologische Theorie des psychischen Apparats beim späten Freud). Die Funktion des Ich sieht Freud in einer Vermittlung zwischen den Ansprüchen des ›Es‹ und der Außenwelt, deren soziale Ordnung eine Verdrängung bestimmter Triebwünsche fordert. Die Zensurleistung des Ich wird dabei verstärkt durch eine dritte Instanz des psychischen Apparats, das

›Über-Ich‹, das eine Verinnerlichung der elterlichen (und das heißt in
der patriarchalischen Ordnung: der väterlichen) Ge- und Verbote darstellt. Das kindliche Subjekt ist damit nicht nur ein Ich, das egoistisch
nach der Befriedigung seiner Wünsche strebt, sondern internalisiert
auch eine ichkritische Instanz, die es zu sozialem Handeln befähigt.
Die Ausbildung dieser Instanz erfolgt im Rahmen des ›Ödipuskomplexes‹, der für Freud den Kristallisationspunkt der kindlichen Entwicklung darstellt. Er ist in der Freudschen Theorie der späte Einsatzpunkt
der Entdeckung des Geschlechtsunterschieds und der Selbstsituierung
innerhalb der Ordnung der Geschlechter.

Im Zuge der frühkindlichen Psychosexualentwicklung, die mit dem
Ödipuskomplex ihren Höhepunkt und Abschluß findet, konstituiert
sich das ›Unbewußte‹ als die Instanz, die das Verdrängte in sich aufnimmt. Der genitalen Sexualität der ödipalen Phase ist Freud zufolge
eine ›polymorph-perverse‹ Besetzung unterschiedlicher Partialobjekte
und Körperzonen, sowie beim Mädchen der Wechsel des Liebesobjekts
von der Mutter zum Vater vorausgegangen. Da seine Theoriebildung
sich jedoch fast ausschließlich auf den (männlichen) Ödipuskomplex
konzentriert und die präödipale Phase weitgehend ausklammert, bestimmt vor allem die männlich-ödipale Konstellation – der auf die
Mutter gerichtete Inzestwunsch, der Wunsch zum Vatermord, das väterliche Inzestverbot und die Kastrationsdrohung – den Inhalt des
Unbewußten bei Freud.

Vollständig werden die infantilen Wünsche des Unbewußten nie
verdrängt. Unter ungünstigen Bedingungen brechen sie in psychischen
Erkrankungen hervor. Der Unterschied zwischen der neurotischen und
der gesunden Psyche ist Freud zufolge nur graduell; auch in nichtpa-
thologischen Phänomenen wie sprachlichen Fehlleistungen, Witzen,
Träumen und Phantasieproduktionen – hier finden bei Freud literarische Texte ihren Ort – kommt das Unbewußte zum Ausdruck. An
diesen Phänomenen wird explizit, daß die ›Primärprozesse‹, die
Wunsch- und Phantasietätigkeit des Es, nicht einfach von den ›Sekun-
därprozessen‹ des bewußten, rationalen Ich abgelöst wurden, sondern
ständig verborgen in die Bewußtseinstätigkeit hineinspielen. Die Produktionen des Unbewußten werden durch eine eigene, alogische Ge-
setzmäßigkeit geformt, die Freud in der *Traumdeutung* darstellt. Im
Zentrum dieser Mechanismen stehen die Verfahren der ›Verschiebung‹
und ›Verdichtung‹, mittels derer sich verdrängte Wünsche in bewußt-
seinsfähige Vorstellungen kleiden. Im Fall einer psychischen Erkrankung läßt sich durch eine Rekonstruktion dieser Verfahren Zugang zu
den verdrängten, symptombildenden Wünschen des Unbewußten gewinnen. In der psychoanalytischen Therapie können die Patienten von

ihren Symptomen geheilt werden, indem im Gespräch mit dem Analytiker die unbewußten Wünsche ins Bewußtsein geholt und die mit
ihnen verbundenen Affekte durch eine ›Übertragung‹ auf den Analytiker freigesetzt werden.

Freuds Interesse galt vor allem den Neurosen, zu denen Hysterie,
Phobien und Zwangshandlungen gehören. Sie sind ihm zufolge als
Kompromißbildungen zu verstehen, durch die sich verdrängte, aber
übermächtige Wünsche einen Ersatzausdruck schaffen, der zugleich
ihrer Abwehr dient. Bei Psychosen dagegen kommt es durch eine Vorherrschaft des Unbewußten zu einer wahnhaften Ablösung von der
Realität. Daß Freud selbst die Behandlung psychotischer Patienten
vermied, ist kein Zufall: In seiner Theorie, in deren Zentrum die ödipale, bereits von der Ich-Instanz dominierte Struktur der Psyche steht,
haben diese Patienten, deren Ich-Instanz nur mangelhaft ausgebildet
ist, keinen Platz (Theweleit, 256ff.). »Wo Es war, soll Ich werden«
(Freud 1933, 86), lautet Freuds Maxime; er bezeichnet die Psychoanalyse als »Kulturarbeit etwa wie die Trockenlegung der Zuidersee« (ebd.).
In seinen kulturtheoretischen Schriften wird deutlich, daß diese »Kulturarbeit« männlich konnotiert ist:

In Freuds kulturtheoretischem Werk begegnen wir einer durchgängigen,
nirgends hinterfragten Gleichsetzung von *Männlichkeit und Kultur* auf der
einen, *Weiblichkeit und Natur* auf der anderen Seite, [...] sein gesamtes kultur-
kritisches Werk (ist) durchsetzt von der Vorstellung eines *Kampfes der (männlich konnotierten) Kultur gegen die (weiblich konnotierte) Natur.* (Rohde-Dachser 1991, 133; Hervorhebungen im Text)

Rohde-Dachser leitet aus dieser Feststellung Rückschlüsse auf eine
geschlechtliche Konnotation auch der zentralen metapsychologischen
Begriffe ab:

Die in der Psychoanalyse gebräuchlichen Metaphern für das Unbewußte rük-
ken dieses in große assoziative Nähe zur *Weiblichkeit*, und – wegen des Bedeu-
tungshofes von ›Weiblichkeit‹ – auch zu Natur und Tod. [...] *Ich, Männlichkeit, Vernunft, Logos, Kultur, Eros (Lebenstrieb)* bilden so ebenfalls einen über
Metaphern verknüpften assoziativen Komplex, der den Rahmen des Ich bildet.
(ebd., 144)
So (entsteht) der Eindruck, als seien die verschiedenen Instanzen dieses psychischen Apparates nach dem Muster eines Familiendramas entworfen, in dem
das Es die Mutter, das Über-Ich den Vater und das Ich den Sohn bzw. Mann
vertritt. (ebd., 161)

Freuds Theorie der psychosexuellen Sozialisation ist auf die männliche
Perspektive reduziert. Seine Annahme, die Entwicklung des Individuums sei ein Nachvollzug der kollektiven Geschichte, läßt sich allerdings

jenseits seiner eigenen Erkenntnisinteressen für eine Patriarchatskritik
fruchtbar machen: Indem er den zensierenden Einfluß der sozialen
Ordnung auf die kindliche Entwicklung beschreibt, eröffnet Freud die
Möglichkeit einer Infragestellung der bestehenden Formen von Subjektivität und Sexualität, die sich im Zuge dieser Entwicklung heraus-
bilden. Freud selbst zieht diese Konsequenz nicht; er macht zwar die
Genese des Subjekts sichtbar, aber er stellt diesen Prozeß als notwendigen dar. Die patriarchalische Ordnung der Familie und Gesellschaft,
in die sich das Subjekt hineinbildet, ist für ihn unhintergehbar: ein
Sieg des männlichen Geistes über die bedrohliche, weiblich konnotierte Natur.

Rohde-Dachser konstatiert bei Freud einen »doppelten Weiblichkeitsentwurf (einer entwerteten ›kastrierten‹ und einer dämonisierten
Frau)« (Rohde-Dachser 1991, 127), ganz analog zu dem patriarchalischen Mythos des Weiblichen, in dem die Frau als Lebensspenderin
zugleich Verkörperung des Todes ist.

Diese Geschlechterideologie spiegelt sich in Freuds Modellen der
geschlechtsspezifischen Sozialisation. Seine Darstellung der männlichen
und weiblichen Psychosexualentwicklung ist jedoch nicht einfach nur
falsch; sie hat, darin sind sich auch feministische Kritikerinnen dieser
Theorie einig, durchaus diagnostischen Wert. Das Problem liegt darin,
daß Freud die geschlechtsspezifische Sozialisation unter den Bedingungen der patriarchalischen Gesellschaft als naturnotwendig ansieht und
ihre Darstellung mit normativen Forderungen begleitet: Jede Abweichung vom ›normalen‹ Entwicklungsgang erscheint als Fehlentwick-
lung. Für die Frau hat diese Naturalisierung der patriarchalischen Vorgaben besonders verhängnisvolle Folgen, denn ihr wird bei Freud eine
eigene Sexualität gar nicht zugestanden. Bei Freud, darauf hat
besonders Luce Irigaray aufmerksam gemacht, gibt es im Grunde keine Geschlechterdifferenz: Der Mensch ist männlich, die Frau ein man-
gelhafter Mann. Ihre Entwicklung ist in Freuds Darstellung von der
männlichen abgeleitet und deshalb notwendig defizitär. Freud macht
damit zur wissenschaftlich fundierten ›Wahrheit‹, was in der patriarchalischen Kultur durchaus Wirklichkeit ist oder zumindest sein kann.
Die Frau wird Freud zufolge Frau, indem sie sich als ›kastriert‹ akzeptiert; vor der Entdeckung des Geschlechtsunterschieds ist sie ein phallischer (d.h. klitoridaler) ›kleiner Mann‹. Daß der Geschlechtsunterschied allein als ein Haben oder Nichthaben des Penis erscheint, wird
von Freud zwar als die Perspektive des Kindes dargestellt. Aber sie wird
nicht nur gegen alle Evidenz auch dem kleinen Mädchen unterstellt,
das angeblich bis zur Pubertät kein Wissen von seiner Vagina hat, sie
vermischt sich vor allem mit den eigenen Stellungnahmen des Theore-

tikers. Seine Darstellung der weiblichen Psychosexualentwicklung ist überdeutlich misogynen Vorurteilen verhaftet, denen er ein wissenschaftliches Fundament zimmert. Der Gebär- und Nährfähigkeit des weiblichen Körpers wird keine Relevanz für die kindliche Auffassung der Geschlechterdifferenz zugestanden.

Freud zufolge muß sich für Jungen und Mädchen die Entdeckung des Geschlechtsunterschieds notwendig auf das Vorhandensein oder Fehlen des Penis reduzieren. Der Junge entwickelt daraufhin unter dem Einfluß des väterlichen Inzestverbots Kastrationsangst, verzichtet auf seine primäre Liebe zur ohnehin entwerteten Mutter, identifiziert sich mit dem Vater, entwickelt einen phallischen Narzißmus und findet später in seinen Liebesobjekten einen Mutterersatz. Für das Mädchen sieht Freud einen ungleich schwereren Weg vor: Um seine ›sexuelle Bestimmung‹ zu erreichen, muß es einen Wechsel von der Klitoris zur Vagina, von einem aktiven zu einem passiven Sexualverhalten und einen Wechsel des Liebesobjekts von der Mutter zum Vater vollziehen, der mit einer Selbstabwertung verbunden ist. ›Penisneid‹ bestimmt von nun an seinen Lebensweg; selbst das Gebären eines Kindes ist ihm nur ein Ersatz für den fehlenden Penis. Weil das ›kastrierte‹ Mädchen nicht durch Kastrationsangst zu Triebverzicht gezwungen wird, bleiben die kulturellen Leistungen und moralischen Eigenschaften der Frau hinter denen des Mannes zurück. Viel zu verdrängen hat sie ohnehin nicht: Nach der kränkenden Entdeckung ihrer Kastration, mit der für Freud ihre ›Weiblichkeit‹ einsetzte, ist ihr nur wenig Libido geblieben. Die drei Hauptmerkmale der ›normalen‹ weiblichen Persönlichkeit, die sich unter diesen Umständen herausbildet, sind für Freud Passivität, Masochismus und ein kompensatorischer Narzißmus, der von niedrigerem Rang als der aktive, phallische, objektbezogene Narzißmus des Mannes ist.

Daß die weibliche Psyche letztlich ein blinder Fleck in Freuds Theoriebildung geblieben ist, erscheint erstaunlich angesichts der Tatsache, daß der Ursprung der Psychoanalyse in der Erforschung der ›Frauenkrankheit‹ Hysterie liegt. Anhand der rätselhaften Symptombildungen der Hysterikerinnen entdeckten Breuer und Freud das ›Unbewußte‹.

Die wirkliche Tragödie der Freudschen Psychoanalyse besteht darin, daß die falschen Interpretationen des weiblichen Charakters auf klinischen Beobachtungen von unantastbarer Gültigkeit beruhen. Denn die Frauen, die zum Psychoanalytiker gingen, waren (und sind in vielen Fällen noch) die ›nichtangepaßten Frauen‹. (Millett 1982, 236)

Mit ihren klinischen Beobachtungen der ›nichtangepaßten‹ Frauen eröffnete die Psychoanalyse ein neues Feld des Wissens über Weiblich-

keit; aber durch ihre Theoriebildung versuchte sie zugleich, diesen
Bereich in die patriarchalische Ideologie zurückzubinden.

Freudschüler/innen wie Helene Deutsch, Karen Horney, Melanie
Klein und Ernest Jones entwickelten zwar eigene Weiblichkeitstheori-
en, die zum Teil offen gegen Freuds Auffassung opponierten. Diese
Modelle wurden in der feministischen Literaturwissenschaft auch
immer wieder aufgegriffen. Oft wurde aber übersehen, in welchem
Maße auch diese Theorien die Vorgaben Freuds übernahmen. Unüber-
sehbar ist diese Abhängigkeit in Helene Deutschs masochistischem
Weiblichkeitsbild, verborgener bei freudkritischen Theoretiker/inne/n
wie Karen Horney, Ernest Jones und Melanie Klein.

2. Die Beziehung zur Mutter

Karen Horney nahm bereits sehr früh eine feministisch-soziologische
Position ein, die ihr den Ausschluß aus der Psychoanalytischen Vereinigung eintrug. Den weiblichen ›Penisneid‹ interpretierte sie als defen-
sives Symptom, das die Frau aufgrund ihrer benachteiligten gesellschaftlichen Stellung entwickle und stellte ihm einen ›Gebärneid‹ des
Mannes gegenüber. Die Sexualcharaktere führte Horney jedoch auf
angeborene heterosexuelle Koituswünsche bei beiden Geschlechtern
zurück, die, weil sie sich in der ödipalen Situation auf die übermäch-
tigen Eltern richteten, zu Sexualängsten, Verdrängungen und beim
Mann zu einer kompensatorischen Misogynie führen müßten.

Melanie Klein, die sich als Kinderanalytikerin auf klinische Erfahrung stützen konnte und mit ihrer Objektbeziehungstheorie eine der
einflußreichsten Schulen innerhalb der Psychoanalyse begründete, kri-
tisierte Freud nicht offen, entwickelte aber eine eigene Theorie der
weiblichen Sexualität. Kleins Theorie war von wegweisender Bedeutung für die Erforschung der von Freud ausgeblendeten präödipalen
Phase und veränderte vollkommen die Auffassung des Unbewußten;
aber sie lenkte die Erforschung der präödipalen Phase in eine Richtung, die einem feministischen Erkenntnisinteresse nicht weniger feindlich ist als die Theorie Freuds (vgl. Rohde-Dachser 1991, 172ff.). Klein
nimmt eine Prävalenz der phantasierten (Partial-)Objekte gegenüber
den realen und der sadistischen Impulse gegenüber den libidinösen an.
Sie geht von einem angeborenen Aggressionstrieb des Kindes aus, der
sich auf den Mutterleib und dessen phantasierte Inhalte (den Penis des
Vaters, Babys, Exkremente) richte, mit dem Ziel, diese zu rauben oder
zu zerstören. Durch die Projektion der aggressiven Impulse auf die

Mutter müsse im kindlichen Unbewußten notwendig eine ›böse Mutterimago‹ entstehen, die von der ›guten‹ Mutter abgespalten werde. Mit Horney stimmt Klein darin überein, daß das Mädchen schon früh um die Existenz der Vagina wisse; sie teilt aber auch deren problematische Annahme, daß das Mädchen von Anfang an eine heterosexuelle, den Penis des Vaters begehrende kleine Frau sei. Vor allem negierte Klein die soziohistorische Dimension der psychosexuellen Sozialisation der Geschlechter, deren misogyne und phallozentrische Implikationen als naturnotwendig erscheinen. Der weibliche Sexualcharakter wird Klein zufolge allein durch die weibliche Körpererfahrung ausgelöst und nicht etwa durch gesellschaftliche Einflüsse geprägt.

Die ›klassischen‹ Theorien der weiblichen Psychosexualentwicklung sind also kaum weniger problematisch als die Freuds. In ihrem biologistischen Postulat einer angeborenen Heterosexualität fallen Horney, Klein (und Ernest Jones, der ihnen wenig hinzufügte) sogar noch hinter Freud zurück. Ihre Theorien sind Kompromißbildungen, die das Freudsche Modell modifizieren, aber nicht wirklich zurückweisen. Erst in den siebziger Jahren entstand im Kontext der neuen Frauenbewegung eine Psychoanalyse, die nicht nur die Weiblichkeitstheorie, sondern auch die ahistorische Festschreibung geschlechtsspezifischer Sozialisationsmodelle zu revidieren suchte. Diese Theoretikerinnen sahen die Psychoanalyse als ein Instrument zur Analyse der patriarchalischen Gesellschaft und der Mechanismen, durch die sie sich in der psychosexuellen Entwicklung der Individuen immer neu reproduziert.

In dieser feministischen Psychoanalyse setzte sich eine Tendenz fort, die schon bei Klein und Horney anklingt und von der die gesamte nachfreudianische Sexualtheorie jenseits aller Schulbildungen und Differenzen geprägt ist: eine Verschiebung von Freuds ödipalem Dreieck zur frühen Mutter-Kind-Beziehung. Diese Privilegierung der präödipalen Phase, in der die Mutter, nicht der Vater dominiert, in der sich die Grenzen zwischen Ich und Welt erst formieren, in der Verdrängung und Sublimation noch nicht ihr Werk getan haben, das Kind noch nicht über Sprache verfügt, Körper und Triebe noch nicht vom Intellekt überformt sind, brachte neue Erkenntnisse in den von Freud vernachlässigten Bereichen der Kinderpsychologie und der Erforschung der Psychosen mit sich. Das kindliche Ich differenziert sich in den neueren psychoanalytischen Theorien nicht einfach aus dem Es heraus, es entsteht in der Interaktion mit außer ihm befindlichen ›Objekten‹, deren erstes und wichtigstes die Mutter ist.

Das neue Interesse an der Bedeutung der Mutter, die diese Akzentverschiebung mit sich brachte, hatte allerdings zunächst ausschließlich negative Konsequenzen für das psychoanalytische Bild der Frau. Diese

Richtung hatte ihren Ursprung in der ›bösen Mutterimago‹ Melanie Kleins. Janine Chasseguet-Smirgel etwa erklärte die präödipale ›Urmutter‹ zur eigentlichen Ursache aller phallozentrischen Übel: So zärtlich eine Mutter in der Realität auch sein möge, sie könne nicht verhindern, als allmächtige ›phallische Mutter‹ im Unbewußten ihres Kindes ein angstbesetztes Bild zu hinterlassen, gegen dessen Macht beide Geschlechter die Gegenmacht des männlichen Phallus setzen müßten, um eine eigene Identität ausbilden zu können. Der Vater erscheint in diesem einflußreichen Modell als Befreier aus der erstickenden Symbiose mit der Mutter, auch wenn die Mutterbeziehung als Vorbild aller späteren Objektbeziehungen angesehen wird. »Auf diese Weise werden ›Männliches‹ und ›Weibliches‹ im Sinne der den Mutter- und Vaterimagines zugeschriebenen Eigenschaften zu *anthropologischen Konstanten*« (Rohde-Dachser, 175; Hervorhebung im Text).

Feministische Psychoanalytikerinnen wie Dorothy Dinnerstein und Nancy Chodorow in den USA oder Christiane Olivier in Frankreich, die die Auswirkungen der Geschlechterdifferenz auf die Persönlichkeitsentwicklung untersuchen, übernehmen dieses Bild zum Teil. Da sie die Geschichte der Individuen aber nicht mehr von der Geschichte der Gesellschaft isolieren, in der sie ihre Prägung erfährt, erhält es bei ihnen einen anderen Akzent. Die Mutter ist nicht mehr notwendig Ziel des kindlichen Hasses; diese Rolle entsteht erst durch das patriarchalische Arrangement der Geschlechter, das Frauen auf die private Sphäre der Reproduktion beschränkt, während Männer die öffentliche Sphäre der Produktion besetzen. Durch die Tatsache, daß für beide Geschlechter die erste Bezugsperson weiblich ist und daß die Beziehung des Jungen zu ihr durch Differenz, die des Mädchens durch Ähnlichkeit bestimmt ist, entsteht eine Asymmetrie der Geschlechter, die eine unterschiedliche Beziehungsfähigkeit zur Folge hat. Von einer Änderung der gesellschaftlichen Rollenverteilung zugunsten einer Teilnahme der Männer an der Kinderbetreuung erhoffen sich die genannten Psychoanalytikerinnen eine Überwindung der Frauenfeindlichkeit in der westlichen Kultur. Chodorow zufolge, deren Untersuchung der Reproduktion von Mütterlichkeit die einflußreichste Arbeit innerhalb der soziologisch-feministischen Psychoanalyse darstellt, resultiert diese Misogynie aus der Tatsache, daß bei männlichen Kindern die Ausbildung einer eigenständigen Identität mit der Aufkündigung ihrer anfänglichen Identifikation mit der Mutter verbunden ist. Ursprünglich ist danach die Mutter nicht nur das erste Liebes- sondern auch das erste Identifikationsobjekt für Kinder beiderlei Geschlechts. Die Erkenntnis der Geschlechterdifferenz löst beim Jungen – unter dem Einfluß der gesellschaftlichen Abwertung der Frau – eine totale Zurückweisung der

Mutter aus. Diese ist mit einer Verdrängung emotionaler Persönlichkeitsanteile verbunden, in denen sich auch der Junge zunächst mit der Mutter identifizieren konnte. Die Trennung von der Mutter ist ambivalent: Einerseits radikaler Verlust des Liebesobjekts und eigener Ich-Anteile, ist sie zugleich eine Befreiung von der allmächtigen Mutter. Das Mädchen, dem dieser Bruch erspart bleibt, hat daher Schwierigkeiten, eine eigene Identität auszubilden. Sein ödipaler Wechsel zum Vater als Liebesobjekt wird von Chodorow und anderen als eine Flucht aus der erdrückenden Mutterbeziehung interpretiert. Anders als die meisten Theoretiker/innen hebt Chodorow aber auch die positiven Aspekte der ambivalenten Mutter-Tochter-Beziehung hervor. Während die männliche Entwicklung auf eine defensive Verfestigung der Ich-Grenzen ausgerichtet ist, entwickelt das weibliche Ich, das sich innerhalb einer intersubjektiven Beziehung definiert, kommunikative Eigenschaften wie Bindungsfähigkeit, Sensibilität und Fürsorge.

Jessica Benjamin, die an Chodorow anschließt, kritisiert die verbreitete These, daß die Mutterbeziehung bloße Symbiose, die Beziehung zum Vater dagegen notwendig zur Identitätsfindung sei. Subjektive Identität stellt sich nach ihrer Ansicht bereits innerhalb der Mutter-Kind-Beziehung her. Gerade diese Beziehung ermögliche das sukzessive Erlernen der Anerkennung des anderen als eigenständigen Subjekts. Durch den Einfluß der patriarchalischen Gesellschaft werde diese Fähigkeit zu wechselseitiger Anerkennung und echter Interaktion jedoch wieder verlernt.

Das Gelingen der Identitätsfindung des Subjekts hängt nach Benjamin von seiner Fähigkeit ab, zwei gegensätzliche Tendenzen zu vereinen: eine Balance zwischen der eigenen Abgrenzung und der Anerkennung des anderen zu finden, die auch eine Anerkennung der eigenen Abhängigkeit von der Bestätigung durch den anderen ist. Die westliche Kultur hat diesen Konflikt auf eine problematische Weise ›gelöst‹: Durch eine ›Aufspaltung‹, in der das Sich-Abgrenzen dem männlichen Geschlecht, das Anerkennen des anderen dem weiblichen Geschlecht zugewiesen wurde. Die Privilegierung des einseitigen, männlichen Sich-Abgrenzens beherrscht nach Benjamin auch die philosophischen Versuche, die Subjektivitätskonstitution zu theoretisieren: Sie lassen die Aufspaltung als unvermeidlich erscheinen. In Hegels Analyse von Herrschaft und Knechtschaft und in deren Übertragung auf das Geschlechterverhältnis bei Bataille wird zwar die Notwendigkeit der Intersubjektivität für die Subjektkonstitution deutlich. Doch nach Hegel ist dem Selbstbewußtsein eine unhintergehbare Tendenz zur Leugnung seiner Abhängigkeit einbeschrieben; es lernt zwar, daß es den anderen nicht restlos eliminieren darf, weil es seine Anerkennung braucht, versucht aber, ihn soweit wie möglich zu unterwerfen, um ihm selbst die Anerkennung zu verweigern. Bataille stellt diese Spannung zwischen Selbstbehauptung und Unterwerfung ins Zentrum der Erotik, und auch bei ihm kann sie nur durch eine hierarchische Aufspaltung beider Momente gelöst werden, die im Machtverhältnis zwischen den Geschlechtern zum Ausdruck kommt. Die (männliche) Abgrenzung des Individuums vom anderen identifiziert er mit ›Leben‹, die (weibliche) Hingabe und Verschmelzung in der Sexualität mit dem ›Tod‹ des Subjekts. Diese Zuordnung hat metaphorischen Charakter und läßt sich ebensogut umkehren (Cixous und Irigaray etwa identifizieren Selbstentäußerung mit Leben und Abgrenzung mit Tod). Bei Bataille wird jedoch ihr metaphorischer Charakter vergessen. Er sieht in der Überschreitung der Subjektgrenze in der Sexualität einen gesellschaftlich notwendigen ›Ritus‹, in dem die verleugnete Intersubjektivität sich realisieren kann. Immer aber ist dabei der Mann der handelnde Teil, der Subjekt bleibt, während die Frau als ›Opfer‹ fungiert, das stellvertretend für beide die Abgrenzung der Individuen überschreitet und den ›Tod‹ auf sich nehmen muß. In einer Analyse der *Geschichte der O.*, der literarischen sadomasochistischen Phantasie einer weiblichen Autorin, weist Benjamin das Funktionieren der von Bataille beschriebenen sexuellen Rollenverteilung nach, in der die Frau in der masochistischen Unterwerfung ihr eigenes Subjektsein leugnet. Eine moralische Verurteilung dieser Phantasien weist Benjamin aber zurück; sie betont vielmehr die Sehnsucht nach einer Überschreitung der männlichen Subjektivität, die sich darin in einer entfremdeten Form ausdrücke. So lasse dieser Text in seiner Entfremdung die Notwendigkeit einer anderen Art der Individuation deutlich werden, die nicht zu hierarchischer Spaltung führe. In einer ›gelungenen‹ Individuation wären Selbstbehauptung und Anerkennung des anderen nicht geschlechtsspezifisch aufgespalten, sondern in *einem* Subjekt realisiert.

III. Dora oder das Weibliche als das Unbestimmbare

1. Lacan: Die Wiederkehr des Vaters

Strukturalismus und Poststrukturalismus

Mit dem Strukturalismus entstand im Frankreich der 50er und 60er Jahre eine intellektuelle Strömung, die alle geisteswissenschaftlichen Disziplinen erfaßte: Ethnologie, Psychoanalyse, Soziologie, Geschichtsforschung, Philosophie, Literaturwissenschaft. Der Strukturalismus entwickelte aus der Sprachtheorie des Schweizer Linguisten Ferdinand de Saussure ein Modell zur Erforschung kultureller Phänomene, das die Kulturentstehung auf die Sprachfähigkeit des Menschen als einer Fähigkeit zum gemeinschaftstiftenden symbolischen Tausch zurückführt. Auf dieser Grundlage wurden die Gegenstandsbereiche der unterschiedlichen Disziplinen als ›Sprachen‹ bestimmbar, als Spielfelder symbolischer Systeme und Subsysteme, deren anthropologische Funktion darin bestand, der Welt eine Ordnung zu geben, durch die sie verstehbar und beherrschbar wurde. Im Strukturalismus war der Systemgedanke vorherrschend. Bereits Saussure ging es um eine Erforschung der Sprache als formales, kollektives, allen individuellen Sprechakten (*parole*) unbewußt zugrundeliegendes System (*langue*). Von entscheidender Bedeutung war vor allem sein Gedanke, daß die sprachlichen Zeichen durch ihre Beziehungen untereinander erst konstituiert werden: daß es in der Sprache keine Substanzen, sondern nur Differenzen gibt. Ging Saussure dabei noch von einer zweifachen, parallelen Konstitution in der Sphäre der materiellen Sprachzeichen (Signifikanten) und der geistigen Sinneinheiten (Signifikate) aus, die im sprachlichen Zeichen in willkürlicher Zuordnung zusammentreten, so wurde dieser Gedanke von den (Post-) Strukturalisten radikalisiert: Wenn die Welt erst durch die sprachliche Benennung eine Strukturierung erfährt, kann konsequenterweise eine Trennung zwischen Signifikant und Signifikat, zwischen Wort und Begriff, nicht aufrechterhalten werden. Lacan spricht von einem Primat des Signifikanten über das Signifikat: Bedeutungen sind letztlich nur ›Effekte‹ der differentiell sich konstituierenden Signifikanten. Die Bedeutung der Welt ist nur das Resultat wechselnder ›Diskurse‹.

Diskurse sind ›soziale Sprachen‹: konkrete Praxisformen der Rede und zugleich institutionell geregelte Ordnungssysteme. Die individuelle Rede bzw. der einzelne Text partizipiert immer an einem oder auch an mehreren Diskursen, die ihm vorgeschaltet sind. Im Diskursbegriff wird das Sprachsystem zwar als historisches gefaßt. Doch der strukturalistischen Diskursanalyse ging es zunächst ausschließlich um eine formale Analyse der Diskurse als symbolischer Ordnungssysteme, ohne daß diese auf ihre ideologische Funktion und ihre Veränderbarkeit hin befragt wurden. Bei poststrukturalistischen Theoretiker/inne/n wie Lacan, Foucault, Barthes, Derrida, Kristeva, Cixous oder Irigaray traten diese Aspekte in zunehmendem Maße in den Vordergrund: Bei ihnen wurde die Vorgeschichte, die Ausgrenzungen und Herrschaftsfunktionen, die mögliche Zersetzung oder Erneuerung der sprachlichen Systeme thematisiert. An diesem Übergang von einer bloßen systematischen Bestandsaufnahme zu einer Infragestellung, Dynamisierung und Öffnung der Diskurse läßt sich die Unterscheidung zwischen Strukturalismus und Poststrukturalismus vielleicht am eindeutigsten festmachen. Im Poststrukturalismus wird aus dem geschlossenen System der sprachlichen ›Struktur‹ eine unendliche, prozeßhafte ›Strukturation‹; das Augenmerk richtet sich nicht mehr nur auf die Resultate des Signifikationsprozesses, sondern auf diesen selbst. Dabei wird die repressive Funktion symbolischer Ordnungssysteme sichtbar: Sie konstituieren und erhalten sich über Ausgrenzungen, deren Zeichen sie als Male der Verdrängung in sich tragen.

Auch das Subjekt, das im Strukturalismus weitgehend ausgeklammert war, wird im Poststrukturalismus neu thematisiert. Denn wenn die Veränderbarkeit der Diskurse thematisiert wird, gerät die innovative Kraft der Subjekte wieder in den Vordergrund; allerdings nicht mehr im Sinne einer intentionalen Bewußtseinstätigkeit, sondern als Wirkung eines triebgesteuerten Unbewußten, das in jeder Kindheit neu entsteht und dessen innovatives Potential darin besteht, daß es das aus der jeweiligen sprachlichen Ordnung Verdrängte in sich aufnimmt. In dieser neuen Bedeutsamkeit der Subjektivität liegt der Grund für das enge Zusammenspiel des Poststrukturalismus mit der Psychoanalyse. Das poststrukturalistische Subjekt ist aber nicht mehr autonomer Urheber von Bedeutungen, sondern ein Moment in einem dialektischen Prozeß sprachlicher Signifikation, durch den es selbst hervorgebracht wird.

In der Theorie Lacans laufen die Fäden der Psychoanalyse, des Strukturalismus und des Poststrukturalismus zusammen. Die Lehre Lacans, die in Frankreich seit den dreißiger Jahren eine starke Wirkung entfaltete, steht am Übergang von strukturalistischer zu poststrukturalistischer Theoriebildung. Seine Synthese von Psychoanalyse und Linguistik, die das Freudsche Unbewußte als eine ›Sprache des

Begehrens‹ zu reformulieren versuchte, führte ihn schon früh zu einer Dynamisierung des linguistischen Systems. In seiner unhistorischen, affirmativen Haltung gegenüber der patriarchalischen ›symbolischen Ordnung‹, die allen Diskursen der abendländischen Kultur zugrundeliegt, blieb er jedoch dem Strukturalismus verhaftet. Ihn interessierte die Bewegung des Subjekts bzw. seines Begehrens innerhalb der Sprache, nicht aber die Infragestellung der ›symbolischen Ordnung‹ selbst in ihrer patriarchalischen Form. Erst die poststrukturalistischen Autor/inn/en der nächsten Generation thematisierten eine Überschreitung dieser Ordnung: Gegenstand der literaturtheoretischen Schriften des späten Roland Barthes oder Julia Kristevas ist die avantgardistische Literatur in ihrer Funktion, Widerstand gegen repressive kulturelle Codierungen zu leisten. Zwar gibt es bereits bei Lacan den Gedanken einer unendlichen Erneuerung des Symbolischen durch die Subjekte. Diese ist aber nicht als eine Überschreitung der Ordnung zu verstehen, sondern nur als immer neue Aktualisierung einer vergessenen, unbewußten Prägung.

Vatertöchter

Unter den französischen Feministinnen gab es weniger Vorbehalte gegen die Psychoanalyse als in den USA. Eine der ersten und einflußreichsten Frauengruppen der französischen Frauenbewegung nannte sich *psychanalyse et politique*. Während der angloamerikanische Feminismus in den siebziger Jahren eine soziologisch ausgerichtete Psychoanalyse entwickelte, bezogen sich die Französinnen von Anfang an auf die (post-)strukturalistische Psychoanalyse Jacques Lacans. Die drei einflußreichsten feministischen Theoretikerinnen in Frankreich, Luce Irigaray, Julia Kristeva und Hélène Cixous, ziehen aus dieser Theorie aber sehr unterschiedliche Konsequenzen: Während Kristeva der Theoriebildung Freuds und Lacans, aus der sie eine Literaturtheorie entwikkelt, weitgehend folgt, fordert und praktiziert Irigaray eine psychoanalytische Dekonstruktion der Psychoanalyse selbst; Cixous, die sich ebenfalls lacanianischer Terminologie bedient, lehnt die institutionalisierte Psychoanalyse dagegen ab. Trotz des überragenden Einflusses Lacans auf die französischen Feministinnen galt er ihnen schon in den siebziger Jahren als »Großpapa« (Cixous 1977, 24), hinter dessen Erkenntnisse frau zwar nicht mehr zurückfallen wollte, dessen Theorien aber revidiert und weiterentwickelt werden mußten. In den USA und in der Folge auch in der BRD wurde er dagegen erst spät entdeckt und umso begeisterter rezipiert; Lacan avancierte zum ›Frauenheld‹ (Jane

Gallop) der feministischen Literaturwissenschaft der achtziger Jahre. Diese Wirkung Lacans in der Frauenbewegung ist erstaunlich angesichts der Tatsache, daß seine Theorie eine ganze Reihe freudianischer Postulate restituiert. Das zentrale Skandalon der Theorien Freuds und Lacans ist die Reduktion ihrer Theoriebildung auf die männliche Perspektive; sie sind zentriert um Ödipuskomplex, Kastrationskomplex und Inzesttabu, deren Übertragung auf die weibliche Psychosexualentwicklung zumindest problematisch ist.

Vordergründig gab Lacan sich ganz als ›Sohn‹, dessen Theoriebildung Freud von den Verfälschungen und Popularisierungen durch die institutionalisierte Psychoanalyse befreien wollte. Diese ›Rückkehr zu Freud‹ ist verbunden mit einer Rückwendung von der Mutter-Kind-Dyade zum ödipalen Dreieck, das vom ›Gesetz des Vaters‹ bestimmt ist. Hinter dem verehrenden Gestus des ›Sohnes‹ steht aber nicht nur eine gravierende Umdeutung der Freudschen Lehre, sondern auch eine massive Selbstsetzung, mit der es Lacan gelang, Freud in der Rolle des autoritären Vaters abzulösen. Lacan verfolgte dabei ein äußerst ehrgeiziges Theorieprojekt: eine Synthese der avanciertesten Positionen philosophisch-wissenschaftlicher Theoriebildung unter dem Primat der Psychoanalyse. Unter dem Anspruch, die Freudsche Theorie im Licht einer neuen Wissenschaftlichkeit zu explizieren, verband er die Psychoanalyse mit der Linguistik Saussures, der strukturalen Anthropologie Lévi-Strauss', der Philosophie Hegels und Heideggers und einer logisch-mathematischen Formelsprache.

Das imaginäre Ich

Lacan kehrt das Freudsche Verständnis des Ich und des Unbewußten um: Die wahre Subjektivität des Individuums liegt für ihn nicht im bewußten Ich, sondern im Unbewußten. Die Instanzen des Bewußten und des Unbewußten sind bei Lacan nicht ›Ich‹ und ›Es‹, sondern ›imaginäres Ich‹ (*moi*) und ›wahres Ich‹ (*je*). Lacan geht es darum, das begehrende, ›volle‹ Sprechen des ›wahren‹ Subjekts hinter dem ›leeren‹ Sprechen des ›imaginären‹ Subjekts zum Vorschein zu bringen (Lacan 1973, 84ff.). Das *moi* ist ein Selbst-Bild, in dem das primäre Subjekt im Verlauf seiner frühkindlichen Psychosexualentwicklung (im ›Spiegelstadium‹) sich selbst zum Objekt wird (Lacan 1973, 61ff.). Auf diesen bekanntesten Aspekt der Lacanschen Theoriebildung möchte ich hier nur kurz eingehen. Das *moi* entsteht innerhalb der präödipalen Mutter-Kind-Beziehung, die Lacan als eine Spiegelbeziehung beschreibt. Die Selbstidentifikation des Kindes erfolgt mittels eines anderen, der Mutter, die als Spiegel fungiert. Das heißt aber, daß das Subjekt seine Identität nicht in sich selbst, sondern außerhalb seiner selbst findet: Die Subjektkonstitution, bei deren Darstellung Lacan sich auf die Hegelsche Herr-Knecht-Dialektik stützt, ist von Beginn an von einer Ich-Spaltung begleitet. Das Subjekt versucht, diese Spaltung in seinem Selbstverständnis als autonomes Ich zu leugnen. Unter der Herrschaft dieser Leugnung erzeugt die Spiegelbeziehung Aggression, weil in ihr nicht beide Subjekte wesentlich sein können: zwei Individuen, *eine* Identität. Erst das Bewußtsein der konstitutiven Spaltung des Subjekts, das Wissen, daß es am Ursprung des Subjekts nichts als Spiegelung gibt, durchbricht diese Struktur. Diese Erkenntnis ermöglicht es, die ›duale‹ Beziehung, die ihr Urbild in der Mutter-Kind-Beziehung hat, durch eine triadische Beziehung zu ersetzen, deren dritte Instanz die strukturierende Ordnung selbst ist, innerhalb derer das Anerkennungsspiel der Spiegelbeziehung sich abspielt. Zu dem (kleinen) ›anderen‹, dem als Spiegel fungierenden Liebes-Objekt (die Mutter, der Beziehungspartner), tritt damit als dritte Instanz der (große) ›Andere‹ hinzu. Dieser ›Andere‹ ist, wie noch zu zeigen sein wird, die ›symbolische Ordnung‹, in deren Rahmen sich die kindliche Selbstidentifikation unbewußt vollzieht. Diese Ordnung personifiziert sich imaginär als ›symbolischer Vater‹.

Die aggressive Spiegelstruktur prägt nach Lacan auch alle späteren dualen Beziehungen des Subjekts; das gilt für die Beziehung zwischen Mann und Frau wie für die zwischen Analytiker und Analysand. Denn das Kind löst sich zwar durch den Spracherwerb aus der Mutter-Kind-Dyade und tritt in das intersubjektive ›Symbolische‹ ein, aber das präödipale ›Imaginäre‹ wirkt in diesem weiter.

Die Geschlechterordnung ist vom ›Imaginären‹ völlig beherrscht. In der Liebesbeziehung zwischen Mann und Frau gibt es nach Lacan nur *ein* Subjekt: das männliche. Die Frau fungiert als selbst-loser Spiegel des Mannes.

Die Sprache und das Unbewußte

Freud hatte bei der Erforschung des Unbewußten, wie es sich in Träumen, Fehlleistungen oder Witzen manifestiert, die Mechanismen der ›Verschiebung‹ und ›Verdichtung‹ entdeckt. Bereits der Linguist Roman Jakobson hatte diese Mechanismen des Unbewußten mit den beiden Saussureschen Funktionsachsen der Sprache, ›Syntagma‹ und ›Paradigma‹, in Verbindung gebracht, die er in literarischen Texten in den beiden rhetorischen Verfahren der ›Metonymie‹ und der ›Metapher‹ am Werk sah. Lacan übernimmt diese Bestimmung von Jakobson. Sie dient ihm als Beleg für die sprachliche Natur des Unbewußten: Das Unbewußte ist wie eine Sprache strukturiert; in seinen Funktionen wird die wahre Natur der Sprache erkennbar. Sprache ist danach eine dynamische Produktion von Bedeutungen mittels metonymischer Verschiebung und metaphorischer Verdichtung, die sich aus dem unstillbaren Begehren der Subjekte speist. Dieses Begehren ist leer, es ist zunächst nicht ein Begehren nach bestimmten Objekten, sondern ein Begehren nach Sein und Identität überhaupt. Die Subjekte selbst, insofern sie sich als Identische setzen und sich einer Welt identischer Objekte gegenüberstellen, sind Produkte dieser sprachlichen Bedeutungsproduktion. Im Bewußtsein der Subjekte und der Gesellschaft wird diese Natur der Sprache aber verkannt: Sie halten sich und ihre Realität für ansichseiend und die Sprache für ein bloßes Kommunikationsmittel vorgängiger Bedeutungen. Die gesellschaftliche Sprache ist tot, zur ›Schrift‹ erstarrt, sie hat sich in ihren Produkten absolut gesetzt und die Verbindung zum lebendigen Begehren verloren. Für Lacan ist der gesamte Diskurs der modernen Gesellschaft eine Art Kollektivneurose, ein leeres, erstarrtes und entsubjektiviertes Sprechen, das er ins Bild einer »Sprachmauer« (Lacan 1973) faßt.

Das Unbewußte dagegen ist die ›Sprache des Begehrens‹; sie hat »den universalen Charakter einer Sprache, die sich in allen anderen Sprachen vernehmen läßt« (Lacan 1973, 137), und ist zugleich »das absolut Besondere des Subjekts« (ebd.), die individuelle Prägung *seines* Begehrens und *seiner* (Liebes-)Objekte. Der individuelle Aspekt des Unbewußten besteht darin, daß sich das Unbewußte bei jedem Subjekt und in jeder Kindheit neu entwickelt: Es ist die verdrängte ›erste Sprache‹ des Subjekts, eine Sprache, die sich noch auf unmittelbar vorhandene Objekte bezieht. Diese ›erste Sprache‹ hat realitätskonstituierende Funktion: Die Identifizierungen, die sie vornimmt, sind zum einen ›imaginär‹, zum anderen aber die Voraussetzung, um überhaupt ein Subjekt zu werden und eine Realität zu gewinnen. Ohne sie bliebe das Subjekt autistisch (Lacan 1978). Der kollektive Aspekt des Unbewußten liegt darin, daß sich die Identifikationen des werdenden Subjekts immer schon in dem Rahmen abspielen, den der konkrete Diskurs seiner Bezugspersonen setzt. Die Ich- und Weltkonstitution erfolgt innerhalb einer intersubjektiven Beziehung, der Mutter-Kind-Beziehung, deren allesdeterminierende Grundlage die ›symbolische Ordnung‹ ist. Diese Ordnung ist die patriarchalische Ordnung, das ›Gesetz des Vaters‹. Das Kind wächst in einer Familie auf, deren Mitglieder in ihrer Rolle und ihren Beziehungen untereinander durch patriarchal strukturierte Verwandtschaftsverhältnisse definiert sind. Die ersten Objekte des Kindes, nach denen es seine Ich- und Weltsicht ausrichtet – der Körper der Mutter, der eigene Körper – sind in ihrer Bedeutung von dieser Ordnung geprägt. Die ›symbolische Ordnung‹ ist das Unbewußte des Kollektivs, die ›erste Sprache‹ des Individuums ist die individuelle Aktualisierung dieser ungreifbaren Ordnung.

Die Sprache geht aller Realitätskonstitution voraus. In einer Radikalisierung des Saussureschen Gedankens, daß jede sprachliche Einheit ihren Wert nur aus ihrem Unterschied zu anderen Einheiten erhält, nicht durch sich selbst, spricht Lacan von einem Primat des Signifikanten; Signifikate sind nur ›Effekte‹ der differentiell sich konstituierenden Signifikanten. Die Sprache ist nicht mehr, wie bei Saussure, eine feste Struktur aus Zeichen und Bedeutungen, sondern eine fließende, unendliche ›Strukturation‹ durch die differentiell sich konstituierenden Signifikanten. Ein Signifikant kann je nach dem Kontext anderer Signifikanten, in dem er steht, vielfältige Bedeutungen hervorbringen: Die Signifikate ›gleiten‹ unter den Signifikantenketten. Ihre Fixierung ist ›imaginär‹. Aber trotz des Primats der Signifikanten ist deren Bewegung ohne die Konstitution von Signifikaten überhaupt nicht denkbar. Unsere Gegenstände – und das gilt auch für die Begriffe ›Mann‹ und ›Frau‹ – sind zwar ursprünglich nichts als Worte, die sich mit Bedeutung aufgeladen haben. Diese Bedeutungen entstehen aber notwendig. Die imaginären Identifizierungen, die die dinghafte ›Realität‹ konstituieren (zu unterscheiden vom ›Realen‹ als einer Welt der Differenzen), sind nicht rückgängig zu machen, sie können nur in ihrer konstitutiven Abhängigkeit vom Signifikanten erkannt werden, wodurch sie ihren absoluten Geltungsanspruch verlieren.

Lacan verbindet die unendliche Bewegung des sprachlich strukturierten, Bedeutungen hervorbringenden Begehrens mit der ›Metonymie‹, die ›imaginäre‹ Fixierung und Hypostasierung von Bedeutungen mit der ›Metapher‹. Die scheinbar festen Signifikate, auf die die Metaphern verweisen, sind immer selbst wiederum ursprünglich Signifikanten, die auf andere Signifikanten verweisen: Die Metaphern beruhen letztlich auf Metonymien.

Hier liegt eine wesentliche Differenz zu Freud, bei dem beide Funktionen, ›Verschiebung‹ und ›Verdichtung‹, Zensureffekte sind. Da bei Lacan das Unbewußte nicht mehr ein verdrängtes, gespeichertes *Material* ist, das es hervorzuholen gilt, sondern nur ein verdrängter Produktionsprozeß, ein leeres Begehren, dessen Dynamik das Subjekt erst hervorbringt, sind die metonymischen und metaphorischen Transformationen des Sprachprozesses eine Art ›Kopien ohne Original‹. Letztlich ist alles Sprachliche immer nur Ersatz für ein nicht einholbares ›Reales‹, das nur als Leerstelle vorkommt. Daher identifiziert Lacan die metonymische ›Verschiebung‹ nicht mehr wie Freud mit Verdrängung, sondern mit der sprachlichen Tätigkeit überhaupt, während die metaphorische ›Verdichtung‹ zur eigentlichen Figur der Verdrängung wird, die den Mangel an Sein hinter imaginären Identifizierungen verbirgt. Aber die Metapher ist ›Symptom‹ und insofern ambivalent: einerseits Bild des Erstarrten, andererseits authentisches Dokument des Verdrängten und somit Zugang zu diesem. Eine solche ›Metapher‹, ein solches ›Symptom‹ ist auch das ›Ich‹ (*moi*) selbst als geronnenes Produkt eines sprachlich strukturierten Begehrens.

Obwohl Lacan das Ich als imaginäres Produkt von Sprache ansieht, hat er zugleich einen emphatischen Begriff von Subjektivität. Das Subjekt hält durch sein Begehren den unendlichen Prozeß der sprachlichen Bedeutungs- und damit Realitätskonstitution in Gang, der vom Erstarren zu toter ›Schrift‹ bedroht ist. Bei neurotischen Erkrankungen liegt nach Lacan eine Erstarrung vor, in der das Ich die Verbindung zu seinem Begehren verloren hat, so daß dieses sich nur noch im Symptom zu manifestieren vermag. Bei Psychosen dagegen fehlt der autoritäre Halt durch den ›symbolischen Vater‹, der als ›paternelle Metapher‹ im Zentrum der ›symbolischen Ordnung‹ steht. Das Subjekt verfällt einem individuellen Wahn. Beide Erkrankungen sind ein Verharren in einem subjektzentrierten ›Imaginären‹, wenn auch mit gegenteiligen Auswirkungen. Die eine verdrängt die metonymische, die andere die metaphorische Achse der Sprache. Der lebendige Signifikationsprozeß durch die Subjekte ist dagegen ein unendlicher Wechsel von metaphorischer Setzung *und* metonymischer Bewegung, die diese Setzung über sich hinausführt.

Metapher und Metonymie sind bei Lacan also zwei Grundprinzipien der Sprachfunktion überhaupt, die zwar unterscheidbar, aber nicht voneinander zu trennen sind. Entsprechend ist der Begriff des Imaginären, der mit dem der Metapher zusammenhängt, bei Lacan ambivalent. Zunächst ist das Imaginäre eine notwendige Funktion: Die strukturierenden Identifikationen, die das sich konstituierende Subjekt in der frühen Kindheit vollzieht, sind unabdingbare Voraussetzung, um überhaupt eine Realität zu gewinnen (Lacan 1978). Die imaginäre Konstitution von Ich und Welt stellt einen Prozeß der Realitätsaneignung dar, der erst in seinem Resultat negativ wird: Indem das Ich und seine Objekte in einer narzißtischen (phallischen) Konstellation erstarren.

Der Phallus und der Vater

Bei der Ausbildung der Subjektivität und der Sprache spielt nach Lacan der ›Phallus‹ eine zentrale Rolle. Obwohl Lacan dabei im Anschluß an Freud die Perspektive des männlichen Kindes beschreibt, postuliert er wie dieser ihre Geltung für beide Geschlechter. Das Kind, das zunächst die Mutter für ›phallisch‹ hält, erkennt, daß sie ›kastriert‹ ist. Obwohl Lacan diese kindliche Interpretation des Geschlechtsunterschieds als Fetischismus erkennbar macht, hält er sie für notwendig: Das Kind *muß* die Entdeckung des Geschlechtsunterschieds, seine erste Erfahrung einer unreduzierbaren Differenz, leugnen. Es *muß* die Differenz in die Abwesenheit eines vorher anwesenden Identischen umdeuten: Die Mutter hat kein eigenes, anderes Geschlecht, sondern sie ist kastriert. Der – fehlende – Phallus gewinnt die Bedeutung eines Fetischobjekts, er ist das erste imaginäre Objekt des Kindes (von Lacan Objekt a genannt), das dazu dient, eine Erfahrung der Differenz hinter einer behaupteten Identität zu verbergen. Genau dies ist auch die Funktion der Sprache. Der Phallus steht damit am Beginn der Sprache, er ist der ›erste Signifikant‹, denn die Sprache ist nichts anderes als ein unendlicher Prozeß der Konstitution imaginärer Objekte, die den grundsätzlichen Mangel an Identität füllen sollen, von dem die menschliche Existenz gezeichnet ist. Alle sprachlichen Begriffe sind immer neue Substitute des Phallus. Obwohl Lacan damit die Entfremdung der Sprache vom (immer schon imaginären) ›Realen‹ der frühkindlichen Erfahrungswelt betont, gibt es für ihn kein Zurück hinter die Sprache und hinter die zentrale Bedeutung des Phallus. Der Phallus ist das einzige Verbindungsglied zum unerreichbaren ›Realen‹, denn er steht zugleich für die Erfahrung des Mangels an Identität, der mit dem ›Realen‹ synonym ist, und für dessen Substitution durch sprachliche Signifikanten. Die gesamte »Natur der Dinge, die die Natur der Wörter ist« (Lacan 1991, 80), ist in diesem Sinne ›phallisch‹: Die sprachliche Ordnung setzt autonome Identitäten, wo es in Wahrheit nur Interaktion und Differenz gibt.

Am Ausgang der präödipalen Phase schiebt sich mit dem Spracherwerb eine neue, zweifache Instanz zwischen Mutter und Kind: der reale und der ›symbolische‹ Vater. Der ›symbolische Vater‹ meint die Sprache überhaupt, die ›symbolische Ordnung‹, die als apersonale Autorität allem Individuellen vorausgeht. Sie wird bei Lacan auch ›das Gesetz‹ oder das/der große ›Andere‹ genannt. Von der Sprache verspricht sich Lacan alles Heil für das Subjekt, denn sie befähigt es einerseits zur Selbstidentifikation und korrigiert andererseits seine narzißtischen Konstrukte, weil sie ein intersubjektives Phänomen ist. Die Erkenntnis, daß das Symbolische reine Setzung ist, die ihren Ursprung im Begehren der Subjekte hat, ändert daher nichts an der Gültigkeit der ›symbolischen Ordnung‹: Sie ist für Lacan der Ort intersubjektiver »Wahrheit« (Lacan 1973).

Die subversive Seite seiner Theorie, die Auflösung der Signifikate im metonymischen Fluß des Begehrens, wird bei ihm immer kontrolliert durch eine autoritäre Seite: die Verankerung im ›Gesetz des Vaters‹. Die Sprache als der große ›Andere‹ steht dem *moi* gegenüber als die grundlegende, anonyme Instanz, die alle Bedeutung hervorbringt und seine imaginären Identitätsansprüche in die Schranken weist.

Der ›symbolische Vater‹, den Lacan auch als einen inneren ›Führer‹ bezeichnet, entspricht dem Freudschen Über-Ich. Er ist die verinnerlichte Instanz des ›gesetzlichen Tausches‹, der nach Lévi-Strauss die soziale Welt regelt. Diese Instanz ist zwar eigentlich anonym, apersonal und somit geschlechtsneutral, aber sie kann nach Lacan nur von einer männlichen Gestalt repräsentiert werden. Denn die abendländische ›symbolische Ordnung‹ ist durch das Patriarchat strukturiert. Diese Ordnung, die in jedem Individuum wirkt, ist ungreifbar; sie existiert zunächst einzig in einem Signifikanten: dem ›Namen des Vaters‹. Im Vaternamen, der in der patriarchalischen Gesellschaft Besitz und Identität regelt, manifestiert sich das Gesetz, das der Sozialstruktur dieser Gesellschaft zugrundeliegt. Aber wenn auch der große ›Andere‹ nur in einem leeren Signifikanten existiert, so bringt dieser doch notwendig Signifikate hervor, imaginäre oder reale Personifikationen der anonymen Macht: den christlichen Gott, den realen Vater. In diesem Sinne verkörpert sich das Gesetz ausschließlich in männlichen Gestalten. Für Frauen ist darin kein Ort vorgesehen. Der Eintritt in die symbolische Ordnung, durch den das imaginäre Ich in die menschliche Sozialität eintritt, wird in der Theorie Lacans nur durch den Vater, nicht durch die Mutter vermittelt. Lacan hat damit die Gelenkstellen freigelegt, an denen die gesellschaftlichen Machtverhältnisse im Patriarchat in den symbolischen Strukturen verankert sind. Aber er stellt die symbolische Ordnung mit ihrer hierarchischen Aufteilung der Geschlechtsrollen nicht in Frage, sondern affirmiert sie, als sei sie naturnotwendig. Er praktiziert sie auch in seinem eigenen Diskurs, wenn er sich als autoritärer Vater/Lehrer ausdrücklich an männliche Schüler richtet (z.B. in *Encore*).

Der abendländische Vatergott, dessen Erbe (als männlicher ›Geist‹) in allen philosophischen Konzepten weiterwirkt, ist laut Lacan ein notwendiges Imaginäres: hypothetisches Subjekt der Sprache und der Geschichte, eine zentrale ›Metapher‹, die notwendig ist, um die Sozialität, Subjektivität und Sinnproduktion zu regeln (Lacan 1991). Der reale Vater des ödipalen Dreiecks fungiert als konkretes Substitut des ›symbolischen Vaters‹, indem er durch das Inzestverbot das Kind aus der symbiotischen Spiegelbeziehung mit der Mutter ›befreit‹ und so dessen eigenes Begehren in Gang setzt. Mittels der Verinnerlichung der väterlichen/gesetzlichen Instanz und des Spracherwerbs entkommt das (männliche) Subjekt aus der Abhängigkeit der Spiegelfunktion, in der es sich nur als Objekt des Begehrens der Mutter definieren konnte.

Diese Befreiung ist aber zugleich eine ›symbolische Kastration‹; sie fordert den Verzicht auf den mütterlichen Körper. Dieser, der die Welt des frühkindlichen ›Realen‹ umfaßte, wird in die Sprache ›aufgehoben‹. Er wird damit zum verlorenen Objekt schlechthin, das uneinholbares Ziel allen begehrenden Sprechens ist. Die ›symbolische Kastration‹ durch den Spracherwerb ist nach Lacan der unhintergehbare ›Tod‹ des ›Realen‹. Bei Lacan erhält ›Kastration‹ damit einen allgemeineren Sinn als bei Freud: Sie bedeutet den Verlust jeder ursprünglichen Identität, die immer imaginär ist. Weil Identität imaginär ist, der Mangel aber real, ist ›Kastration‹ bei Lacan positiv konnotiert. Sind damit scheinbar die misogynen Relikte der Psychoanalyse Freuds überwunden, da die ›symbolische Kastration‹ für beide Geschlechter zu gelten scheint, so erweist sich diese Hoffnung als falsch. Deutlich wird das vor allem in Lacans Aufsatz über *Die Bedeutung des Phallus*. Lacan übernimmt im Prinzip Freuds gesamte Theorie des Ödipuskomplexes; Penisprimat und Kastrationskomplex als Kern der psychischen Entwicklung bei beiden Geschlechtern sind für ihn schlicht ›klinische Tatsachen‹. Er versucht nur, ihnen ihren Platz in einer zugrundeliegenden Logik anzuweisen, die in der sprachlichen Strukturiertheit der menschlichen Existenzweise gründet. Das Lacansche Modell der Subjektivität gilt nicht für beide Geschlechter. Inzesttabu und Identifikation mit dem Vater sind zwei Bedingungen der ›symbolischen Kastration‹, die nur für die männliche Entwicklung gelten. Die Frau kann nicht zu einer eigenen Subjektivität, einem eigenen Sprechen/Begehren kommen. Sie muß sich vielmehr ihr Leben lang so definieren, wie sich das Kind innerhalb der vorsprachlichen, symbiotischen Spiegelbeziehung zur Mutter definierte: das personifizierte Begehren eines anderen zu sein. Die Frau ist ›Signifikant‹ des Begehrens des Mannes, weshalb sie ihren weiblichen Körper zum Fetisch macht und in eine phallische ›Maskerade‹ bannt. Die Frau *ist* ›Phallus‹ (Objekt und Zeichen des Begehrens), der Mann *hat* den ›Phallus‹. Die Ausprägung einer eigenen Geschlechtsidentität ist ihr verwehrt; sie ist bloße Stütze einer narzißtischen männlichen Identität. Der Phallus ist zwar nur ein Fetisch: Der männliche Penis ebenso wie der phallisch maskierte Frauenkörper sind nur imaginäre Substitute dieses leeren Signifikanten. Für

ihre Träger haben sie allerdings sehr unterschiedliche Konsequenzen:
Verhilft die phallische Funktion dem Mann zu einer – wenn auch
problematischen, gespaltenen – Subjektivität, so verhindert sie diese
bei der Frau. Frauen sind nicht Subjekte, sondern Verkörperungen des
unbewußten Begehrens (der Männer). Sprechende Subjekte sind für
Lacan *per definitionem* Männer. Das heißt natürlich nicht, daß Frauen
nicht die Sprache benutzen könnten. Aber es ist nicht *ihre* Sprache,
weil sie darin nicht ein eigenes Begehren formulieren können. Frauen
sprechen nur eine entfremdete Sprache nach. Aber das muß nach Lacan so sein. Es gibt in seiner Theorie eine zentrale Widersprüchlichkeit, die sich in seinem Konzept der ›symbolischen Ordnung‹ wie in
der Bestimmung der Geschlechter zeigt. Einerseits wird deren Geltung
durch eine antinatürliche Bestimmung relativiert – ›männlich‹ und
›weiblich‹ sind nur kulturell geprägte Signifikate –, andererseits werden
sie als einzig mögliche verabsolutiert. In bezug auf die Geschlechterdifferenz bedeutet das bei allem vordergründigen Antibiologismus Lacans
einen Rückfall in den Biologismus Freuds. Lacan ist ein antifeministi-
scher Denker, der dem Feminismus ein neues theoretisches Fundament
gegeben hat.

Hysterie als weiblicher Diskurs

Lacan thematisiert das Verhältnis der Geschlechter vor allem in seinem
Seminar *Encore* von 1973 (Lacan 1991). Das Titelwort *encore* (›noch
einmal‹, ›wieder von neuem‹), auch zu lesen *en corps* (›im Körper‹/
›Leichnam‹), bezeichnet das immer neue Sich-Reproduzieren des imaginären Konzepts der ›Liebe‹ zwischen den Geschlechtern. In ihr versucht das Subjekt vergeblich, seine ›symbolische Kastration‹ aufzuheben und zur scheinbaren Einheit seiner vorsprachlichen Welt zurückzufinden. Scheinbar intersubjektiv, ist die Liebe immer nur narzißtischer Zirkel, in dem allein das männliche Subjekt zählt. Ein echtes
Geschlechterverhältnis, das eine Beziehung zwischen *zwei* Geschlechtern herstellen würde, existiert laut Lacan nicht. Dennoch ist das
abendländische Liebeskonzept, in dem der ›Andere‹ – und das meint
hier: die Frau – immer nur verfehlt wird, für Lacan ›notwendig‹. Die
immer neue Wiederholung des zum Scheitern verurteilten Liebeskon-
zepts weist nach Lacan auf ein ›Reales‹, das sich anders nicht geltend
machen kann. Das vom Imaginären durchsetzte Liebeskonzept ist das
einzig denkbare, das an die Stelle des ›unmöglichen‹ Geschlechterverhältnisses treten kann. Auch hier zeigt sich die Tendenz Lacans zur
Zementierung der bestehenden Ordnung.

Lacan hat im Laufe der Zeit seine drei zentralen Kategorien, das ›Imaginäre‹, ›Symbolische‹ und ›Reale‹, nacheinander ins Zentrum seines Denkens gerückt. In seiner letzten Werkphase, zu der *Encore* gehört, liegt der Akzent auf dem ›Realen‹ als dem, was in der Sprache nicht aufgeht, was sich nicht sagen oder schreiben läßt und sich dennoch immer wieder geltend macht. Die Geschlechterdifferenz ist ein ›Reales‹, für das es im ›Symbolischen‹ kein Konzept gibt und das daher nur in imaginären Vorstellungen verfehlt werden kann. Sie ist *das* ›Reale‹ überhaupt, denn über den Körper der Mutter als primäres Objekt, über die Entdeckung des Geschlechtsunterschiedes und die Funktion des Phallus erfolgt die Selbst- und Weltkonstitution des Kindes. Die ontologischen Konstruktionen der abendländischen Philosophie dienen nach Lacan dazu, die Geschlechterdifferenz zu leugnen, die den (männlichen) Subjekten ihren Mangel an Identität und ihre konstitutive Abhängigkeit von einem weiblichen Anderen vor Augen stellen würde. Der psychoanalytische Diskurs Freuds hat nach Lacan den imaginären Charakter dieser philosophischen Konzepte erstmals sichtbar gemacht. Es sei der ›Diskurs der Hysterikerin‹ gewesen, der Freud dies gelehrt habe, denn die Psychoanalyse entstand als Therapie der ›Frauenkrankheit‹ Hysterie. Doch Lacan plädiert nicht etwa für eine noch ausstehende Repräsentation des Geschlechtsunterschiedes im Symbolischen, sondern hält das Verfehlen der Geschlechterdifferenz in einem imaginären Liebeskonzept, in dem die Frau keine eigene Existenz hat, für ›notwendig‹.

Der ›Diskurs der Hysterikerin‹ ist bei Lacan gleichbedeutend mit dem Diskurs der Frau. Die Formulierung ›Diskurs der Frau‹ ist aber im Zusammenhang des Lacanschen Denkens paradox. Denn das männliche Subjekt ist das Subjekt des Diskurses überhaupt; der abendländische Diskurs ist ein männlicher Diskurs, aus dem die Frau ausgeschlossen ist. Die Frau ist daher in ihrem Wesen ›nicht-universal‹. Es gibt zwar viele einzelne reale Frauen, aber es gibt nicht ›*die* Frau‹ im Sinne einer eigenständigen, von der männlichen unterschiedenen Subjektivität (Lacan 1991, 80). So kommt Lacan in *Encore* zu seinem vielzitierten Satz: ›*Die* Frau existiert nicht‹. Der Diskurs der Hysterikerin ist ein Diskurs ohne Subjekt.

Männlichkeit oder Weiblichkeit sind bei Lacan aber nicht anatomische Schicksale. Es sind Positionen, die Männer und Frauen auf den Bahnen ihrer Identifikation gleichermaßen einnehmen können. Frauen steht durchaus die Möglichkeit offen, sich als männliche Subjekte zu positionieren. Und erstaunlicherweise ist es auch für Männer erstrebenswert, die weibliche Position einzunehmen. Wenn die Frauen sich über ihren Ausschluß beklagen, so Lacan, »wissen (sie) einfach nicht,

was sie sagen, das ist der ganze Unterschied zwischen ihnen und mir«
(Lacan 1991, 80). Was sie nicht wissen, Lacan aber weiß, ist, daß sie
gerade in ihrer Ausgeschlossenheit aus dem Diskurs, in ihrer Entfremdung vom eigenen Sprechen, das bessere Los gezogen haben. Denn
nur die Frauen sind zu einem (sexuellen) ›Genießen‹ fähig, das den
Zirkel des imaginären Ich transzendiert, einem Genießen ›jenseits des
Phallus‹. Es gibt, so Lacan, eine männliche und eine weibliche Art, das
Geschlechterverhältnis zu verfehlen. Das phallische Genießen des
Mannes sei immer nur ein Selbst-Genuß, der zum Anderen nicht vor-
dringen könne. Das sexuelle Genießen der Frau dagegen eröffne eine
andere, ekstatische Dimension. Es mache sie »abwesend [...] von sich
selbst, abwesend als Subjekt« (Lacan 1991, 40). Daher sei die Frau zu
einem ›mystischen‹ Lieben fähig, das über die duale Beziehung hinaus-
gehe. Lacan zufolge supponiert eine Frau dem Mann, den sie liebt,
den großen ›Anderen‹, der der Ort Gottes, des Unbewußten, der intersubjektiven sprachlichen Ordnung ist. Die ekstatischen Schriften der
mittelalterlichen Mystikerinnen sind für Lacan Ausdruck dieses Lie-
bens. Der Diskurs der Mystik ist gleichzusetzen mit dem Diskurs der
Hysterikerin: Er ist ein ›weiblicher Diskurs‹ jenseits des Phallus. Auch
Männer haben zu diesem Schreiben beigetragen; einer dieser Männer,
darauf weist er ausdrücklich hin, ist Lacan selbst. Auch seine Schriften
zählt er zu den »mystischen Ergüssen« (ebd., 83), die den Zugang zum
›Anderen‹ öffnen. Aber Lacans Schriften unterscheiden sich vom sub-
jektlosen weiblichen Diskurs darin, daß sie zugleich einem Diskurs des
Wissens angehören. Lacan will in eigener Person beide Subjektpositionen umfassen, männlich und weiblich zugleich sein.

Lacan unterscheidet vier Typen des Diskurses: den ›Diskurs des
Herren‹ (des *moi*), den ›Diskurs der Universität‹ (des institutionalisierten, entsubjektivierten Wissens), den ›Diskurs der Hysterikerin‹ und
den ›Diskurs der Psychoanalyse‹. Die ersten beiden sind Diskurse des
Imaginären. Der Diskurs der Hysterikerin ›weiß‹ um das in ihnen Verdrängte, um das begehrende *je*, er kann dieses Wissen aber nicht in das
Symbolische einbringen. Das leistet erst der Diskurs des Psychoanaly-
tikers. In ihm wird der Diskurs der Hysterikerin aufgehoben. Die Frau,
deren Wissen sich der Analytiker angeeignet hat, wird überflüssig.

Begehren im Text

In der Literaturwissenschaft brachte der Einfluß Lacans eine Synthese
aus struktualer Textanalyse und psychoanalytischer Interpretation
hervor. Die strukturale Literaturwissenschaft, die sich vor allem der

Analyse von Erzählungen widmete, hatte versucht, eine ›Erzählgrammatik‹ aufzustellen, ein allen narrativen Texten gemeinsames formales System aus Einheiten und Regeln, mittels dessen die literarische Sinnproduktion erfolgt. In der psychoanalytischen Interpretation dagegen stand der Autor im Vordergrund, wenn auch nicht im Sinne traditioneller Autorschaft: Im Anschluß an Freud galt das literarische Werk als kompensatorische Phantasiebefriedigung unbewußter Wünsche; die Interpretation war letztlich eine psychopathologische Diagnose. Die Lacansche Psychoanalyse bringt beide, die kollektive sprachliche Struktur und die individuelle Psyche, als Momente einer einzigen Bewegung zusammen. Für narrative literarische Texte bedeutet das, daß einerseits die feste Struktur der ›Erzählgrammatik‹ durch eine in jedem Text anders realisierte ›Strukturation‹ abgelöst wird, wodurch der einzelne Text und die textnahe Lektüre wieder wichtig werden. Zum anderen werden Texte wieder als Mitteilungen eines Subjekts aufgefaßt. Das bedeutet jedoch weder, wie in der traditionellen Literaturwissenschaft, die Rückkehr zum Autor als Schöpfer und Kommunikator künstlerischer Wahrheiten, noch, wie in der traditionellen Psychoanalyse, die Suche nach dem Verdrängten eines individuellen Autor-Ichs, sondern die Suche nach textimmanenten Struktur(ation)en, in die sich das apersonale ›wahre‹ Subjekt eingeschrieben hat. Dieses Subjekt des Unbewußten ist nichts als ein Begehren: ein unendlich seine Objekte gruppierendes und wieder verschiebendes Begehren nach Identität.

Literatur ist für Lacan wie jede menschliche Ausdrucksform ein doppelter Diskurs, zugleich ›leeres Sprechen‹ eines *moi* und ›volles Sprechen‹ eines *je*, bewußte Mitteilung imaginärer Signifikate und Ausdruck einer unbewußten Bedeutung, die sich auf der Ebene der Signifikanten manifestiert. Die unbewußte Bedeutungsebene literarischer Texte bildet nach Lacan eine bestimmte, dynamische Struktur bzw. Strukturation: die Bewegung eines Begehrens auf dem Fundament der ›symbolischen Ordnung‹, die darauf zielt, die eigene Identität und Welt des/der Schreibenden zu strukturieren. Lacan geht es bei der Lektüre literarischer Werke nicht wie Freud um die Aufdeckung unbewußter Wünsche, sondern nur noch um das inhaltslose Begehren selbst, das sich in austauschbaren Konfigurationen seiner Objekte – die durch ihre Stellung zu einem als ›Phallus‹ fungierenden zentralen Objekt definiert werden – zur Sprache zu bringen versucht. Ohne dieses Zur-Sprache-Bringen gibt es keine Subjektivität, denn die Konstitution von Subjektivität kann nur innerhalb einer intersubjektiven Struktur erfolgen, mittels eines an einen anderen gerichteten Sprechens. Doch wenn das Begehren im Text auch leer ist, so bewegt es sich doch innerhalb einer ganz bestimmten, von der symbolischen Ordnung festgelegten Struktur, die ödipalen Charakter hat und von der patriarchalisch geprägten Geschlechterdifferenz determiniert wird: Das Subjekt realisiert sich selbst in Auseinandersetzung mit der ›Vater-‹ und ›Mutter‹-Funktion. Die latente Struktur narrativer Texte ist daher nach Lacan eine ödipale Struktur, ein ödipales Dreieck, das im Text als einer prozeßhaften Strukturation immer neu ›verschoben‹ wird.

Lacans Analyse einer Erzählung von E. A. Poe, *The Purloined Letter*, führt dies exemplarisch vor (Lacan 1973, 7ff.). Seine Interpretation macht deutlich, daß für ihn literarisches Schreiben etwas Ähnliches hervorbringen kann wie das psychoanalytische Gespräch zwischen Analytiker und Analysand: die Produktion eines ›Wissens‹, das mittels des ›Symbolischen‹ das subjektzentrierte ›Imaginäre‹ überwindet. Lacan findet bei Poe, in dessen Text die ›imaginäre‹ Verhüllung der Subjektkonstitution durch Handlungen, Objekte und Personen auf ein Minimum reduziert ist, seine eigene Theorie wieder. Er liest die Handlung der Erzählung als Aufstellung, Verwerfung, verschobene Neuaufstellung und schließliche Überwindung einer triadischen Struktur, in der drei verschiedene Subjektpositionen unterschieden werden können. Hinter den drei Subjektpositionen läßt sich, ohne daß Lacan das explizit macht, unschwer das ödipale Schema erkennen, das die ›Urszene‹ der symbolischen Ordnung darstellt: das ›Trio‹ von Vater, Mutter und Sohn. Diese Positionen, die geschlechtlich konnotiert sind (männlich/ weiblich, phallisch/kastriert), sind nicht an bestimmte Individuen gekoppelt; sie werden von den Figuren der Erzählung – Königin, König, Minister, Polizeipräfekt, Detektiv – in wechselnder Folge eingenommen. Welche Figur zu welchem Zeitpunkt welche Subjektposition einnimmt, hängt Lacan zufolge vom Besitz eines Briefes ab, der – offenbar von einem Liebhaber an die Königin gerichtet – in unbestimmter Weise die durch den König repräsentierte Ordnung bedroht. Diesen Brief entwendet in Poes Erzählung zuerst der Minister der Königin, dann der Detektiv dem Minister. Für Lacan ist der Brief natürlich der ›Phallus‹. Er steht zugleich für das verdrängte Begehren und für den sprachlichen Signifikanten. Der Brief/Signifikant ist das, was die scheinbaren personalen Identitäten konstituiert und sie auch zu transformieren vermag. Zu Beginn der Erzählung erscheinen König und Königin Lacans Lektüre zufolge als Verkörperung der Geschlechterdifferenz; sie besetzen die Positionen von ›Vater‹ und ›Mutter‹, während der Minister als dritte Person hinzutritt, die sich innerhalb dieser Beziehung selbst als Machtfaktor zu situieren versucht (als ›Sohn‹ also). Die Rolle des Königs, der Macht und Gesetz verkörpert, ist die einer blinden Autorität (das erstarrte Gesetz, in dem das Begehren verdrängt ist), während die der Königin eine wissende Machtlosigkeit ist. Der

Besitz des gestohlenen Briefes, den er verbergen muß, versetzt in der
Folge den Minister in die weibliche ›Position‹, die Lacan zufolge mit
Täuschung, Verkleidung, Maskerade verbunden ist. Lacans Beschreibung des Ministers suggeriert in manchen Zügen ein Selbstporträt
Lacans, stärker noch aber seine Charakterisierung des Detektivs Dupin, den er ausdrücklich mit einem Psychoanalytiker vergleicht. Dupin
folgt dem Minister in der Rolle des Dritten, der den Brief entwendet.
Aber weil er sich den Brief nicht wie der Minister aus eigenem Macht-
interesse aneignet, sondern sich in den Dienst anderer stellt, überschreitet er den Zirkel der Geschlechtspositionen; er steht über dem ›symbolischen Kreislauf‹ und damit auch über der Differenz ›Mann‹/›Frau‹,
denn wie der Minister umfaßt er beide Geschlechter. Nur über eine
›Verweiblichung‹ kann der Minister zum Wissen um das Verdrängte
und der Detektiv zur Überschreitung des Zirkels der Verdrängung
gelangen. Unschwer ist die Verbindung herzustellen zu Lacans vier
Diskursen: den Diskurs des Herrn verkörpert der König, den der
Hysterie die Königin, den des mit Machtansprüchen verbundenen
Wissens der Minister und den des Analytikers Dupin. Und ebenso
deutlich wird die Vereinnahmung und Eliminierung des – über den
Phallus definierten – Weiblichen, die wir in Lacans Theorie schon an
anderer Stelle beobachtet haben.

Lacanianische Literaturwissenschaftler/innen haben versucht, seine
Methode auf andere narrative Texte anzuwenden. Was Lacan zufolge
bei Poe bereits deutlich zutage lag – die nackte Struktur der intersubjektiven, ödipalen Subjektkonstitution –, sollte die Analyse bei ande-
ren, stärker im ›Imaginären‹ verhafteten Texten erst sichtbar machen.
Helga Gallas etwa unternahm eine lacanianische Lektüre von Kleists
Novelle *Michael Kohlhaas*. Auch sie analysierte den Text als eine durch
immer neue Transformationen geführte Inszenierung des ödipalen
Dreiecks, in dessen Zentrum der Phallus als uneinholbares Objekt des
Begehrens und der Subjektkonstitution steht. Die Rolle des Phallus
nehmen ihr zufolge die beiden Pferde des Michael Kohlhaas ein.
Anders als Gallas sieht die amerikanische Literaturwissenschaftlerin
Shoshana Felman Lacans Methode als »eine Praxis, die nur insofern
exemplarisch sein kann, als sie als Modell oder Paradigma nicht einer
Imitation, sondern einer (Selbst-) Veränderung verstanden werden
kann« (Felman 1988, 204). In ihrer Interpretation des Balzac-Romans
Das Mädchen mit den Goldaugen dient die Theorie Lacans als Interpre-
tationsfolie, durch die hindurch ein eigenes, feministisches Interesse
der Interpretin zum Ausdruck kommt.

Nach Felman überführt der Text der Novelle ihren Helden Henri
einer ›Fehllektüre‹ von Weiblichkeit. Seine Liebe zu dem Mädchen mit

den goldenen Augen gilt einer Weiblichkeit, die als »Metapher des Phallus« (Felman 1992, 39) fungiert; das Weibliche ist für ihn ein bloßer Spiegel, ein Signifikant des Männlichen. Er trifft dabei jedoch auf ein Wesen mit einer komplementären Blindheit: Das sexuell unwissende Mädchen kennt nur die lesbische Liebe – es hat eine Beziehung zu Henris Schwester, von deren Existenz er nichts wußte – und interpretiert daher alles Sexuelle als Signifikant des Signifikats ›Weiblichkeit‹. So entlarvt der Text in Felmans Lesart die Geschlechtsrollen als ›Travestien‹, als Signifikanten, denen kein ›eigentliches‹ Signifikat mehr zukommt. Auch Felman macht in der Erzählung eine Dreiecksbeziehung aus, deren einzelne Glieder zunächst eindeutig männlich-weiblich definiert scheinen, im Verlauf der Erzählung jedoch in einer Kette von Substitutionen ihre Identität verlieren und ihre Rollen tauschen, wodurch der duale Gegensatz des Männlichen und Weiblichen subvertiert wird. Henri findet in seiner Schwester, der Liebhaberin seiner Geliebten, eine Doppelgängerin, die die Eindeutigkeit seines Geschlechtscharakters in Frage stellt. Zwar wird die Ähnlichkeit der Doppelgänger, Henris und seiner Schwester, selbst im Männlichen begründet, in der Figur ihres gemeinsamen Vaters. Aber dieser Vater subvertiert die väterliche Funktion: Er ist bisexuell und sein unehelicher Sohn trägt nicht mehr seinen Namen, den ›Namen des Vaters‹. Felmans Lektüre zufolge erzählt Balzacs Roman also von einer Krise der patriarchalischen Ordnung. Entsprechend ist es nicht mehr das männlich dominierte ödipale Dreieck, das in Felmans Analyse den Roman strukturiert, sondern eine Geschwisterbeziehung, in der das ›Weibliche‹ dominiert. Weiblichkeit ist Felman zufolge in diesem Text »wirkliche Andersheit«, insofern »sie nicht das Gegenteil von Männlichkeit ist, sondern *das, was genau den Gegensatz von Männlichkeit und Weiblichkeit subvertiert*« (ebd., 58; Hervorh. im Text). Sie bezieht sich dabei nicht mehr nur auf Lacan, sondern auf Derridas Dekonstruktion der Geschlechterdifferenz.

Dieser Begriff des ›Weiblichen‹ ist allerdings nicht weniger fragwürdig als der Lacans: Was Felman nicht schreibt, was aus ihrem Text aber deutlich wird, ist, daß auch diese Bestimmung des Weiblichen als ›reine Differenz‹ noch eine ›Phantasie des Mannes‹ ist, eines männlichen Autors nämlich, der die Krise seiner eigenen Subjektivität darstellt. Wenn dem ›Weiblichen‹ allein die Rolle des subversiven, desorientierenden Prinzips ohne Eigentlichkeit zukommt, so ist diese Zuweisung nichts als eine weitere Verschiebung der traditionellen weiblichen Rolle: als Spiegel des männlichen Subjekts zu fungieren, ohne zu einer eigenen Subjektivität finden zu können. Ich denke, daß Felman die Theoriebildung Lacans (und Derridas) in überzeugender Weise für die

Interpretation eines literarischen Textes fruchtbar macht; die Bestimmung des Weiblichen, die sie dabei gewinnt, verharrt jedoch innerhalb der männlichen Perspektive dieses Textes: Sie ist eine Selbstkritik des Männlichen, die aber keineswegs aus der männlichen Perspektive herausführt. Das wäre nicht weiter schlimm, wenn dieser Begriff des Weiblichen als ›reine Differenz‹ nicht zur Bestimmung des Weiblichen überhaupt verabsolutiert und auf weibliche Texte übertragen oder diesen abverlangt würde. Texte von Frauen bestimmen Weiblichkeit nicht ›wahrer‹ als männliche Texte, aber möglicherweise anders, weil aus einer anderen Perspektive: einem anderen Verhältnis zum Vater, zur Mutter, zur Sprache und zur eigenen Subjektivität.

Die Lacan-Rezeption in der deutschsprachigen feministischen Literaturwissenschaft ist weitgehend in einer verehrenden Pose stehengeblieben. Das hinderte sie nicht, gerade die Pointe der Theoriebildung Lacans zu entschärfen: die Verbindung von Unbewußtem und Signifikant. Oft findet eine bloße Parallelisierung von inhaltlichen Interpretationsbefunden und textexternen psychoanalytischen Theoremen statt, die willkürlich zu deren Erklärung herangezogen werden, während eine Analyse von Sprache und Form des Textes weitgehend unterbleibt: Vielen Interpretinnen scheint es eher um eine Illustration Lacanscher Theoreme mit Hilfe literarischer Texte zu gehen als um eine Lektüre der Texte selbst. Saskia Schottelius zum Beispiel hat den Versuch einer ›strikt‹ lacanianischen Interpretation von Ingeborg Bachmanns *Malina* unternommen und sieht sich dabei zu einer Reihe geradezu grotesker Umdeutungen genötigt, um den Roman in das Prokrustesbett der Lacanschen Theorie zu spannen. So identifiziert sie etwa die weibliche Ich-Figur im Roman mit Lacans »reflexivem *moi*«, die männliche Malina-Figur dagegen mit dem positiv konnotierten *je*. Dem »Mord« am weiblichen Ich muß sie unter diesen Voraussetzungen zustimmen: Das Verschwinden des Ich am Ende des Romans versteht sie »durchaus positiv« (Schottelius 1990, 154).

Statt Texte wie die Bachmanns in patriarchalische Muster zurückzubiegen, müßte eine feministische Literaturwissenschaft über das Registrieren psychosexueller Sprachstrukturen, die den Phallogozentrismus der patriarchalischen Ordnung reproduzieren, hinausgehen, um nach der repressiven Funktion dieser Strukturen zu fragen. Eine solche Fragestellung bringt ein Interesse an Avantgarde-Texten mit sich, die den repressiven Charakter der sprachlichen Ordnungssysteme selbst reflektieren oder subvertieren. Diese Funktion avantgardistischer Literatur wird erst in der auf Lacan folgenden Generation thematisiert, in der Theoriebildung des späten Roland Barthes oder in Julia Kristevas *Revolution der poetischen Sprache*. Kristeva spricht von einem »Schweigen der Psychoanalyse vor der literarischen Funktion, insofern diese die Subversion der symbolischen Funktion bedeutet« (Kristeva 1978, 154) – ein Vorwurf, der sich auf Lacan beziehen läßt. In bezug auf die Stellung der Frau übernimmt Kristeva jedoch Lacans Theorie; so sieht sie etwa bei schreibenden Frauen, die den ›Vater‹ zurückweisen, die Gefahr der Schizophrenie, weil es zur väterlichen Autorität keine Alternative geben könne – eine These, die von feministischen Literaturwissenschaftlerinnen übernommen worden ist (vgl. z.B. die Arbeiten von Guys und Müller in Berger 1986).

Die unkritische Anwendung der Theorie Lacans in der Literaturinterpretation erscheint in zweifacher Hinsicht problematisch. Wo sie – wie bei Gallas – die Würde eines Dogmas erhält, werden natürlich auch die fragwürdigen Prämissen und Festschreibungen Lacans übernommen: die Reduktion auf die Perspektive des Sohnes/Mannes, die Unüberwindbarkeit des Ausschlusses der Frau, die zentrale Bedeutung des Phallus und der Kastration. Dieses Verfahren ist auf bestimmte Texte anwendbar – Texte, die aus einer männlichen Perspektive und in mehr oder weniger traditioneller Weise erzählen –, aber es ist nicht universalisierbar. Zum einen wird seine Problematik bei der Übertragung auf weibliche Texte deutlich, weil in Lacans Modell keine Perspektive der Tochter/Frau existiert. Zum anderen ist dieses Verfahren offenbar nicht ohne weiteres auf Avantgardeliteratur anwendbar. Lacan selbst und seine Adept/inn/en analysieren hauptsächlich traditionelle Erzähltexte wie die Poes, Kleists, Balzacs. Wie problematisch eine Anwendung der ›phallozentrischen‹ Vorgaben Lacans auf Avantgardetexte und auf Texte von Frauen ist, zeigt beispielsweise Marlene Müllers Virginia Woolf-Studie in *Frauen, Weiblichkeit, Schrift*: Sie vermißt in Woolfs Texten klar positionierte Subjekte, die durch ein eindeutiges Begehren definiert seien und kritisiert das Fehlen eines zentralen Objekts – eines ›Phallus‹ – als »ein Verharren in Unentschiedenheit« (Berger 1986, 75). Eine Schreibweise wie die Woolfs, in der die Personengrenzen und Subjektpositionen verschwimmen, sperrt sich offenbar gegen eine normative Anwendung des Lacanschen Interpretationsverfahrens. Das spricht meines Erachtens weniger gegen diese Schreibweise als gegen die Theorie Lacans. Denn Lacan partizipiert selbst noch an dem Rationalitätstypus, den Virginia Woolf in ihrem Roman *To the Lighthouse* in der Gestalt des Mr. Ramsay verewigt hat: eines Philosophen, der, blind für das Lebendige, eine abstrakte, formalisierbare Wahrheit begehrt.

Die Frage, wie Lacan einen literarischen Text lesen würde, der zum einen von einer Frau geschrieben ist, zum anderen die traditionelle Narrativität in Frage stellt, bleibt aber keineswegs auf Spekulation verwiesen. Denn eine solche Lektüre Lacans existiert: Seine *Hommage fait à Marguerite Duras du ravissement de Lol V. Stein* (Lacan 1976). Marguerite Duras' 1964 erschienenes Buch *Le ravissement de Lol V. Stein (Die Verzückung der Lol V. Stein)* erzählt, aus der Sicht eines männlichen Erzählers, die Geschichte einer jungen Frau. Die Protagonistin Lol leidet an einer ›Verrücktheit‹, deren Charakter zwischen Krankheit und selbstgewählter Verweigerung unklar bleibt. Ihre individuelle Geschichte besteht gerade in der Weigerung, eine eigene Geschichte und eine eigene Subjektivität zu haben. Im avantgardistischen Text Duras' ist also die Suberzählung, die Problematik der Subjektkonstitution, mit der Handlungsebene selbst eins geworden (in genau dieser Weise definiert Kristeva Avantgardetexte).

Lacans Lektüre dieses Textes ist extrem kryptisch. Deutlich wird aber, daß er die Figur der Lol – »diese verwundete Figur, – exiliert von den Dingen –, die man nicht zu berühren wagt, die aber aus einem ihre Beute macht« (Lacan 1976, 131; Übersetzung von mir, L. L.) – als Hysterikerin ansieht, für die sich, wie er in *Encore* schreibt, der ›große Andere‹ als Dritter in das Liebesverhältnis zum Mann schiebt. Duras selbst scheint ihm Recht zu geben, wenn sie ihre Protagonistin durch das Titelwort *ravissement* in den Kontext der Mystik stellt.

Auch in diesem Text findet Lacan eine – mehrfach verschobene – Dreiecksstruktur. In der zentralen Szene des Buches sind drei Personen in einer Ballnacht vereint: ein Paar, Mann und Frau, im Tanz verschmolzen, und die Voyeurin Lol als das ödipale Subjekt, das seine eigene Position innerhalb der Geschlechterdifferenz sucht. Als weibliches Subjekt kann es seine Position aber nur in der Subjektlosigkeit finden: nicht in einem eigenen Begehren, sondern im Begehren des Mannes. Im Roman wird Lols Krankheit der Subjektlosigkeit durch das Trauma der Ballnacht motiviert, in der sie ihren Verlobten – mit ihrer eigenen Zustimmung – an die von ihr bewunderte andere Frau verliert. In Lacans Interpretation kehrt Lol durch dieses Trauma zurück an den präödipalen Schauplatz der Subjektkonstitution, in dem sich das Subjekt als Produkt einer intersubjektiven Verkettung des Begehrens konstituiert: Die Selbstidentifikation ist unüberwindbar auf den Blick des anderen als Spiegelbild angewiesen, in dem das Ich zum Objekt wird. Durch den Verlust ihres Liebhabers/Spiegels hat Lol ihr Ich verloren; sie ist verstummt und zu ihrer kindlichen ›wahren‹ Subjektivität zurückgekehrt, zum *je*, das unentwegt im Begehren des anderen auf der Suche nach sich selbst ist. Sie ist damit in gewisser Weise über den traditionellen Status der Frau hinausgelangt: Sie ist nicht mehr bloßes narzißtisches Objekt-Ich, sondern ein wenn auch substanzloses Subjekt. Die anderen Frauen der Erzählung sind Lacan zufolge von Duras als »Nicht-Blick« gekennzeichnet: als reines Objekt und Produkt männlicher Blicke. Lol dagegen ist selbst Blick, aber eine Blickende ohne Selbst und ohne Körper: eine Voyeurin.

Es gelingt Lol im Verlauf der Erzählung, eine Wiederholung des Dreiecks der Ballnacht zu inszenieren, indem sie den männlichen Ich-Erzähler dazu bringt, sie in ihrer Subjektlosigkeit zu lieben. Eine andere Frau leiht ihr dabei als Dritte im Bunde den Körper. In diesem Spiel erringt Lol eine vollkommene Macht über den Mann, deren Grund nach Lacan darin liegt, daß sie in ihrer aufgelösten Subjektivität, die ihr Wesen nur im anderen finden kann, die Wahrheit des Subjekts überhaupt verkörpert, die sonst hinter imaginären, narzißtischen Konzepten von Personalität verborgen wird. Lol kann und darf nicht wieder Person werden, sie soll nicht von ihrer mystischen Selbstentfremdung ›gerettet‹ werden, kann auch nicht ›verstanden‹ werden – beides versucht der männliche Ich-Erzähler, der sie liebt, vergeblich. Die Hysterikerin, die mittels ihrer Ohnmacht Macht ausübt, darf nicht geheilt werden – sie ist vielmehr die wahre Frau. Da sind sich Lacan und Duras offenbar einig. Lacans Interpretation tut dem Text keineswegs Gewalt an.

Wenn frau sich Lacans Äußerungen über die Frau in Erinnerung ruft, erstaunt es aber doch, daß er der Autorin Duras dieselbe Bedeutung zuzusprechen scheint wie dem männlichen Autor E. A. Poe: eine literarische Vorwegnahme seiner eigenen Theorie. »Marguerite Duras weiß, ohne mich, was ich lehre«, schreibt er. Bei genauerem Hinsehen erweist sich seine ›Hommage‹ aber als äußerst zweideutig. Das wird deutlich, wenn er ein drittes Dreieck im Text konstruiert: ein Dreieck zwischen der Autorin Marguerite Duras, ihrem Text über die Figur Lol und Lacan selbst als Drittem im Bunde, als Leser und Analytiker (wie der Detektiv Dupin in seiner Interpretation der Poe-Erzählung). Lacan parallelisiert dabei Autorin und Protagonistin. Wie Lol ist Duras eine Verführerin; wie Lol den Ich-Erzähler dazu verführt, sie zu lieben, so verführt Duras den Leser. Wenn Lol (und Duras) die Subjekte der Verführung sind, kann dabei von ›Subjekt‹ aber gerade nicht die Rede sein: Die Verführende ist nach Lacan gerade nicht Subjekt, denn in ihrem Bestreben, geliebt zu werden, macht sie sich zum Objekt. Sie »weiß« nicht, was sie tut – heißt es über Lol – sie verkörpert nur unbewußt eine Wahrheit. Das eigentliche Subjekt ist der verführte Mann, der das Objekt ihrer Verführung ist. Durch die Liebe zu ihr verliert er sich als (imaginäres) Subjekt (*moi*) und kann gerade dadurch zu einem Wissen von der wahren Subjektivität (*je*) gelangen. Diese wird zwar von der Frau ›verkörpert‹, aber nur vom Mann kann sie ›gewußt‹ (symbolisch benannt statt imaginär verkleidet bzw. zwanghaft wiederholt) werden. Daß Frauen nach Lacan nicht Subjekte sein können, heißt ja nicht, daß sie nicht sowohl imaginäre (*moi*) wie reale Subjekte (*je*) sind. Was sie aber nicht sind und nach Lacan niemals sein können, ist das Subjekt des ›Symbolischen‹, das sprachmächtige Subjekt. Lol verkörpert zwar die Wahrheit des Subjekts, das *je*, aber Lacan geht es nicht um eine Regression zu dieser präödipalen Subjektivität, sondern um eine ›Flucht nach vorn‹, in die unendlichen Verschiebungen der Sprache. Er will nicht hinter das *moi* zurück, sondern über es hinaus. Dieser Weg in die Sprache bleibt Lol aber versperrt.

Was für Lol gilt, gilt auch für Duras. Auch sie »weiß« nicht, was sie zeigt. Lacans ›Hommage‹ läuft letztlich auf genau das hinaus, was er in *Encore* schreibt: »Die Frauen wissen nicht, was sie sagen, das ist der Unterschied zwischen ihnen und mir.« Auch Duras bleibt in seinen Augen in einem unbewußten Wissen stehen. Sie ist eine Mystikerin, die im Imaginären verharrt; sie ist nicht wirklich Subjekt ihres Sprechens/Schreibens. Lacan vergleicht Duras nicht nur mit Lol, sondern auch mit dem männlichen Erzähler in ihrem Buch, der sich den Anschein gebe, Herr über die Geschichte zu sein, während er in Wahrheit, ohne es zu wissen, zutiefst in sie verstrickt sei. Das war in Poes Erzählung anders: Dort gelang dem Detektiv Dupin, der Parallelfigur des Autors, eine Überwindung der Verstrickung in die Geschichte. Duras aber verdoppelt/spaltet sich in Lacans Analyse selbst: in das (vermeintliche) Subjekt des Erzählens (der Erzähler) und in das Objekt ihrer selbst (Lol). Lacans Deutung, so schreibt er in der zweifelhaften Galanterie, in die er stets verfällt, wenn er über die Frau schreibt, könne Marguerite Duras »nicht mit dem Bewußtsein belasten, ein Objekt zu sein«. Sie habe dieses Objekt durch ihre Kunst »wiederbelebt«. Ihr Schreiben sei »Sublimierung«. Das heißt aber: Sie bleibt – anders als der männliche Autor Poe – Patientin. Ihr wird nicht der wissende Status des Analytikers zugesprochen. Lacan selbst, der Analytiker, sieht sich als der einzige wirklich wissende Dritte im ganzen Spiel, der einzige, der den Fallen des Objekt-Werdens entgeht, das einzige wahre Subjekt. *Er* ist es, der an die Stelle des männlichen Ich-Erzählers rückt, wie in seiner Poe-Analyse der Detektiv Dupin an die Stelle des Ministers tritt: derjenige, der das Wissen besitzt und damit aus dem entfremdenden Zirkel der Subjekt-Objekt-Verkettung hinausgelangt. Lacan allein vermag den »Knoten« des Begehrens/des Subjekts, den Duras' Text vorführt, aufzuknoten. Es gibt also für Lacan eine grundsätzliche Differenz zwischen männlicher und weiblicher Autorschaft, nach der die Frau als Autorin nicht Subjekt ihres Wissens sein kann. Eine schreibende Frau kann nach Lacan offenbar keinen Dupin hervorbringen und braucht daher einen Lacan, der ihren Text deutet.

Unleugbar bleibt aber die tatsächliche Nähe des Duras-Textes zu Lacans Theorie; der Text bietet sich dieser Interpretation an. Das ist weder ein Zufall, noch beweist es die ›Wahrheit‹ von Lacans Theorie. Es zeigt nur, daß Lacans Äußerungen über die Frau jenseits seiner ontologischen Fixierung dieser Erkenntnisse durchaus diagnostischen Wert besitzen. Der Grund für die Nähe des Duras-Textes zu Lacans Theorie ist zum Teil in ihrer gemeinsamen Herkunft aus einer komplexen philosophisch-künstlerischen Tradition in Frankreich zu suchen; vor allem aber nimmt Duras in radikaler Weise die weibliche Rolle der Subjektlosigkeit auf sich, die der Frau von der patriarchalischen Gesellschaftsstruktur angetragen wird. Sie macht diese Rolle von innen erfahrbar – darin liegt meiner Ansicht nach der einzigartige Wert und die Faszinationskraft ihres Schreibens. Aber es ist ein Schreiben, das sich auf die eigene Symptomatik versteift: das nicht zum Wissen über sich selbst gelangt. Diese Symptomatik besteht gerade in dem, was Lacan zum Gegenstand seiner *Hommage* macht: im (hysterischen) Verharren in der Subjekt- und Körperlosigkeit.

2.　Derrida: Der Phallus und der Schleier

Phallogozentrismus

Jacques Derrida ist der wohl einflußreichste Denker des Poststrukturalismus. Das von ihm entwickelte Verfahren der ›Dekonstruktion‹ gilt als Synonym für poststrukturalistisches Denken überhaupt. Wie Lacan übte auch Derrida einen starken Einfluß auf die feministische Literaturwissenschaft aus; die Rezeption beider vermischt sich oft, denn trotz betonter theoretischer Differenzen – etwa hinsichtlich des Begriffs der ›Schrift‹ – überschneiden und ergänzen ihre Theorien einander. Wo der Akzent des psychoanalytischen Diskurses Lacans auf dem Subjekt liegt, befragt Derrida die Geschichte der Denksysteme der westlichen Kultur. Diese Geschichte bezeichnet er im Anschluß an Nietzsche und Heidegger als eine Geschichte der Metaphysik. ›Metaphysik‹ bezeichnet ein Denksystem, das die Welt aus *einem* Grundprinzip, *einem* Zentrum zu erklären sucht. Im Zentrum der abendländischen Metaphysik steht der Begriff des ›Logos‹, der ›Gedanke‹, ›Rede‹, ›Vernunft‹, aber auch ›Wort Gottes‹ bedeutet. Derrida sieht das abendländische Denken als ›Logozentrismus‹ oder auch, im Anschluß an Lacans Theorie des Phallus als des zentralen Signifikanten, als ›Phallogozentrismus‹. Die historische Abfolge der philosophischen Denksysteme schreibt in immer neuen begrifflichen Verschiebungen letztlich immer nur das eine phallogozentrische System fort. Dieses System ordnet die Welt durch binäre, hierarchische Oppositionen: Geist/Natur, Form/Stoff, Gesetz/ Chaos, Subjekt/Objekt, Selbst/Anderes. In dieses Schema fügt sich auch das Begriffspaar Mann/Frau ein. Obwohl die Begriffspaare sich erst durch ihre Differenz zueinander definieren, dienen sie dazu, Identitäten festzuschreiben. Die hierarchische Beziehung, die zwischen den beiden Gliedern der Oppositionen besteht, setzt jeweils einen Begriff als ursprünglich und zentral, den anderen als abgeleitet und marginal: Das Wesentliche ist der Geist, das Gesetz, das (Selbst-)Bewußtsein, die formende und zeugende Kraft, der Mann. Das nicht-wesentliche Andere ist die Natur, der Stoff, die Materie, die Frau. Diese abendländische Metaphysik hat theologischen Charakter, auch wenn er sich hinter philosophischen Säkularisierungen verbirgt. Das Zentrum des Systems, der Ursprung, aus dem die Hierarchien ihre Rechtfertigung beziehen, ist das (patriarchalische) Göttliche. Es geht in die säkularisierten Transformationen ein, die sich metonymischen und metaphorischen Verschiebungen verdanken: Geist, Substanz, Bewußtsein, Subjekt usw. Diesen Hierarchien und Entitäten kommt keine Realität zu, sie sind Setzungen. Der verdeckte wahre Charakter des Systems ist der einer dynamischen Strukturation, einer wechselseitigen Konstitution von Begriffen.

Zur Bezeichnung für diesen Charakter des abendländischen Denksystems, Prozeß und Struktur zugleich zu sein, prägte Derrida das Kunstwort *différance*, das durch seine nur im Schriftbild sichtbare Abweichung von *différence* (Differenz) den Doppelsinn von fester Struktur und fließender Strukturation bezeichnen soll. Die scheinbar natürlichen Differenzen, die die Welt ordnen, sind in Wahrheit prozeßhaft sich konstituierende Differenzierungen; die *différance* ist die ›Formation der Form‹. Das bedeutet auch, daß es Subjekte und Dinge außerhalb der *différance* nicht gibt:

Nichts – kein präsent und nicht differierend Seiendes – geht also der *différance* voraus. Es gibt kein Subjekt, das Agent, Autor oder Herr der *différance* wäre [...] die Subjektivität ist – ebenso wie die Objektivität – eine Wirkung der *différance*, eine in das System der *différance* eingeschriebene Wirkung. (Derrida 1986a, 70)

Wir finden hier den zentralen Gedanken des Poststrukturalismus wieder, daß die kulturellen Systeme des Westens durch eine Fixierung ihrer Resultate und ein Vergessen ihrer Genese bestimmt sind: Kultur gibt sich als Natur. Diese Fixierung zu scheinbarer Natürlichkeit – ob sie ›imaginär‹ (Lacan), ›ideologisch‹ (Barthes) oder ›metaphysisch‹ (Derrida) genannt wird – gilt es aufzubrechen durch ein Erinnern an den differentiellen Entstehungsprozeß der verabsolutierten Begriffe und Entitäten. Dieses Aufbrechen kann nach Derrida nur von innen heraus, durch Subversion, erfolgen, denn es gibt keinen Ort außerhalb des abendländischen Denksystems. Nur durch ein ›Bewohnen‹ der logozentrischen Struktur selbst, ein Benutzen ihrer eigenen Begriffe mit dem Ziel, die inneren Widersprüche dieser Struktur aufzudecken, kann sie über sich hinausgeführt werden. Derridas Texte verstehen sich selbst als ›Simulacren‹ oder ›Parodien‹, sie sind voller assoziativer ›Aufknospungen‹ und ›Aufpfropfungen‹, die unversehens in neue, dem ›eigentlichen‹ Thema fremde Richtungen führen; diese ›disseminative‹ Bewegung soll eine Dezentrierung und Enthierarchisierung der begrifflichen Bedeutungen bewirken.

Derridas Theorieprojekt zielt in erster Linie auf eine ›Grammatologie‹, eine neue Lehre von der Schrift. ›Schrift‹ umfaßt bei Derrida mehr als der gewöhnliche Schriftbegriff: ›Schrift‹ meint Sprache überhaupt. Ausgangspunkt dieser Universalisierung ist die Diagnose Derridas, daß sich in allen Bereichen des Denkens – Philosophie, Wissenschaft und Literatur – eine Bewegung vollziehe, die als ›Ende des Buches‹ und als ›Universalisierung der Schrift‹ charakterisiert werden könne. In der Tat versuchte das strukturalistische Denken in Frankreich seit den 50er Jahren, die Gesamtheit kultureller Phänomene als gesellschaftlichen ›Text‹ zu ›lesen‹, der sich jenseits individueller Autorschaft selbst ›schreibt‹, während die Geschlossenheit des Buches und die Instanz der Autorschaft als Versuche interpretiert wurden, diese überindividuellen Texte zu kontrollieren und der Urheberschaft eines individuellen Subjekts zuzuschreiben. Aus der strukturalistischen Perspektive war das Buch, wie jedes soziale Phänomen, nicht das Produkt eines Autors, sondern die Ein-›Schreibung‹ einer Vielzahl von überindividuellen sprachlich-kulturellen ›Codes‹ oder ›Diskursen‹. Diese Bewegung zu einem universellen Schriftbegriff läßt Derrida zufolge die Natur der Sprache überhaupt sichtbar werden, die in der abendländischen Geschichte bislang verborgen geblieben sei. Die gesamte Sprachtheorie seit der Antike habe eine Hierarchie erstellt, nach der der Gedanke als ursprüngliches Signifikat aufgefaßt wurde, das gesprochene Wort als dessen privilegierter Signifikant, in dem das Signifikat sich selbst ›präsent‹ werde, die Schrift schließlich als bloße nachträgliche Verdopplung der gesprochenen Sprache, als ›Signifikant des Signifikanten‹. Die Schrift erschien also als in doppelter Weise abgeleitet, in doppelter Weise sekundär. Diese Hierarchie des ›Logozentrismus‹ gerate nun ins Wanken; die ›Heraufkunft der Schrift‹ mache deutlich, daß ursprüngliche Signifikate nicht existierten, daß die Sprache ein unendliches Spiel aufeinander verweisender Signifikanten sei. Der ›Sinn‹ von Sprache sei nicht ihr Ursprung, sondern werde durch sie erst konstituiert. Die Hypostasierung des ›Logos‹ zum Ursprung der Sprache sei ein Versuch der Subjekte, dieses Spiel zu regeln, zu kontrollieren, zu begrenzen.

Diese Universalität des Signifikanten ist für Derrida gleichbedeutend mit einer Universalität der Schrift, denn der Verweis auf ein anderes setzt das Bewahren von dessen Spur voraus. Die Schrift ist das »Urphänomen des ›Gedächtnisses‹, welches vor dem Gegensatz zwischen Natur und Kultur, Animalität und Humanität usw. gedacht werden muß« (Derrida 1990, 123). Nicht der Logos also, sondern die Schrift ist nach Derrida das Ursprüngliche, ein Ursprung jedoch, der keiner ist, denn er ist nichts als Bewegung, unendliches Spiel, in dem es keine Identität und keine Präsenz gibt, weil alles auf anderes verweist. Eben diese Funktion der Schrift, nichtursprünglicher Ursprung von Sinn zu sein, meint der Begriff der *différance*. Derrida faßt den Charakter der Schrift auch als ›Spur‹. Schrift ist immer ›Spur‹ eines Abwesenden; dieses Nichteinholbare ist aber nicht ein ursprüngliches Signifikat, sondern die Schrift selbst, insofern sie nichts Existierendes, sondern reine Bewegung ist, in der sich jedes Element durch die anderen konstituiert. Die Schrift ist ›Ur-Spur‹. Sie bringt alle Bedeutungen hervor. Ziel der Dekonstruktion ist es, zurückzufinden zur ›Schrift‹ als einem unendlichen Sich-Schreiben unbeschränkter und unhierarchischer Bedeutungsmöglichkeiten. Die dekonstruktive ›Dissemination‹ soll die Dualisierungen, in denen der Phallogozentrismus diese Unendlichkeit der ›Schrift‹ fixiert hat, überwinden. Das gilt nach Derrida auch für die sexuelle Differenz: Auch die Zweiheit der Geschlechter muß aufgelöst werden. Sein Wille zur Überschreitung der ›phallogozentrischen‹ sprachlichen Ordnung unterscheidet Derrida ähnlich wie Barthes, Kristeva oder Irigaray von Lacan, der diese Ordnung zwar aufdeckt, aber affirmiert. Es scheint, als dürften feministische Theoretikerinnen in Derrida einen Bundesgenossen sehen. Aber ist Derrida, wie die Zeitschrift *Die schwarze Botin* 1986 meinte, ein ›weiblicher Philosoph‹?

Die Dekonstruktion der Geschlechterdifferenz

In seiner Nietzsche-Lektüre *Sporen – Die Stile Nietzsches* unternimmt Derrida eine Dekonstruktion der Geschlechterdifferenz. Der Text entwirft ein ödipales Dreieck, ein philosophisch aufgeladenes Geschlechterszenario, in dem die Frau/Mutter die Rolle der ›Schrift‹, der Mann/Vater die des ›Phallogozentrismus‹ spielt. Am Ende werden sie von ihrem androgynen Sprößling, einem subversiven, dekonstruktiven Schreiben, abgelöst.

Derridas Ausgangspunkt und Leitfaden ist eine Lektüre Nietzsches, in der vor allem dessen Äußerungen über die Frau und über die Wahrheit thematisiert werden. Derrida versucht dabei zu zeigen, daß jenseits der manifesten Frauenfeindlichkeit Nietzsches dessen Begriff der Frau sich mit seinem Begriff einer nichtmetaphysischen ›Wahrheit‹ verbinden lasse, die ihren Absolutheitsanspruch aufgegeben habe. Es gebe also bei Nietzsche eine geheime Affirmation des Weiblichen, die es zum Vorbild einer nichtmetaphysischen Philosophie werden lasse. Derrida, der selbst an diese Vorbildlichkeit des Weiblichen für ein nichtmetaphysisches Schreiben anschließt, geht es aber letztlich nicht um das Weibliche selbst, sondern um eine Überwindung der Opposition männlich/weiblich überhaupt. Das dekonstruktive Verfahren, das er hier praktiziert, verläuft in drei Schritten: Zuerst wird die historisch geprägte Opposition Mann/Frau, wie Derrida sie bei Nietzsche vorfindet, in strategischer Absicht übernommen, dann wird eine Umwertung der Hierarchie vollzogen, die Derrida schon bei Nietzsche selbst angedeutet sieht – der untergeordnete Begriff, die Frau, dient zur Infragestellung des übergeordneten Begriffs, des Mannes –, woraufhin beide Begriffe als wesenlos zurückgewiesen werden und auf unbestimmte Weise ineinander übergehen. Am Ende bleibt ein zwitterhaftes Bild zurück.

Weil er das Weibliche – ebenso wie das Männliche – überschreiten will, lehnt Derrida den Feminismus ab. Die Frauenbewegung ist für ihn nicht nur überflüssig, weil dekonstruktive Philosophen wie Nietzsche und Derrida selbst bereits ›weiblich‹ geworden sind bzw. die ›weibliche Operation‹ innerhalb des Denkens vollzogen haben. Der Feminismus ist sogar selbst ›männlich‹, denn er unterstützt das System des ›Phallogozentrismus‹. Bei seiner Bestimmung des Weiblichen schließt Derrida – ohne jede historische Distanz – an den Text Nietzsches an. Das Frauenbild Nietzsches zeichnet die Frau als skeptisch, ungläubig, verlogen, listig, untreu, charakterlos, destruktiv, zu Verstellung und Schauspielerei neigend; für den Mann ist die Frau eine Verführerin zum Tod. Derrida übernimmt dieses Negativbild, wertet es positiv und macht es zum Ausgangspunkt für seine Dekonstruktion. Eine andere Bestimmung von Weiblichkeit zeichnet sich dabei nicht ab. Gerade die scheinbar negativen Attribute der Frau, so Derrida, seien vorbildlich für die neue, antimetaphysische Philosophie. Denn diese (hysterischen) ›weiblichen‹ Eigenschaften seien der Tod der philosophischen ›Wahrheit‹, die nach Nietzsche nichts als eine dogmatische Verabsolutierung willkürlicher, sprachlicher Benennungen sei. Nietzsche spreche also aus zwei unterschiedlichen Perspektiven über die Frau. Wenn er aus der Sicht des Mannes spreche, die die des Phallogozentrismus sei, sei er frauenfeindlich. Alle expliziten Äußerungen Nietzsches über die Frau gehen in diese Richtung. Wenn er aber von der Überwindung der falschen ›Wahrheit‹ der dogmatischen Philosophie spreche, deute sich eine verborgene Affirmation des Weiblichen an. Die Frau verkörpere bei Nietzsche eine Wahrheit, die sich bewußt geworden sei, daß sie Nicht-Wahrheit sei. Diese Funktion der Frau, so Derrida weiter, leite sich her von ihrer ›Kastration‹, die sie zu einer immerwährenden Verschleierung ihres zentralen Mangels zwinge.

Derrida weiß, daß die ›Kastration‹ der Frau ein Phantasma des ›Phallogozentrismus‹ ist. Die Frau selbst, so Derrida, glaube nicht an ihre Kastration. Sie glaube aber ebensowenig an die ›Anti-Kastration‹, also an einen Eigenwert des Weiblichen, durch das es dem Männlichen ebenbürtig gegenüberstehen könnte. Ein solcher Eigenwert des Weiblichen, wie ihn der Feminismus anstrebe, sei nichts als ein neuer Fetisch und gelange daher über das phallogozentrische System nicht hinaus. Für Derrida dagegen steht die Frau außerhalb der Ordnung. Wenn sie weder an die Kastration, noch an die Anti-Kastration glaubt, löst sie diese Opposition, die die fundamentale Opposition überhaupt ist, auf. Sie steht jenseits der phallischen Ordnung, sie weiß um die Nicht-Wahrheit jeder ›Wahrheit‹. Sie weiß, daß dem Begriff ›Frau‹, wie jedem Begriff, keine Realität zukommt. Weil ›Frau‹ also nach Derrida das ist, was nicht an die »Wahrheit der Frau« glaubt, »sind die Frauenrechtlerinnen [...] Männer. Der Feminismus ist das Verfahren, durch das die Frau dem Mann, dem dogmatischen Philosophen ähneln will, indem sie die Wahrheit, die Wissenschaft, die Objektivität fordert« (Derrida 1986b, 140). Das Vorbildliche der Frau, das der Feminismus verfehlen müsse, sieht Derrida darin, daß die Frau zwar nicht an die ›Kastration‹ glaubt, dennoch aber, um den Mann zu verführen, mit den Effekten der Kastration – Scham, Verschleierung usw. – ihr Spiel treibt. Das führt Derrida zu der Definition: »›Frau‹ ist, was nicht daran glaubt und sein Spiel damit treibt« (Derrida 1986b, 139). ›Frau‹ wisse, daß es keine Wahrheit gebe und bringe spielerisch die Signifikanten hervor, die von der männlichen Metaphysik mit der Wahrheit verwechselt würden. Insofern sei ›Frau‹ die sich schreibende ›Schrift‹ – wobei unklar bleibt, welchen Status diese Gleichsetzung haben soll.

Aber wenn die ›Dekonstruktion‹ sich diese mimetische, parodistische ›weibliche Operation‹ zu eigen macht, so ist sie dadurch nicht so ›weiblich‹, wie es auf den ersten Blick scheint. Denn sie ist auch ›Stil‹ im Sinne einer subversiven Schreibweise, die phallisch konnotiert ist:

der dekonstruktive ›Stil‹ sei ›Stilett‹, ›Schreibfeder‹, ›Sporn‹, ›Dolch‹;
eine spitze Abwehrwaffe, die sich hinter dem weiblichen Schleier/Hy-
men verberge oder mit ihm umgebe, um von dort aus Gegenangriffe
gegen die phallogozentrische Ordnung auszuführen. Letztlich bleibt
Derridas Text also phallozentrisch. Selbst wenn er das Weibliche als ein
die phallogozentrische Ordnung in Frage stellendes und auflösendes
Prinzip in den Vordergrund stellt, so zeigt doch das nur scheinbar
hermaphroditische Bild des von ›weiblichen‹ Schleiern umgebenen
Phallus, worum es Derrida eigentlich geht: um den ›weiblich‹ gewordenen Mann. Das dreipersonige Szenario, das sich in den Schriften
Derridas immer wieder findet – der Vater als der ›Phallogozentrismus‹,
die Frau/Mutter als die wesenlos-ursprüngliche ›Schrift‹, auf deren
verdrängter Basis sich der Phallogozentrismus erhebt, und der rebelli-
sche Sohn/Derrida als dekonstruktivistischer ›Stil‹ ist ein Neuaufguß
des alten patriarchalischen Konflikts, in dem der Sohn, weil er die
Mutter begehrt, den Vater tötet: ein Konflikt, der unter Männern
ausgetragen wird.

Derridas Nietzsche-Lektüre bleibt im Zirkel der ›imaginierten Weiblichkeit‹ (Bovenschen), im patriarchalischen Mythos, stecken. Indem
er ein patriarchalisches Frauenbild zum Ausgangspunkt seiner alles
auflösenden Dissemination macht, schreibt er es zugleich fest: Neue
Bedeutungen des Begriffes ›Frau‹ kann und darf es nicht mehr geben.
Das Bestreben des Feminismus, Weiblichkeit anders zu bestimmen,
kann nach Derrida nichts anderes sein als ein Essentialismus, der an
ein ansichseiendes ›Wesen‹ des Weiblichen glaubt.

Die Vereinnahmung des Weiblichen in Derridas Text ist der in
Lacans *Encore* ähnlich. Die Wesen- und Subjektlosigkeit der Frau wird
zum Vorbild für eine andere Praxis des Wissens erklärt, aber diese
Erklärung erfolgt durch und für den Mann, der sich dem ›Ideal‹ der
Subjektlosigkeit gerade als sprachmächtiges Subjekt nähert, während
die Frau in ihrem Nicht-Sein verharren soll. Tut sie dies nicht, dann ist
sie nur ein schlechter Mann.

Selbstdestruktion der Literatur

Die Wirkung der Philosophie Derridas in der Literaturwissenschaft ist
vor allem ein amerikanisches Phänomen. Aus der einflußreichen Yale
School of Deconstruction um den Literaturtheoretiker Paul de Man
kamen seit Ende der siebziger Jahre auch die Impulse für die poststrukturalistisch orientierte feministische Literaturkritik in den USA
(Shoshana Felman, Barbara Johnson, Mary Jacobus, Cynthia Chase,

Peggy Kamuf, Nelly Furman, Gayatri Spivak u.a.). Eine Übertragung der Dekonstruktion auf die Literaturwissenschaft liegt nahe, denn die dekonstruktive Theoriebildung ist nicht abzulösen von einer Lektürepraxis. Wie Derridas *Sporen* demonstrieren, gelangt sie zu ihren Aussagen auf mimetische Weise, über eine äußerst detaillierte Lektüre literarischer oder philosophischer Texte – wobei auch philosophische Texte *als* literarische Texte gelesen werden, deren Kennzeichen Rhetorizität und Fiktionalität sind. Die Grenze zwischen Theorie und Literatur als eine zwischen Wahrheit und Fiktion löst sich auf. Die dekonstruktive Literaturwissenschaft geht von der These aus, daß Tropen, also Übertragungen eines Auszusagenden in eine bildliche Sprache, wie sie für die Literatur charakteristisch sind, nicht nachträgliche Verbildlichungen von Sachverhalten sind, sondern am Ursprung der Sprache überhaupt stehen. Das Wesen der Sprache ist Rhetorizität, ihre ›Wahrheiten‹ sind ursprünglich Fiktionen. ›Realität‹ ist eine Illusion. Das einzige Wahre oder Reale, dessen wir habhaft werden können, ist die Sprache/Schrift selbst als ein differentielles System von sich zu Texten formierenden Zeichen, die in einem unendlichen Regress auf andere Zeichen und Texte verweisen.

Ziel dekonstruktiver Lektüre ist zu zeigen, wie ein literarischer Text sich selbst dekonstruiert, indem er ein scheinbar geschlossenes Bedeutungssystem – die mit Sinn aufgeladene Welt, die er hervorbringt, indem er etwa Innenwelt und Außenwelt, Subjektivität und Objektivität voneinander abgrenzt, bestimmte Figuren mit einer Identität versieht, die ihr Handeln begründet usw. –, durch das differentielle Sprachspiel, das dieses System produziert, zugleich selbst subvertiert. Deshalb ist die dekonstruktive Lektüre immer (mindestens) eine zweifache Lektüre: Zum einen zeichnet sie das Bedeutungssystem nach, das ein literarischer Text aufnimmt oder produziert – dabei können auch mehrere unterschiedliche Bedeutungssysteme in den Text eingehen, die in einem latenten Spannungsverhältnis stehen –, zum anderen analysiert sie, *wie* er dies tut, mittels welcher rhetorischen Verfahren und Strategien. Das Ergebnis dieser Analysen, das am individuellen Text entwickelt wird, steht immer schon fest: Die Rhetorik eines Textes dient dazu, ein Bedeutungssystem zu produzieren und unterläuft es zugleich – implizit in traditionellen, explizit in den meisten modernen Texten.

Das Verdienst der dekonstruktiven Lektüre liegt vor allem darin, daß sie, wo traditionelle Lektüren einen Text zu einem einheitlichen Sinn ›versammeln‹ und dabei die Komplexität und Widersprüchlichkeit von Literatur reduzieren, Texte ›öffnet‹: Sie hält gerade das fest, was der Zurichtung auf eine einzige Textaussage zuwiderläuft.

Man kann oft feststellen, daß kritische Debatten über einen Text deplazierte Neuaufführungen der im Text dramatisierten Konflikte sind; während der Text die Konsequenzen und Implikationen verschiedener in ihm enthaltener Kräfte durchspielt, transformieren kritische Lektüren diese innere Differenz in eine Differenz einander ausschließender Positionen. (Culler 1988, 239)

Die Dekonstruktion unterläuft diese reduktive Tendenz traditioneller Literaturwissenschaft durch ihren Anspruch, die einzelnen Bedeutungsstränge eines Textes in ihrer Widersprüchlichkeit herauszuarbeiten. Durch ihr Interesse für scheinbar marginale Details, die durch ein Augenmerk auf die Signifikantenebene plötzlich in den Vordergrund treten, vermag sie neue Lesarten hervorzubringen und Ausschließungen der bisherigen Rezeption aufzudecken (ein Beispiel ist Shoshana Felmans bereits im Lacan-Kapitel erwähnte Balzac-Lektüre).

Das immergleiche Bestreben dekonstruktiver Lektüren, letztlich die Selbstreferentialität der Sprache aufzuzeigen, birgt jedoch die Gefahr einer sehr viel stärkeren Reduktion. Die Dekonstruktion weiß immer schon, wo sie ankommen wird – bei der leeren Rhetorizität der Sprache, der unendlich sich schreibenden Schrift – und sieht ihre Aufgabe im Aufweis der jeweils besonderen Bewegung, die in jedem Text zu diesem Ergebnis führt. Da die fortwährende Selbstzerstörung von Texten durch ihre eigene Rhetorizität nicht nur für literarische, sondern auch für theoretische Texte gilt, muß auch die Interpretation eines Textes sich ihre eigene Zerstörung einschreiben. Nach Paul de Man ist jede Lektüre, auch eine dekonstruktive, eine ›Fehllektüre‹; insofern es eine ›richtige Lektüre‹ aber nicht gibt, verliert dieser Begriff seine Negativität. Diesem Anspruch auf eine Selbstzerstörung auch der eigenen Interpretation widerspricht aber die Abstraktheit der dekonstruktivistischen Interpretationsbefunde, die sie unangreifbar macht. Die Feststellung der Selbstreferentialität der Sprache, mittels der jeder Text seine Aussage und seine Bindung an die Subjektivität des Autors selbst destruiert, läßt keine alternative Lektüre mehr zu bzw. setzt sich zu alternativen Lektüren in ein hierarchisches Verhältnis: Sie beansprucht metatheoretische Geltung.

Die Fruchtbarkeit einer dekonstruktiven Lektüre scheint mir daher von dem Stellenwert abzuhängen, den sie der jeweiligen Besonderheit eines Textes zugesteht. Interessant wird sie dort, wo sie in den konkreten, historischen Prozeß der Sinnproduktion der Texte eintritt, in den sie selbst involviert ist: Wo sich der/die Interpret/in auf das spezifische Bedeutungssystem eines Textes und eines Autorsubjekts mimetisch-dialogisch einläßt, in die Problematik, die im Text verhandelt wird, selbst eintaucht, statt die sinnkonstitutiven Bewegungen aus der abstrahierenden Vogelschau dessen zu verfolgen, der immer schon weiß, wo er ankommen wird. Wenn eine solche Lektüre den Prozeß, den der Text vielleicht in der Konstruktion eines hierarchischen Sinnsystems abzuschließen sucht, offenzuhalten, weiterzudenken und – im Bewußtsein der Historizität jeder Sinnproduktion – auf die eigene Existenz zu beziehen versuchte, geschähe dies auch in Auseinandersetzung mit dem ›Sinn‹ der Texte, nicht nur mit dem leeren Spiel der Signifikanten. Gayatri Spivaks Lektüre von Virginia Woolfs Roman *To the Lighthouse* ist ein Versuch in dieser Richtung (Spivak 1980). Die Lektüren Derridas, stärker noch Paul de Mans und seiner Schüler erscheinen dagegen wie ein Versuch, die offenbar unerträgliche Unendlichkeit sprachlich-gesellschaftlicher Sinnproduktion anzuhalten durch einen Sprung auf die Metaebene der leeren Funktionalität. Wo sich Derrida in der Illusion einer freien Verfügbarkeit der aus jedem Kontext gelösten Versatzstücke der Sinnproduktion noch einem lustvollen Sprachspiel hingibt, zieht sich de Man ganz auf die Ebene leerer rhetorischer Formen zurück.

Die Monotonie der dekonstruktiven Interpretationen dieser Art spiegelt sich auch in ihrem Gegenstandsbereich. Bevorzugt werden lyrische Texte analysiert, die dem Modell der rhetorischen Selbstreferentialität der Sprache von vornherein näher sind als die stärker auf ›Realität‹ referierende Prosa, außerdem stark kanonisierte, von der institutionalisierten Literaturwissenschaft immer schon anerkannte Texte (Baudelaire, Rilke, Proust u.a.), die natürlich von männlichen Autoren stammen (vgl. de Man, 1988).

Die Interpetationen feministisch orientierter Dekonstruktivistinnen brechen diese Monotonie aufgrund ihres spezifischen Erkenntnisinteresses ein Stück weit auf – vielleicht weil in diesen Interpretationen das Involviertsein der Leserin in den Prozeß der Weltdeutung stärker zutage tritt. So versucht Barbara Johnson, mittels des dekonstruktiven Verfahrens nicht-kanonisierte Texte von Frauen neu zu lesen und ihre rhetorischen Strategien mit denen kanonisierter männlicher Texte zu vergleichen (Johnson 1992). Deutlich wird dabei, daß Texte von Frauen oft eine andere Problematik und eine andere Rhetorik aufweisen: In ihnen findet weniger die Konstruktion und Subversion eines subjektzentrierten Sinnes statt, sie zeugen vielmehr von den Schwierigkeiten einer Subjekt- und Sinnkonstruktion überhaupt. Wenn etwa in Gedichten von Frauen, die Johnson analysiert, keine klare Trennung von Ich und Du, von Subjekt und Objekt, von Sprechender und Angesprochenem stattfindet, so nehmen sie Johnson zufolge bereits selbst vorweg, was die dekonstruktive Analyse in den kanonisierten Gedichten männlicher Autoren gegen den vordergründigen Anspruch der Texte erst herausarbeiten muß.

Auto-bio-graphie

In der dekonstruktiven Literaturtheorie wird Literatur ›Autobiographie‹. Dieser Begriff des Autobiographischen ist eine Erweiterung und zugleich Kritik der traditionellen Auffassung von Autobiographie, wie Derridas Schrift-Begriff eine Universalisierung und Kritik des auf einen sekundären Bereich eingegrenzten traditionellen Schriftbegriffs ist. ›Autobiographie‹ ist danach nicht nur eine literarische Gattung unter anderen, sondern ein Moment in *allen* literarischen Texten; die autobiographische Gattung ist nur ein Sonderfall, der dies explizit macht:

> Wenn ein Autor sich selbst zum Gegenstand seines eigenen Verständnisses macht, [...] macht (dies) nur den weiter reichenden, mit jeder Autorschaft verbundenen Anspruch explizit, der immer dann vorliegt, wenn von einem Text gesagt wird, er sei von jemand und dieser Umstand sei für sein Verständnis von Bedeutung. Das heißt aber letztlich nichts anderes, als daß jedes Buch mit einem lesbaren Titelblatt in gewisser Hinsicht autobiographisch ist. (de Man 1993, 134)

Bereits Foucault hatte den Autor entsubstantialisiert und als eine institutionelle Funktion des literarischen Diskurses beschrieben, die von dem wirklichen Individuum, das den Text zufällig geschrieben habe, unterschieden werden müsse. Autorschaft ist nach Foucault nichts als ein Aneignungs- und Zuschreibungsverhältnis (der Autor versteht sich und wird verstanden als Ursprung und Besitzer seines Textes), das sich im Autornamen manifestiert (Foucault 1988).

Für de Man liegt die Bedeutung der literarischen Gattung ›Autobiographie‹ darin, daß sie »die Unmöglichkeit der Abgeschlossenheit und der Totalisierung aller aus tropologischen Substitutionen bestehenden textuellen Systeme demonstriert« (ebd., 134f.). Ein Autor, der seine Autobiographie schreibt, verdoppelt sich selbst; er wird zum Leser und Spiegel seiner selbst. Das textuelle System, das er hervorzubringen sucht, ist unabschließbar. An der Autobiographie wird damit sichtbar, was für die Literatur überhaupt gilt: Die Dekonstruktion bestimmt literarisches Schreiben als einen Aneignungsversuch, der zu einer Enteignung führt. Der Schreibende versucht, ein Sinnganzes zu konstituieren, das er mit seinem Namen als Autor ›signiert‹; aber statt sich als Urheber seines Textes in diesem wiederzuerkennen, findet er sich unversehens im entfremdenden Netz der differentiellen Sprache und der intersubjektiven Spiegelung gefangen, die sein Ich verdoppelt/spaltet. Alles literarische Schreiben ist ›Autobiographie‹, die ihr Zentrum, das Autorsubjekt, verliert.

So verbindet sich in der dekonstruktiven Literaturwissenschaft der Begriff der ›Autobiographie‹ mit dem des ›weiblichen‹ Schreibens. Die ›Autobiographie‹ ist ›weiblich‹, wie die ›Schrift‹ ›weiblich‹ ist (Derrida 1986b): Beide bezeichnen das verkannte Wesen der Sprache als Ort der unendlichen, sinnproduzierenden Zirkulation von Zeichen. Das Verhältnis der (männlichen, subjektzentrierten) Literatur zu dem ›Autobiographischen‹, das ihr zugrundeliegt, entspricht dem Verhältnis des ›männlichen‹ ›Phallogozentrismus‹ zur ›weiblichen‹ ›Schrift‹. Wenn die ›Schrift‹ bei Derrida so etwas ist wie die apersonale Personifizierung dessen, was aller Kultur zugrundeliegt, so ist die Literatur – jenseits dessen, wofür sie sich selbst hält –, die ›Autobiographie der Schrift‹ selbst. Sie verkennt sich jedoch als subjektzentriertes Schreiben individueller Autoren.

Eva Meyer entwickelt diesen Zusammenhang zwischen der ›Autobiographie‹ und dem ›Weiblichen‹ in ihrer *Autobiographie der Schrift* (die das Denken Derridas bis in den Sprachgestus hinein weniger praktiziert als imitiert). Weil das Schreiben von Frauen aufgrund ihres Ausschlusses aus der Kultur weniger subjektzentriert ist als das männlicher Autoren, sind sie näher an der ›Schrift‹ selbst. Das Weibliche ist also immer schon näher am ›Weiblichen‹ als das Männliche: Feminismus ist überflüssig. Das ›Leben‹, das im Partikel *bio* von ›Autobiographie‹ steckt, ist nach dekonstruktivem Verständnis nicht mehr das realer Menschen, sondern das Leben der ›Schrift‹, sofern sie nicht, wie im ›Phallogozentrismus‹, stillgestellt und kontrolliert wird. Die ›Schrift‹ ist das ›Leben‹ und das ›Reale‹ selbst. Worauf diese Theorie hinausläuft, wird deutlich, wenn Eva Meyer die Erzählung *Bartleby* von Herman Melville in den Kontext der »Autobiographie des Weiblichen« stellt. Die selbstmörderische Lebensverweigerung des männlichen Protagonisten in diesem Buch feiert sie als eine Befreiung des »Lebens«, das sich von seiner Entstellung frei mache (Meyer 1989, 92). Ähnlich wie Shoshana Felman in ihrer Balzac-Lektüre stellt Meyer die Auslöschung der Geschlechterdifferenz mittels einer ›Feminisierung des Mannes‹, die ganz in der männlichen Perspektive verbleibt, so dar, als gehe es dabei wirklich um ›Weiblichkeit‹. Aber nicht jeder »Verlust der ›Manneskraft‹« (ebd., 93), wie ihn Balzacs Henri oder Melvilles Bartleby vorführen, macht automatisch weiblich.

Die amerikanische Literaturwissenschaftlerin und Derrida-Übersetzerin Gayatri Spivak schreibt in ihrem Essay *Verschiebung und der Diskurs der Frau*, einer kritischen Entfaltung der Weiblichkeitsthematik in den Schriften Derridas:

Erstens, Dekonstruktion ist erhellend als eine Kritik des Phallozentrismus; zweitens, sie ist überzeugend als Argument gegen die Begründung eines hysterazentrischen Diskurses, mit dem ein phallozentrischer Diskurs gekontert werden soll; drittens, als eine ›feministische‹ Praxis selbst ist sie auf der anderen Seite der sexuellen Differenz gefangen. (Spivak 1992, 204)

Spivak stimmt Derrida zu, daß die sexuelle Differenz *als binäre Opposition* in Frage gestellt werden müsse, im Sinne von Derridas Begriff der *différance* als einer unhintergehbaren Vorläufigkeit jeder Feststellung einer Identität oder einer Differenz. Dennoch hält sie die sexuelle ›Unterschiedlichkeit‹ von Männern und Frauen für irreduzibel. Da Derridas ›Feminisierung‹ der Philosophie diese Unterschiedlichkeit nicht einbeziehe, vereinnahme sie gegen ihren Willen aufs neue die Frau für die Zwecke des männlichen Denkens – auch wenn dieses Denken jetzt nicht mehr Herrschaftssicherung, sondern Selbstinfragestellung sei. Anhand von Derridas Schrift *Glas*, in der sich Derrida u.a. auf den homosexuellen Schriftsteller Genet bezieht, macht Spivak deutlich, daß »die ›Feminisierung‹ des Philosophierens für den männlichen Dekonstrukteur ihre angemessenste Legende in der [...] männlichen Homosexualität zu finden vermag und daß das nicht für die Frau sprechen kann« (ebd., 194). Unkritische Dekonstruktivistinnen seien in Gefahr, »zu einer Athene zu werden, die, nicht von der Gebärmutter besudelt, in voller Rüstung der Stirn des Vaters entsprungen (ist)« (ebd., 189). Laut Spivak sollten Frauen von der Dekonstruktion zwar lernen, sie aber ihren eigenen Interessen gemäß verändern. Eine solche weibliche dekonstruktive Praxis findet sie bei Luce Irigaray. Spivak tritt für eine dekonstruktive feministische Literaturwissenschaft ein, die ›strategische Fehllektüren‹ produzieren soll: Sie soll Texte mit der »historisch-sozialen Unterschiedlichkeit des Körpers« in Beziehung setzen mit dem Ziel, in einem kollektiven Projekt feministischer Kritik den »*sozialen Text*« umzuschreiben.

3. Kristeva: Das weibliche Semiotische im männlichen Symbolischen

Anders als Lacan und Derrida ist Julia Kristeva Literaturtheoretikerin. Ihre explizit politische Ausrichtung – ursprünglich marxistisch-maoistisch, in den Texten der achtziger Jahre eher skeptisch-liberal – läßt sie innerhalb der poststrukturalistischen Theoriebildung einen ›gemäßigten‹ Standpunkt einnehmen: Stärker als Lacan und Derrida bezieht sie biologisch-materielle und gesellschaftliche Faktoren in ihre Theoriebildung ein, wenngleich auch bei ihr das Subjekt und die Struktur seiner Welt als Produkte eines unabschließbaren sprachlichen ›Prozesses der

Sinngebung‹ gedacht sind. Die wichtigsten theoretischen Bezugspunkte für Kristeva sind die Philosophie Hegels und die Psychoanalyse Freuds und Lacans. Die Dialektik Hegels habe die Geschichte als eine Geschichte der sich konstituierenden Subjektivität erkennbar gemacht, die mit dem ›Prozeß der Sinngebung‹ identisch sei. Mit Hilfe der Psychoanalyse müsse dieser Dialektik aber eine materielle Grundlage gegeben werden, »eine Theorie der Bedeutung, die vom Subjekt, seiner Entstehung und seiner Dialektik von Körper, Sprache und Gesellschaft ausgeht« (Kristeva 1978a, 28).

Das Semiotische und das Symbolische

Den ›Prozeß der Sinngebung‹ bestimmt Kristeva als eine Dialektik zweier gegensätzlicher Modalitäten: des ›Semiotischen‹ und des ›Symbolischen‹. Sie bezieht sich dabei stark auf die Theorie Lacans. Das ›Symbolische‹ bezeichnet bei Kristeva die ›normale‹, kommunikative Funktion der Sprache, bei der das Signifikat, die Bedeutung, im Vordergrund steht. Es stellt Eindeutigkeit und Besitzbarkeit her, um den Preis der Abstraktion. Die Signifikate – die letztlich willkürliche Setzungen sind, aber durch ihre tradierte, soziohistorische Funktion eine Eigenexistenz gewonnen haben – schließen sich zum Bedeutungssystem der ›symbolischen Ordnung‹ zusammen. Im ›Semiotischen‹, das vor allem in der poetischen Sprache zum Ausdruck kommt, geht es dagegen um den Signifikanten, den materiellen ›Sprachkörper‹, die Stimme, den Klang, die musikalischen Rhythmen. Im ›Semiotischen‹ hat sich die Sprache noch nicht von den Objekten/Trieben abgelöst. Das poetische Spiel mit den Signifikanten sieht Kristeva als eine Aktualisierung der frühen Kindheitserfahrung: Das ›Semiotische‹ ist auch die Welt des Kleinkindes in der präödipalen Mutter-Kind-Dyade, das ›Symbolische‹ die Festlegung von Subjektivität und Objektwelt im Spracherwerb. Entgegen dieser Festlegung von Identitäten ist das präödipale ›Semiotische‹ noch eine mobile Artikulation, die Objekte mittels metonymischer und metaphorischer Verknüpfungen mit veränderlichen Bedeutungen belegt, indem sie provisorische Ähnlichkeiten oder Oppositionen zwischen ihnen festhält. Ein von seinen Objekten getrenntes Subjekt gibt es darin noch nicht; es entsteht erst mittels dieser dynamischen Signifikation. Die semiotische Artikulation bringt noch nicht Zeichen hervor, die für Objekte stünden, sondern einen ›Rhythmus‹, der jeder ordnenden Struktur, auch der Unterscheidung von Raum und Zeit, vorausgeht. Kristeva bezeichnet dieses präödipale Subjekt-Objekt- und Raum-Zeit-Kontinuum mit einem Platon entlehnten

Terminus als *chora*. Das ›Semiotische‹ ist eine Artikulation von Trieb-energien, das ›Symbolische‹ die Setzung fester Bedeutungen, die mit einer Verdrängung ihrer triebgeleiteten Vorgeschichte einhergeht. Die kapitalistische Gesellschaft der Moderne, so Kristeva, sei geprägt durch eine ›nekrophile‹ Archivierung der signifikanten (sinngebenden) Struk-turen und eine Verdrängung der lebendigen, triebbedingten Praxis, durch die sie entstanden seien und immer wieder erneuert würden.

Wie bei Lacan steht aber auch bei Kristeva das verdrängte Vorsym-bolische nicht einfach außerhalb der symbolischen Ordnung. Das ›Se-miotische‹, die Form, in der sich die Triebe manifestieren, unterliegt immer schon dem Einfluß des symbolischen Gesetzes, das die gesell-schaftlichen Verhältnisse regelt; es ist bereits strukturiert durch Gebot/ Verbot, Analität/Oralität usw. Agentin dieser (väterlichen) Ordnung und ihrer Ge- und Verbote ist die Mutter, auf deren Körper sich die kindlichen Oral- und Analtriebe in einem dualen Wechselspiel von Aneignung und Destruktion beziehen. Obwohl Kristeva dabei zunächst von einem Triebdualismus spricht, konzentriert sich ihre Theorie fast ausschließlich auf die destruktiven Triebimpulse: »der Mutterkörper (wird) im Zeichen von Destruktion, Aggression und Tod zum Funda-ment« (Kristeva 1978a, 39). Mit dieser Priorität des Negativen, einer Prädominanz der ›Todestriebe‹ über die ›Lebenstriebe‹, folgt Kristeva der herrschenden Traditionslinie der Psychoanalyse (Freud, Melanie Klein). Die Oralität, die aneignende Seite des Triebdualismus, tritt gegen eine destruktive Analität zurück; die liebende, positive Beset-zung der präödipalen Mutter ist völlig ausgeblendet. Hier weist Kri-stevas Theorie des ›Semiotischen‹ selbst blinde Flecken auf, die für ihre Thematisierung des Weiblichen nicht folgenlos sind.

Auch in der Darstellung des Übergangs vom ›Semiotischen‹ zum ›Symbolischen‹, von der präödipalen Mutter-Kind-Dyade zum ödipa-len Dreieck, folgt Kristeva sehr eng tradierten psychoanalytischen Modellen. Sie übernimmt ganz die Darstellung Freuds und Lacans, in der die männliche Perspektive privilegiert und zum Modell von Sub-jektivität überhaupt wird. Auch in der späteren Theoriebildung Kriste-vas, die eine weibliche Entwicklung thematisiert, werden Freud und Lacan letztlich nicht in Frage gestellt: Die (symbolische, aber imaginär auf den Penis zentrierte) ›Kastration‹ bleibt bestimmend für beide Geschlechter.

Mit dem Begriff des ›Semiotischen‹ rückt Kristeva aber einen Be-reich in den Vordergrund, der bei Lacan unterbelichtet ist, da es für ihn kein Zurück hinter die Sprache gibt: das Präödipale. Was bei La-can von der vorsprachlichen, körper- und mutterdominierten Phase übrigbleibt, ist ein bloßes ›imaginäres‹ Phantasma eines angeblich ›Realen‹: das Ideal einer verlorenen, ursprünglichen Ganzheit, die durch entfremdende Sprachzeichen ersetzt worden sei. Bei Lacan ist die präödipale Erfahrung durch die ›symbolische Kastration‹, den Spracherwerb, unwiderbringlich verloren. Nur eine Flucht nach vorn, in die Bewegung der Sprache selbst, bleibt als Ausweg. Diesen Aspekt kritisiert Kristeva: Sie sieht darin eine sterile Geschlossenheit der Theorie Lacans, eine Fortsetzung des paranoiden Herrschaftsdiskurses, der ausschließe, was ihn in Frage stelle. Kristeva stellt dem die Möglichkeit einer immer neuen Wiedereinbringung des verdrängten Präödipalen, der verdrängten Partialtriebe und -objekte, in die Sprache entgegen, durch die die sprachliche Ordnung transformiert werden könne. Ebendies leistet für sie die Literatur.

Die revolutionäre Funktion der Literatur und die Frustration der Frauen

Anders als Lacan stellt Kristeva die patriarchalische symbolische Ordnung also in Frage – wenn auch nicht aus patriarchatskritischer Sicht, sondern aus der Perspektive eines geschlechtsneutralen, psychoanalytisch-strukturalistisch transformierten Marxismus. Die gesellschaftliche Instanz, die eine ständige Erneuerung des ›Symbolischen‹ durch das ›Semiotische‹ praktiziert, ist für Kristeva die Literatur. Sie verleihe einem Wissen Ausdruck, das ohne sie ausgegrenzt sei, sie gebe dem Triebhaften – dem Phantastischen, Lustvollen, Geheimen, Unbewußten und Unheimlichen – eine Sprache. Diese Funktion von Literatur habe mit der Moderne eine neue Qualität erreicht. Seit dem Ende des 19. Jahrhunderts habe eine ›Revolution der poetischen Sprache‹ stattgefunden. Agent dieser ›Revolution‹ sei eine Avantgardeliteratur, die Kristeva von Lautréamont, Mallarmé, Joyce, Artaud und Bataille bis zu Philippe Sollers (ihrem Ehemann!) datiert. Mit dieser Avantgarde sei eine neue Sprachpraxis aufgetreten, die erstmals den verdrängten, triebbedingten Sinngebungsprozeß selbst sichtbar werden lasse. Kristeva bezeichnet diese neue Praxis mit dem Begriff ›Text‹, der die Begriffe ›Literatur‹ und ›Kunst‹ hinter sich lassen will.

Auch in der deutschsprachigen Literaturwissenschaft löste in den siebziger Jahren der ›Text‹-Begriff den der ›Literatur‹ ab; aber während er hierzulande als neutraler Sammelbegriff für die unterschiedlichsten ›Textsorten‹ diente, die studienwürdig geworden waren, meint ›Text‹ in Frankreich etwas anderes. Die Text-Theorie Kristevas und der Theoretiker um die Zeitschrift *Tel Quel* bezeichnet eine neue, revolutionäre Zeichenpraxis, die man als *gesellschaftliche Praxis* in fernöstlichen Kul-

turen realisiert sah (Kristeva entdeckte sie im alten China, Roland
Barthes in Japan, dem *Reich der Zeichen*), während sie sich in der west-
lichen Kultur – vorerst – lediglich als *ästhetische Praxis* realisiere: in
Gestalt der Avantgardeliteratur.

Der avantgardistische ›Text‹ läßt sich Kristeva zufolge nicht mehr
auf den Sonderbereich einer abgehobenen Praxis beschränken, die
Triebbedürfnisse auffange, ohne dem System selbst gefährlich zu werden. Der ›Text‹ mache die symbolischen Grundlagen der Gesellschafts-
strukturen selbst sichtbar, deren Geltung dadurch eine Erschütterung
erfahre. Weil der transformierende Angriff der Literatur auf das Symbolische bei Lacan noch nicht gedacht ist, fügt Kristeva den beiden
fundamentalen Sinngebungsmechanismen nach Lacan, Metonymie
und Metapher, eine dritte Funktion hinzu: die ›Transposition‹ oder
›Intertextualität‹. Sie bezeichnet die Funktion von Texten, tradierte
Zeichensysteme aufzunehmen und zu zerstören, indem diese in einen
neuen Sinnkomplex transformiert werden. Für Kristeva ist jeder literarische Diskurs ein pluralistisches Transpositionsfeld verschiedener tra-
dierter Zeichensysteme – literarischer Gattungen, gesellschaftlicher
Praktiken, diskursiver Codes. ›Schöpfung‹ oder ›Innovation‹ in der
Kunst ist eine triebgeleitete Zerstörung solcher Zeichensysteme, die
zur Bildung eines neuen, eigenen Sinnsystems führt. Hat der literarische Diskurs immer schon diese Erneuerungsfunktion ausgeübt, so
gelangt er erst mit dem avantgardistischen ›Text‹ zum Bewußtsein dieses Vorgangs. Das Subjekt des Textes, traditionell der allmächtige Autor, weiß jetzt um seine eigene Entstehung aus dem Trieb- und Gesell-
schaftsprozeß und damit auch um die Vergänglichkeit der neuen Sinn-
setzungen, die sein Text hervorbringt. Daher sind Avantgardetexte nicht
mehr traditionelle Erzählungen, sondern formale Experimente; sie thematisieren nicht nur Inhalte, sondern auch den sprachlichen Sinngebungsprozeß selbst, der diese Inhalte hervorbringt.

In der Analyse literarischer Texte manifestieren sich das ›Semiotische‹ und das ›Symbolische‹ als ›Genotext‹ und ›Phänotext‹. Deutlich
trennbar sind beide nur in traditionellen Erzähltexten. Dort umfaßt
der ›Genotext‹ die ›semiotischen‹ Vorgänge, durch die sich das Subjekt
im sprachlichen Text selbst definiert, indem es, teils unter der unbewußten Einwirkung gesellschaftlich-familialer Zeichensysteme, teils im
gleichfalls unbewußten Widerstand gegen sie, bestimmte Bahnungen
seiner Triebe vornimmt, die ein spezifisches Sprachverhalten, eine spezifische Textform und Bedeutungsstruktur bedingen. Der ›Phänotext‹
ist das Ergebnis dieses Prozesses und entspricht dem, was wir
gemeinhin unter einem literarischen Text verstehen: eine Sinn-Struk-
tur, mittels derer zwischen einem Autorsubjekt und einem Empfänger-

subjekt ein Inhalt kommuniziert wird. In traditioneller Literatur muß der ›Genotext‹ aus dieser Struktur rekonstruiert werden; der avantgardistische ›Text‹ dagegen schreibt den Prozeß der Sinngebung in den ›Phänotext‹ selbst ein. Er hat – tendenziell – kein ›Unbewußtes‹ mehr.

Der Avantgarde-Text ist nach Kristeva einer von vier Typen gegenwärtiger gesellschaftlicher Sprachpraxis: ›Erzählung‹ (die traditionelle Literatur), ›Metasprache‹ (der Diskurs der Wissenschaft), ›Kontemplation‹ (der Diskurs der Philosophie) und ›Textpraxis‹. Auch hier folgt Kristeva Lacan, den sie in eine eigene Terminologie überträgt. Ihre Typisierung ist eine Transformation der vier Diskurstypen bei Lacan. Kristevas ›Metasprache‹ – derer sie sich nichtsdestoweniger selbst bedient – ist paranoid wie Lacans ›Diskurs des Wissens‹, die ›Kontemplation‹ zwangsneurotisch wie der ›Diskurs des Herren‹, die ›Erzählung‹ hysterisch wie der ›Diskurs der Hysterie‹.

Der Unterschied zu Lacan liegt vor allem in der vierten Praxis, die bei Kristeva wie bei Lacan als befreiender, überschreitender Diskurs konzipiert ist. Kristevas ›Text‹ entspricht nicht dem autoritären Diskurs des Lacanschen Analytikers, sondern dem anarchischen der Schizophrenie – der allerdings in die väterliche Sprachordnung selbst überführt werden muß, die insofern als Autorität bestehen bleibt. Geht Kristeva in diesem Punkt über die affirmative Haltung Lacans hinaus, so fällt sie in einem anderen hinter ihn zurück. Bei Lacan ist der subjektlose Diskurs der Hysterie der einzige weibliche Diskurs; indem er zeigt, daß alle gesellschaftlichen Diskurse, in denen ein Subjekt (sich) spricht, männliche Diskurse sind, macht Lacan die Fundamente des Ausschlusses der Frau in der patriarchalischen Gesellschaft sichtbar. Bei Kristeva dagegen sind die Diskurse geschlechtsneutral. Die ›Erzählung‹ ist anders als Lacans Hysterie-Diskurs als eine subjektzentrierte Sprachpraxis definiert: Die Rolle des Autors in der ›Erzählung‹ sei die »Projektion der Vaterrolle in der Familie« (Kristeva 1978a, 99). ›Hysterisch‹ wird bei ihr zum Synonym von ›imaginär‹.

Kristevas Eintreten für eine ›Textpraxis‹, die die väterliche Rolle zugleich übernimmt und zersetzt, ist ein Eintreten für die ›Söhne‹, die dem autoritären Vater die Nachfolge verweigern. Entsprechend kommt in ihrem Kanon der Vertreter avantgardistischer Textpraxis keine einzige Frau vor. Für die schreibenden ›Töchter‹ ist dieses Modell problematisch. Die zentrale Thematik vieler Texte von Frauen, in denen es darum geht, eine eigene Subjektivität zu suchen innerhalb einer Ordnung, die für die Frau keinen Subjektstatus vorsieht, ist in Kristevas Theorie nicht ohne weiteres unterzubringen. Nicht das Werden einer anderen Subjektivität ist ihr Thema, sondern das Überwinden der eigenen, allmächtigen Subjektivität: ein traditionell männliches Problem.

Aber für Kristeva gibt es nur *eine* Subjektivität und nur *eine* Sprache, die von ausgegrenzten Gruppen immer wieder erneuert werden muß – da ist zwischen Proletariern, Angehörigen fremder Kulturen, Dichtern, Frauen und anderen Außenseitern letztlich kein Unterschied. Kristeva weist ausdrücklich den Gedanken zurück, »daß eine spezifisch weibliche Schreibweise existiert« (Kristeva 1979a, 79). Die Besonderheiten der Texte von Frauen hätten eher den Charakter von Defiziten: Sie seien (noch) nicht auf der Höhe der Avantgardetexte von Männern.

Was den Stil der von Frauen geschriebenen Texte angeht, so fallen mir an ihnen durchgängig zwei Merkmale auf. Zunächst einmal hinterläßt jede Lektüre der Texte bei mir den Eindruck, daß die Kenntnis vom Signifikanten als einem Netz von distinktiven Merkmalen ungenügend ist. [...] Andererseits, und vielleicht als Folge, sind mir die Texte von Frauen durch ihr Desinteresse (andere würden sagen durch ihre Unfähigkeit) an der Komposition aufgefallen. (ebd., 80f.)

In ganz ähnlicher Weise hat ein Vierteljahrhundert zuvor Simone de Beauvoir die Werke männlicher Autoren zum Maßstab erklärt, an dem die dilettantischen Produktionen weiblicher Autorinnen noch nicht angekommen seien. Trotz der unterschiedlichen theoretischen Grundlagen beider Theoretikerinnen drängt sich die Parallele zwischen Kristeva und Beauvoir auf: Beide definieren sich über eine männliche Tradition, die sich in ihrem Lebenspartner verkörpert; bei beiden offenbart sich trotz ihrer scheinbaren Nähe zu feministischem Engagement eine latente Misogynie.

Insofern sich ausgegrenzte Gruppen im ›Symbolischen‹ nicht wiederfinden, bewahren sie etwas vom verdrängten ›Semiotischen‹. So auch die Frauen. Den Frauen kommt bei Kristeva dieselbe Rolle zu wie den Avantgardeliteraten in der *Revolution der poetischen Sprache*: In einer permanenten Negativität ein Infragestellen des ›Symbolischen‹ durch das ›Semiotische‹ zu praktizieren. Aber der literarische Angriff des ›Semiotischen‹ auf das ›Symbolische‹ dürfe nicht in Gefahr geraten, zu einem triebhaften, mütterlichen Präödipalen jenseits der sprachlichen und institutionellen Ordnung zu regredieren – das führe zu einem ohnmächtigen Wahn, einem psychotischen Abgleiten ins Imaginäre –, sondern er müsse *innerhalb* des ›Symbolischen‹ erfolgen. Der ›Text‹ sei eine »Wiederaufnahme der semiotischen *chora* im Apparat der Sprache« (Kristeva 1978a, 59). Das ›Semiotische‹ muß im ›Symbolischen‹ aufgehoben, ›gemeistert‹ werden, und diese Fähigkeit spricht Kristeva Frauen in gewisser Weise ab. Männer sind Kristeva zufolge zu einem ›Inzest‹ mit dem mütterlichen ›Semiotischen‹ in der Lage, weil sie bei ihrer Infragestellung des väterlichen ›Symbolischen‹ narzißtische Stützen finden, die sie vor einem Abgleiten in Chaos, Wahn und Verzweiflung bewahren. Sie finden einen Mutterersatz in ihren Sexualpartnerinnen und, auf einer anderen Ebene, in den ›Fetischen‹ ihrer ›Werke‹ und deren gesellschaftlicher Anerkennung. Frauen dagegen bleiben stärker in der Mutterbindung und damit im ›Semiotischen‹ verhaftet, ihnen ermangelt dadurch aber die Fähigkeit, die präödipale Mutter durch Fetische zu ersetzen. Daher ist Kristeva zufolge die Wahrscheinlichkeit geringer, daß durch Texte von Frauen eine Veränderung des symbolischen Codes der Gesellschaft eingeleitet werde. Statt dessen endeten schreibende Frauen, wie die Biographien von Schriftstellerinnen wie Virginia Woolf und Silvia Plath demonstrierten, oft in psychotischem Wahn und im Selbstmord. Frauen seien von einer »fundamentalen Entbehrung« gezeichnet, einer unüberwindlichen »Frustration« (Kristeva 1976, 172): verhängnisvoll der Mutter verhaftet, aber unfähig zur Identifikation mit ihr. »Einer Frau, für die das Bild des Vaters zerstört ist, erscheint das der Mutter oder ihres Ersatzes nur als Hohn« (ebd., 172). Mir scheint diese These weniger ein allgemeines weibliches Schicksal als eine mangelhafte Aufarbeitung der eigenen Lebens-Geschichte Kristevas zu benennen, einen Mutterhaß, der ihr ein Sich-Identifizieren als Frau unmöglich macht – was natürlich auch konform geht mit den Theorien ihrer ›Väter‹ Lacan und Derrida: *Die* Frau existiert nicht.

Wenn Kristeva ihre Weiblichkeit und ihre problematische Beziehung zur Mutter thematisiert, kann sie dies nur, indem sie sich als Einzelne setzt. »Ich bin für eine Konzeption des Weiblichen, für die es so viele ›Weiblichkeiten‹ gibt wie Frauen« (Kristeva 1979a, 82). Ein Sprechen *als* Frau und *für* Frauen erscheint ihr sinnlos. So schreibt sie auch in ihren Texten stets als Ausnahmefrau für ein männliches Publikum, orientiert an männlichen Vorbildern und – bei allem vordergründigen Anarchismus – auf der Suche nach väterlicher Anerkennung. Kristeva spricht aus einer männlichen Perspektive, die, wie gewohnt, zur menschlichen Perspektive verabsolutiert wird. Sie ist eine Musterschülerin der ›Meisterdenker‹. Die Frau ›als solche‹ kommt nur als präödipale Mutter vor, als Mutterkörper. Die ›Entdeckung‹ ihrer ›Kastration‹ durch das Kind ermöglicht wie bei Lacan für beide Geschlechter eine ›Befreiung‹ von der Mutter und den Eintritt in die väterliche Ordnung der Sprache. Das ›Weibliche‹ ist das ›Semiotische‹; das ›Symbolische‹ ist und bleibt männlich. Auch wenn Kristeva das ›Semiotische‹ gegenüber dem ›Symbolischen‹ aufzuwerten sucht, so wird sie doch nicht müde, vor der Regression zur präödipalen Mutter zu warnen, die sie stets im väterlichen ›Symbolischen‹ aufgehoben sehen will. Vordergründig wird der Vater verworfen, zugleich damit und stärker noch

wird die Mutter verworfen, indem sie auf das patriarchalische Bild
umschlingender Sprachlosigkeit reduziert wird. Die Verdrängung der
Frau/Mutter wird letztlich übernommen.

Das Weibliche als das Unbestimmbare

Zwei Wege lehnt Kristeva für die Frau gleichermaßen ab: die Identifikation mit dem autoritären Vater und die Regression zur Mutter. Der
Feminismus verkörpert für sie beide Tendenzen zugleich. In ihrem
Essay *Le Temps des femmes* hat Kristeva ein sehr schematisches dreistu-
figes Entwicklungsmodell des Feminismus entworfen. Auf der ersten
Stufe hätten die Frauen den Zugang zur männlichen Ordnung, zum
Symbolischen, gefordert. Kristeva sieht darin eine Identifikation mit
dem Vater. Die zweite Stufe habe dagegen die väterliche Ordnung
gänzlich zurückgewiesen im Namen eines substantiellen Weiblichen,
also eine Rückkehr zur präödipalen Mutter versucht. Diese zweite
Generation von Feministinnen – bei deren Beschreibung Kristeva offenbar vor allem Luce Irigaray im Auge hat, obwohl sie hier unterschiedliche Tendenzen in einen Topf wirft – habe versucht, dem Weiblichen, gerade indem es als ein Anderes, Nichtidentisches, Flüssiges
definiert worden sei, eine irreduzible Identität zuzusprechen. Das Verdienst dieser Generation liege in ihrer Subversion des Symbolischen.
Sie bleibe aber in ›Hysterie‹ stecken: in dem psychotischen Versuch,
durch ein imaginäres Konstrukt die symbolische Kastration und die
Trennung von der ›phallischen‹ Mutter zu verleugnen. Die Utopien
von einer weiblichen Gegenmacht, einer matriarchalischen Gegenge-
sellschaft, die diese Feministinnengeneration entworfen habe, seien
letztlich ein Spiegel der zurückgewiesenen väterlichen Macht selbst. Die
Rückkehr zur Mutter habe dasselbe Resultat wie die Identifikation mit
dem Vater: eine Identifikation mit der Macht. Kristeva geht dabei so
weit, den Feminismus in die Nähe des Terrorismus und des Faschis-
mus zu rücken. Sie weist auf die große Zahl von Frauen in terroristi-
schen Vereinigungen und auf die Unterstützung faschistischer Regime
durch Frauen hin. Weil Frauen die Ablösung von der Mutter und der
Eintritt in das ›Gesetz‹ weniger gut gelinge als Männern, seien sie in
Gefahr, repressive Autoritäten in einer Weise zurückzuweisen, die, weil
sie keine Regeln kenne, zu einer Explosion der Gewalt führen könne.

  Die Lösung bringt Stufe drei, Kristevas eigene Position, die nicht
mehr feministisch genannt werden kann. Denn sie weist die Geschlechterdifferenz selbst als ›Metaphysik‹ zurück. Kristeva argumentiert ähnlich wie Derrida: Die feministische Kritik an der patriarchalischen

Ordnung reproduziere diese Ordnung insgeheim, statt sie zu dekonstruieren. Wie Derrida bestimmt Kristeva das ›Weibliche‹ als das Unbestimmbare überhaupt. Abgelöst von realen Frauen, fungiert es als eine Metapher für alles, was sich der Positivität und Bestimmbarkeit verweigert. Eine eigene Identität dürfen Frauen nicht fordern. Ihr Bereich ist und bleibt das ›Semiotische‹, nicht als ein spezifisch Weibliches, sondern als ein kollektives Verdrängtes, das die Frauen von allen marginalisierten Gruppen am reinsten bewahren: Kristeva bezeichnet die ›Frau‹ als die »unbewußte, undarstellbare, außerhalb von Wahr und Falsch, außerhalb von Gegenwart-Vergangenheit-Zukunft stehende ›Wahrheit‹« der symbolischen Ordnung (Kristeva 1978b, 266). In Formulierungen wie dieser kehrt wie bei Derrida die als ›Metaphysik‹ zurückgewiesene Geschlechterdifferenz in ihrer tradierten Gestalt zu einem zähen, geisterhaften Nachleben zurück.

Der problematische Charakter der Thematisierung der Frau bei Kristeva hängt vielleicht mit der Entwicklung ihrer Theoriebildung zusammen. Ihre programmatische *Revolution der poetischen Sprache* gibt sich geschlechtsneutral, obwohl es darin um Themen geht, die ins Zentrum der Geschlechterdifferenz weisen. Ihre Theoriebildung hatte Kristeva bereits eine einflußreiche Position als ›Kopf‹ der Gruppe um die Zeitschrift *Tel Quel* gesichert, als sie begann, ›feministische‹ Themen aufzugreifen. Ihre späteren Arbeiten kreisen in zunehmendem Maße um das Thema Weiblichkeit, aber sie grenzt sich darin explizit vom Feminismus ab. Dieses Vorgehen läßt sich als Versuch interpretieren, eine Reflexion der (eigenen) Weiblichkeit nachträglich in die eigene, (scheinbar) geschlechtsneutrale Theorie einzubringen, ohne diese revidieren zu müssen und die damit verbundene Machtposition aufs Spiel zu setzen.

In der feministischen Rezeption wird der problematische Charakter der Weiblichkeitstheorie Kristevas meist nicht gesehen. So orientiert sich Toril Moi in ihrem Überblick über die feministische Literaturtheorie außerordentlich stark an Kristeva, deren Geschichtsschreibung des Feminismus sie übernimmt. Eva Meyer, die sich in ihrem Buch *Zählen und Erzählen* neben Derrida vor allem auf Kristeva bezieht, versucht eine ›Semiotik des Weiblichen‹ zu entwerfen. Diese bestimmt sie als eine Selbstkritik des abendländischen Denkens, das seine Abhängigkeit von einem phallogozentrischen Bedeutungssystem durch ein »Mithineinnehmen der Erzeugung in den Text« (Meyer 1986, 34) überschreitet. Der Schreibgestus beider Theoretikerinnen, Meyer und Kristeva, ist nicht unähnlich: Sie sind ›Musterschülerinnen‹, die die Weiblichkeitskonzepte ihrer Lehrer übernehmen; beide verbindet eine hermetisch-elitäre Terminologie, eine Abstraktion von ihrem eigenen Ge

schlecht und eine Tendenz zum Verschweigen ihrer geistigen ›Mütter‹.
Meyer versucht allerdings, ihre ›Semiotik des Weiblichen‹ mit Irigarays
feministischer Forderung zu verbinden, daß nicht mehr nur der Mann
das Subjekt des Sprechens sein, sondern »ein weibliches Subjekt mit-
konstitutiv« (ebd., 33) werden solle. Dieses weibliche Subjekt solle den
Phallogozentrismus, der es hervorgebracht habe, im Text mimetisch in
Szene setzen, ohne darin aufzugehen. Da Meyer das ›Weibliche‹ aber
zugleich als ein ›Verfahren‹, das sie das ›Translogische‹ nennt, von der
Frau gänzlich abzulösen versucht, entsteht das »Problem der Einbezie-
hung von Subjektivität in die Theorie, bei gleichzeitiger Dekonstruktion von Subjektivität überhaupt« (ebd., 153). Meyer hilft sich mit
dem Begriff einer ›Selbstinszenierung‹ des Weiblichen. Der Phallogozentrismus hat danach die ursprüngliche, zirkuläre Struktur, in der
prozeßhaft jedes Eine durch ein Anderes konstituiert wird, in seinem
Linearitäts- und Identitätsdenken stillgestellt. Der Feminismus hat diesen Vorgang mimetisch wiederholt und zugleich überschritten, indem
er die bislang ausgeschlossene Frau als Subjekt gesetzt hat. Diese
›Selbstinszenierung‹ des Weiblichen ahmt das männliche ›Phantasma
der Selbstgeburt‹ nach, das sich vom Mütterlich-Materiellen abschnei-
det, führt aber gerade damit auf einer höheren Ebene, die nicht mehr
die der Natur ist, die sexuelle Differenz wieder ein.

Die Menschwerdung (ist) abgeschlossen [...], dadurch, daß damit begonnen
werden kann, nicht mehr in Abhebung zur Natur, sondern in der Kultur selbst
Differenzen zu produzieren [...] es besteht also keine Notwendigkeit mehr, alle
Erkenntnisse auf der Ebene ›wirklicher‹ Begebenheiten abzuhandeln.
(ebd., 200)

Eine Rückkehr zu einem Realen kann und soll es nicht geben, nur eine
Flucht nach vorn in die ›Selbstinszenierung im Text‹. Die ›Menschwerdung‹ des männlichen Subjekts ist abgeschlossen; die Frau wiederholt
diese Entwicklung der männlichen Subjektivität und überschreitet sie
gerade durch diese Wiederholung.

   Kristeva selbst jedoch gibt dadurch, daß sie das ›Semiotische‹ psy-
choanalytisch als Vorgeschichte der Subjekte verortet, eine theoretische Handhabe, diese Ordnung als reversibel zu denken – auch wenn
sie selbst diese Konsequenz in bezug auf die Geschlechterdifferenz
nicht zieht. Sigrid Weigel weist kritisch darauf hin, daß bei Kristeva
»die Explosion des Semiotischen« in der ›Textpraxis‹ »gleichbedeutend
mit der Artikulation des beim Eintritt ins Symbolische verdrängten
Weiblichen« sei (Weigel 1986, 114), obwohl sie allein aus der Perspektive männlicher Autoren dargestellt sei. Wie die ›Textpraxis‹ für
ein weibliches Subjekt aussehen könnte, ist für Weigel »längst noch

nicht geklärt« (ebd., 115). Dem würde ich zustimmen; ein überzeugender Versuch, die Theoriebildung Kristevas auf das Schreiben von Frauen zu beziehen, steht noch aus. Statt den Frauen wie Kristeva eine ›solide Position‹ innerhalb des männlichen ›Symbolischen‹ zu verordnen, von der aus sie dann ihr ›weibliches‹ Subversionspotential einbringen dürfen, müßte eine feministische Literaturtheorie Kristevas Bestimmung des ›Semiotischen‹ aufnehmen, ohne es mit dem ›Weiblichen‹ zu identifizieren und dem ›männlichen‹ ›Symbolischen‹ entgegenzustellen. An die Stelle dieser vertrauten dualen Aufspaltung könnte der Versuch treten, beide, das ›Semiotische‹ und das ›Symbolische‹, als geschlechtlich differenziert zu denken. Vorgängerinnen fände dieser Versuch bei Hélène Cixous, Luce Irigaray und den italienischen Theoretikerinnen der Geschlechterdifferenz. Aus einem solchen Versuch, die Geschlechterdifferenz in das ›Semiotische‹ und ›Symbolische‹ einzuführen, könnte etwas entstehen, das für Kristeva unvorstellbar ist: eine dekonstruktive Praxis, die zugleich feministisch wäre, also für Frauen als andere Subjekte Partei nähme, ohne eine weibliche Substanz zu postulieren.

4. Cixous: Eine andere Art der Anerkennung

Hélène Cixous, die selbst Schriftstellerin ist, lehnt die Sprache der ›Meisterdenker‹, den elitären intellektuellen Diskurs, als eine Form der Ausgrenzung ab. Ihre essayistischen Texte zu einer *écriture féminine* verdanken ihre Lesbarkeit und Lebendigkeit der Auseinandersetzung mit eigener und fremder literarischer Praxis. Cixous scheint in den Poststrukturalisten weniger ›Väter‹ als ›Brüder‹ zu sehen, deren Analysen sie für ihre eigenen, feministischen Zwecke benutzt. Sie knüpft an die Theorie Derridas an, nach der das logozentrische System des abendländischen Denkens Sinn und Bedeutung hervorbringt, indem es binäre, hierarchisch geordnete Oppositionen aufstellt (Kultur/Natur, Form/Materie, Verstand/Gefühl usw.). In den hierarchisch übergeordneten Begriffen definiert sich das kulturelle System selbst und vergewissert sich seiner Identität durch die Abgrenzung von einem – ›seinem‹ – Anderen, das als untergeordnet und unorganisiert bestimmt wird. Nach Cixous liegt diesen Oppositionen letztlich die patriarchalische Hierarchisierung der sexuellen Differenz zugrunde: Die kulturellen Oppositionen bilden letztlich in immer neuen Verschiebungen die Opposition Mann/Frau ab. Das gesamte abendländische Wissenssystem dient damit der Legitimation eines männlichen Herrschaftsanspruchs – unter dem die Männer Cixous zufolge genausoviel verlieren wie die Frauen, nur weniger offensichtlich.

Müßte nicht, so Cixous, dieses Gebäude zum Einsturz gebracht werden durch ein anderes, noch undenkbares Denken, das die Gesellschaft umgestalten würde? Müßte nicht ein anderes Modell der Intersubjektivität und Subjektkonstitution an die Stelle der mörderischen Dialektik von Herr und Knecht treten, nach der Subjektwerdung immer nur einseitig stattfinden kann? Begehren, als Bewegung des Subjekts zum (dinghaften oder menschlichen) Anderen hin, könne nach diesem Modell nur als Wille zur Aneignung gedacht werden, zum Einverleiben und Besitzen des Anderen, dessen Fremdheit eliminiert werde, um die eigene, zwanghaft verabsolutierte Identität nicht in Frage zu stellen. Die Wurzel dieser allesbeherrschenden ›Ökonomie des Eigenen‹ sieht Cixous in einer ›typisch männlichen‹ Verlustangst, der Kastrationsangst. Denkbar wäre eine andere Art von Anerkennung, die nicht Kampf um Vorherrschaft wäre, sondern eine wechselseitige Anerkennung zweier unterschiedlicher Subjekte, die eine Erkenntnis des Anderen *als* Anderen anstreben würde, ohne sich von seinem Anderssein bedroht zu fühlen. Erst eine solche Beziehungsstruktur, die eine ›unendliche Zirkulation des Begehrens‹ wäre, würde erlauben, von ›Liebe‹ zu sprechen, ohne mit diesem Wort sein Gegenteil, tödliche Aggression gegen den Anderen, zu verdecken. Auch die Beziehung zu einem dinghaften Anderen könnte in dieser Weise vorgestellt werden. In literarischen Texten sieht Cixous diese andere Ökonomie vorgezeichnet; vor allem das Schreiben der brasilianischen Autorin Clarice Lispector ist für sie der exemplarische Versuch, Dinghaftes in seiner Fremdheit zum Sprechen zu bringen.

Diese andere, ›weibliche‹ Ökonomie des Begehrens zu praktizieren oder auch nur zu denken, sei jedoch fast unmöglich angesichts der Alleinherrschaft der ›männlichen Ökonomie‹ in Geschichte und Sprache, die ihr den Anschein von Natur verleihe und die Realität, auch die der Frauen, durch und durch geprägt habe. ›Natur‹ oder ›Schicksal‹ existierten jedoch nicht; es gebe nur lebendige, veränderbare Strukturen, die in bestimmten Gesellschaftssystemen zu erstarren drohten. Auch die Differenz zwischen ›Mann‹ und ›Frau‹ sei nicht Natur; daher spricht Cixous nicht von ›Mann‹ und ›Frau‹, sondern von einer männlichen und einer weiblichen Ökonomie, die letztlich von beiden Geschlechtern gleichermaßen praktiziert werden könnten. Doch trotz ihres erklärten Anti-Essentialismus bindet Cixous die ›weibliche Ökonomie‹ eng an die Erfahrung von Frauen. Die unterschiedlichen Ökonomien gründeten für sie in einer unterschiedlichen ›Libido‹, einem Lustempfinden, das bei Männern phallisch zentriert, bei Frauen dezentriert sei. Cixous deutet zwar eine kulturelle Determination dieses Weiblichen an – die Frauen wären gerade durch ihren Ausschluß aus der männlichen Ökonomie und Subjektivität fähig zu einem dezentrierten Selbstbezug und damit auch zum Aushalten eines ›lebendigen Anderen‹ –, aber letztlich bleibt dieser Punkt, das Verhältnis zwischen ›weiblicher Ökonomie‹ und realer Frau, in ihrer Argumentation undeutlich. Diese Undeutlichkeit führte dazu, daß Cixous von ihren Kritikerinnen gegen ihre erklärte Absicht als Essentialistin verstanden wurde.

Obwohl Cixous immer wieder die Unmöglichkeit betont, eine ›weibliche‹ Schreibpraxis auf der Grundlage der ›weiblichen Ökonomie‹ theoretisch zu definieren, hat sie von beiden ziemlich genaue Vorstellungen, die sie u.a. von Bataille und Derrida bezieht. Ihre Schriften kreisen um eine ›Ethik der Gabe‹, um die Möglichkeit eines gesellschaftlichen Tausches, der nicht auf Aneignung und Besitz zielte. Die Ökonomie des ›Weiblichen‹ sei die einer offenen Subjektivität und eines liebenden Bezugs zum Anderen, der nicht in einem Einverleiben und Bewahren, sondern in einem unendlichen, verschwenderischen Geben bestehe. ›Verschwendung‹ sieht Cixous auch als Charakteristikum ›weiblichen Schreibens‹: Es unterlaufe die Logik der Kommunikation, die eine Sparsamkeit der Signifikanten und eine Zurücknahme der Subjektivität fordere, um festgelegten Sinn zu übermitteln. Statt dessen versuche es, neue Sinnmöglichkeiten zu erfinden, Fragen zu stellen, zu beunruhigen; es erzeuge einen ›Überfluß‹ an Sprache, einen ›Abfall‹ an Signifikanten.

Als ein ›Geben‹ sieht Cixous dieses Schreiben auch insofern, als es dem Anderen, von dem es schreibt, Sprache verleiht. Das ›weibliche‹ Autor-Ich – das sowohl eine Frau als auch ein Mann sein kann – schreibt nicht ›über‹ etwas, sondern versucht, das Andere selbst sprechen zu lassen: Es schenkt schreibend einem Anderen Existenz, indem es seine eigene Identität überwindet. Von der Subjektivität der/des Schreibenden bleibt dabei nur eine ›Stimme‹. Das ›weibliche Schreiben‹ zeichnet sich aus durch ein Hörbarwerden der ›Stimme‹ im Text: Die Schrift löst sich nicht vom Sprechen ab; die Körperlichkeit und das Begehren der/des Schreibenden bleibt spürbar.

Vieles an dieser Theorie von Hélène Cixous ruft Julia Kristevas *Revolution der poetischen Sprache* in Erinnerung. Beide plädieren für ein Schreiben, das die symbolische Ordnung – das ›Gesetz des Vaters‹ – unterläuft und transformiert, indem es die verdrängte Triebhaftigkeit in den Text einbringt, die allen Sinnstrukturen zugrundeliegt. Bei beiden wird dies möglich durch eine Aktualisierung der präödipalen, vorsprachlichen Phase, die auch ein Wiederfinden des Bezuges zur

Mutter ist. Die (präödipale) Mutter steht mit der Ebene der Signifikanten in Verbindung, der (symbolische) Vater mit der der Signifikate. Von diesem Punkt an unterscheiden sich beide Theorien jedoch diametral. Bei Kristeva erscheint die präödipale Mutter im Anschluß an Lacan und Melanie Klein als umschlingende Macht, vor der nur das väterliche Symbolische Halt bieten kann – trotz aller Kritik an seiner repressiven Funktion. Cixous dagegen stellt die liebende Mutter in den Vordergrund, die – als vorpersonale, namenlose Quelle des Guten – Genuß, Nahrung und Heilung schenkt. Das Verhältnis zu dieser Mutterimago steht bei Cixous nicht wie bei Kristeva unter einem Primat des Destruktiven, Aggressiven und der Analität, sondern erscheint als allumfassende Liebe und genießende Oralität. Es scheint, als ob Kristeva und Cixous jeweils eine Seite der ambivalenten Mutter-Kind-Beziehung und der präödipalen Mutterimago privilegierten und für die andere blind wären.

Die ›Rückkehr‹ zur präödipalen Mutter im Schreiben ist für Cixous keine Regression, die durch ein Einbringen des Triebhaften in eine neue Ordnung der Sprache aufgefangen werden muß, sondern ein Aufbruch ins Unbekannte, zu Erfindende, ein Sich-Verströmen, Sich-Verlieren ans Andere, das die sprachliche Ordnung zerbricht. ›Weibliche‹ Texte haben nach Cixous die Tendenz, Syntax und Grammatik aufzulösen. Cixous will keine neue, weibliche Sprache, sondern eine Befreiung der Signifikanten, des Materiellen, Körperlichen, Triebhaften an der Sprache. Der ›männliche‹ Bezug zur präödipalen Mutter sei eine regressive Sehnsucht, sich des eigenen Ursprungs zu bemächtigen, die, bereits geprägt von Triebabwehr und phallischem Narzißmus, ›Fetische‹ als Mutterersatz hervorbringe. Der ›männliche‹ Autor setze sich, indem er sich zum alleinigen Ursprung seiner Schrift erkläre, phantasmatisch an die Stelle der Mutter. Bei Frauen sei die Triebabwehr weniger stark, sie seien näher an der präödipalen Mutter, die noch keine Identität verkörpere, sondern ein unendliches Sich-Geben. Diese Selbstentäußerung drücke sich in ›weiblichen‹ Texten aus. Das ›Ich‹ dieser Texte konstituiere sich als eine unendliche Bewegung, eine Reise ohne Ziel, sei Exzeß und Ausschweifung. ›Weibliche‹ Texte fungierten nicht als narzißtische Spiegel. Es gebe in diesen Texten nur ein Vorwärts, ein Sich-Entäußern an Anderes, keinen Rückblick, um sich der eigenen Identität zu vergewissern. Das ›Ich‹ ist nach Cixous nichts als eine Vielheit von Stimmen des Anderen, deren erste und umfassendste die der Mutter ist. Indem die ›weibliche‹ Schrift auf diese Stimmen horcht, schreibt sie das ›Leben‹, dem sie sich wie ein Schatten anschmiegt, und macht es in seiner Gegenwärtigkeit bewußt. Die ›männliche Ökonomie‹ dient der Verleugnung dieser bedrohlichen

Gegenwart, die immer auch Vergänglichkeit und Tod bedeutet. ›Weibliches‹ Schreiben im Sinne von Cixous soll dagegen ein Erkennen und Akzeptieren des Lebendigen in seiner Unwägbarkeit und Vergänglichkeit sein.

Dazu gehört auch – das betont Cixous in ihrem späteren Schreiben in zunehmendem Maße – die Grausamkeit, die Höllenhaftigkeit des Gegenwärtigen. Die Entwicklung ihres eigenen Schreibens beschreibt Cixous als einen Lernprozeß, der sie »von der Szene des Unbewußten zur Szene der Geschichte« (Cixous 1987) geführt habe. Dieser ›Weg‹ ihrer Schrift‹ habe einen Wechsel von erzählenden Texten zu Theaterstücken mit sich gebracht. Im Theater könne sie fremde Stimmen ungefilterter sprechen lassen und werde durch die Kollektivität der Inszenierung als Autorin ent-eignet. Das Theater ist das Ideal ihres Schreibens: Metapher für ein entsubjektiviertes Autor-Ich, das nichts mehr als die Bühne des Anderen wäre.

Die ›weibliche‹ Selbstentäußerung, die Cixous so emphatisch feiert, steht jedoch in einem latenten Spannungsverhältnis zu ihrem Feminismus. Denn es geht ihr auch darum, als Frau schreibend »auf andere Weise die Frau (zu) bestätigen als von dem Ort aus, der ihr in und vom Symbolischen zuerteilt ist, das heißt dem Schweigen« (Cixous 1976, 144). Wie ist diese ›Bestätigung‹ der Frau vereinbar mit Cixous' Plädoyer für ›Ent-eignung‹, ›Ent-Personalisierung‹ und unendliche Anverwandlung ans Andere? Cixous versteht die Bestätigung der Frau durch eine andere Frau offenbar als die paradoxe Bewegung eines Schreibens, in dem eine Frau sich an eine andere entäußert, der sie dadurch eine Identität verleiht, die letztlich gleichfalls in der Fähigkeit besteht, sich schreibend an Anderes zu entäußern. Cixous' eigenes Schreiben über Clarice Lispector zielt auf eine Beziehung dieser Art. Gerade an ihrem Schreiben über Clarice Lispector offenbart sich meiner Ansicht nach aber die Problematik ihres Konzepts. Cixous – in einem ihrer Texte reflektiert sie das selbst – entäußert sich nicht wirklich an Lispector; ihre Beschreibung ist eine Interpretation, die von den eigenen Interessen und Fragestellungen geleitet ist und die andere Autorin ein Stück weit für die eigene Theorie vereinnahmt. Cixous selbst sieht diese Problematik als ein Noch-Verhaftetsein in der phallischen Ökonomie, die es irgendwann ganz zu überwinden gälte.

Ein solches Denken ist aber selbst noch von der abstrakten Entgegensetzung einer ›männlichen‹ und ›weiblichen‹ Ökonomie, einer binären Opposition also, beherrscht. So zutreffend mir Cixous' Infragestellung der universalen ›Ökonomie des Eigenen‹ erscheint, so unfruchtbar bleibt doch die Flucht in deren gleichfalls verabsolutiertes Gegenteil, in eine subjektlose ›weibliche‹ Verausgabung. Cixous' eigenes Schreiben ist geeignet, ihr Selbstverständnis zu widerlegen. Mimetische Annäherung an ein Anderes – an literarische Texte, an Individuen (z.B. die Hysterikerin Dora, der sie mehrere Texte gewidmet hat), an Kollektive (wie in ihrem Stück über Kambodscha) – ist darin nicht zu trennen von Anverwandlung des Anderen und kritischer Stellungnahme der Autorin selbst. Ihr Schreiben ist nicht bloße Entäußerung, sondern ein Wechsel von Nehmen und Geben: Öffnung zum Fremden *und* subjektive An-Eignung, die wiederum zu Parteinahme führt. Zu ihrem Verdikt über jede Form von Selbst-Identifizierung paßt dieser Charakter ihres Schreibens nicht. Warum nicht eine Subjektivität denken, die ihre eigene Geschichte, das Andere, aus dem sie sich konstituiert, und ihre eigene Vorläufigkeit reflektiert? Warum nicht ein Alternieren von Entäußerung und Aneignung denken, das nicht mehr, wie die Hegelsche Dialektik, von vornherein unter dem Primat des Eigenen stünde?

Cixous aber bleibt bei einer abstrakten Entgegensetzung ›männlicher‹ und ›weiblicher‹ Texte stehen. Ihr Verdikt über jede Selbstidentifikation hat eine Ausgrenzung des größten Teils der von Frauen geschriebenen Texte als ›phallisch‹ zur Folge. Die meisten Frauen, die Literatur produziert haben, sind für Cixous schlicht Männer: »Die Frauen, die im XIX. Jahrhundert Romane schrieben, waren Männer, übrigens haben sie auch Männernamen angenommen« (Cixous 1980, 78). Dieses Urteil gilt noch für eine feministische Autorin des 20. Jahrhunderts wie Virginia Woolf, deren Texte vieles von Cixous' Theorie vorwegnehmen. Das Schreiben Woolfs, das nicht die von Cixous angestrebte ›Unlesbarkeit‹ aufweist, sei männlich orientiert: Virginia Woolf identifiziere sich mit einem »idealisierten Phallus«, mit ihrem toten Bruder (ebd., 76). Mir drängt sich dabei der Verdacht auf, daß sich auch Cixous mit einem idealisierten ›Bruder‹ identifiziert, mit Jacques Derrida. Ist dessen *dissemination*, die hinter Cixous' ›weiblichem‹ Verströmen steht, nicht selbst ein ›phallischer‹ Erguß?

Cixous hat in ihrem Schreiben wichtige Fragen umrissen: die Notwendigkeit einer neuen Ökonomie des Tausches und der Anerkennung, einer anderen Subjektivität und damit auch eines anderen Schreibens, das ein Schreiben des Lebens wäre. Aber ihr problematischer Versuch, Feminismus und Poststrukturalismus zu verbinden – einerseits an Derridas anti-essentialistisches Weiblichkeitskonzept anzuknüpfen, andererseits ›weibliches Schreiben‹ in konkreter weiblicher Erfahrung zu verankern –, wirft mehr Fragen auf, als er Antworten zu geben vermag.

Die Literaturtheorien Cixous' und Kristevas ergänzen einander in gewisser Weise. Beide beleuchten nur eine Seite des ambivalenten Prä-

ödipalen; beide nehmen Ausblendungen vor, die in der Anwendung in
der Literaturkritik zur Ausgrenzung bestimmter, jeweils unterschiedlicher, Texte führen. So erscheinen im Licht der Theorie Kristevas Texte
als regressiv oder imaginär, die für Cixous Inbegriff ›weiblichen Schreibens‹ wären: Texte, die sich nicht genügend stark zur Grammatik, zu
den institutionalisierten Gattungen und Regeln in Beziehung setzen,
sondern einen Destruktions- oder Ausdruckswillen in den Vordergrund
stellen, die Artikulation eines anderen Begehrens, eines neuen Entwurfs
der Frau und der Mutter. Einig sind sich Kristeva und Cixous aber
darin, daß Frauen nicht versuchen sollten, sich schreibend der eigenen
Geschichte und Subjektivität zu vergewissern; sie sollen sich in der von
Kristeva verordneten Subversion der männlichen Ordnung oder der
von Cixous postulierten unendlichen Entäußerung ans Andere veraus-
gaben. Hier eröffnet die Theorie der Geschlechterdifferenz, wie sie vor
allem von Luce Irigaray und den italienischen Philosophinnen vertre-
ten wird, andere Denkmöglichkeiten.

5. Irigaray: Der blinde Fleck im Traum der Philosophen

Der mimetische Diskurs der Frau

Die Psychoanalytikerin und Philosophin Luce Irigaray hat keine Literaturtheorie entworfen, aber ihre Dissertation *Speculum de l'autre femme (Speculum – Spiegel des anderen Geschlechts)* ist einer der wichtigsten
Grundlagentexte der feministischen Literaturwissenschaft. Irigaray
unternimmt darin nicht nur eine Revision der gesamten abendländischen Philosophiegeschichte aus weiblicher Sicht, sie versucht, ein
anderes Schreiben jenseits des ›phallischen‹ Diskurses zu praktizieren.
   Irigarays Revision der Philosophiegeschichte als einer Geschichte
der patriarchalischen Diskurse schließt die Psychoanalyse ein, die sie
als Fortsetzung und zugleich Infragestellung der Philosophie versteht.
In der psychoanalytischen Sexualtheorie, in der die weibliche Sexualität von einem männlichen Modell abgeleitet wird – die Frau ist durch
ihre ›Kastration‹ definiert, sie ist ein defizitärer Mann –, existieren Irigaray zufolge nicht wirklich zwei Geschlechter, sondern nur ein einzi-
ges, das männliche. Damit wird etwas erstmals sichtbar, was in verborgener Weise für die gesamte Geschichte der westlichen Diskurse gilt:
Die scheinbare sexuelle Neutralität dieser Diskurse ist eine Verabsolutierung der männlichen Subjektivität und Sexualität, die auf einer
Ausbeutung und Ausgrenzung des Weiblichen basiert. Gleichzeitig er-

möglicht die Psychoanalyse aber auch die Kritik dieser patriarchalischen Ordnung, denn sie vermag die Wirkungen des Unbewußten aufzudecken. Irigaray benutzt in *Speculum* selbst eine psychoanalytische Lektüremethode: Sie befragt philosophische und psychoanalytische Texte nach ›blinden Flecken‹, nach Spuren von Verdrängung in ihnen. Der Gestus Irigarays ist jedoch nicht der des allwissenden Analytikers, sondern ein Zurücktreten hinter die Texte selbst. *Speculum* besteht aus einer Reihe sehr textnaher Lektüren der Schriften der ›großen‹ Denker: Platon, Aristoteles, Plotin, Descartes, Kant, Hegel, Freud. Es geht dabei gleichermaßen um die Textform, den Signifikanten, wie um die Textaussage. Oft folgt Irigaray der Argumentationsbewegung Satz für Satz. Sie ›durchquert‹ die Schriften der Philosophen: Sie schreibt nicht *über* Theorien, sie schreibt (sich) aus ihnen heraus. Ihr immanentes Kommentierungsverfahren schließt ironisch an das fremde Schreiben an, macht sich dessen Terminologie und Metaphorik zu eigen und gelangt dabei aus der inneren Logik der Texte heraus, die sie konsequent weiterführt, zu kritischen Fragen und Stellungnahmen. Dieses mimetische Vorgehen ist nach Irigaray der einzig mögliche Diskurs der Frau, sofern sie nicht einfach den männlichen Diskurs und die männliche Subjektivität übernehmen will. Denn in der allesbeherrschenden patriarchalischen Ordnung hat die Frau keinen eigenen Ort, auf den sie ihre Identität gründen könnte. So bleibt ihr nur die Möglichkeit, im Durchgang durch die männlichen Zuschreibungen zu versuchen, ihren eigenen Ort zu (re-)konstruieren.

Ihre eigenen Stellungnahmen trägt Irigaray nicht im apodiktischen Gestus traditioneller Diskursivität vor, sondern sie sucht nach Darstellungsformen, die die ›phallischen‹ Werte »Eigentum, Produktion, Ordnung, Form, Einheit, Sichtbarkeit, [...] Erektion« (Irigaray 1980, 89) unterlaufen. Ihre Texte sind äußerst komplex; sie erschließen sich meist nicht beim ersten Lesen. Ihr scheinbar delirierender, metonymisch ausufernder und metaphorisch verdichtender Sprachfluß wird erst auf den zweiten Blick, der um die Intention der Autorin und die Theorien, an die sie kritisch anschließt, weiß, als äußerst präzise erkennbar – eine Präzision, die das Spielerische, die Lust an der Redundanz nicht ausschließt. Irigarays gezieltes Zerstören der Syntax soll kein Chaos anrichten, sondern ein »Doppeltsehen« (ebd., 181) ermöglichen, das hinter jedem Begriff das Verdrängte, aus dem er sich konstituiert hat, hinter jeder scheinbaren Klarheit einen Schatten erkennbar macht. Irigarays Texte sprechen fast immer auf mehreren Ebenen gleichzeitig; abstrakte Begrifflichkeit wird mit metaphorischen Bildräumen kurzgeschlossen, die den Bereich des Physischen, Materiellen und Sexuellen evozieren. Es geht ihr nicht wie Cixous um eine Zerstörung der Sprache, sondern um eine Transformation: »Die aus dem Konzept gebrachte Sprache verlangt in ihren anarchischen Aussagen gleichwohl geduldige Strenge« (ebd., 182). Ihre eigenen Gedanken trägt sie meist in Form von Fragen vor, Ketten von Fragen, die auseinander hervorgehen, die in bestimmte Richtungen führen, nie aber zu einem endgültigen Abschluß im Sinne eines Postulats, einer Verurteilung kommen.

Irigarays Interesse gilt weniger der manifesten Botschaft der Texte, die sie dekonstruiert, als den Spuren des Unbewußten, die auf der Signifikantenebene zum Ausdruck kommen. Sie schließt an das Verfahren Lacans an, hinter dem ›leeren‹ Sprechen des narzißtischen Ich auf das ›volle‹ Sprechen seines Begehrens zu hören. Ihr Augenmerk gilt dabei besonders der Metaphorik, der sich die Texte bedienen. Ähnlich wie Derrida und de Man kehrt Irigaray das Verhältnis zwischen der Aussage der Texte und ihrer Tropik um: Metaphern sind nicht nachträgliche Illustrationen begrifflicher Wahrheiten, sondern Wahrheiten sind erstarrte Metaphern. In die Metaphorik der abendländischen Theoriediskurse sind nach Irigaray elementare Bilder des Körperlichen, Geschlechtlichen, der Geburt und des Todes eingeschrieben, Spuren eines verdrängten ›Imaginären‹ im ›Symbolischen‹. Das ›Imaginäre‹, der begehrende Umgang mit der Welt, ist in einem ›männlichen Imaginären‹ erstarrt, das der männlichen ›symbolischen Ordnung‹ zugrundeliegt. Es ist gebannt in ein hierarchisches Wertsystem, das das Feste über das Flüssige, das Eine über das Viele, das Identische über das Nichtidentische, das Selbe über das Andere stellt, wobei die untergeordneten Begriffe mit dem ›Weiblichen‹ verknüpft sind. Dieses männliche Imaginäre ist das Unbewußte der patriarchalischen Diskurse. Irigarays Lektüren zielen darauf, die erstarrten Bildwelten aufzudecken und zu dekonstruieren. Ihre Strategie besteht zunächst in einer Umkehrung der Hierarchien, um dem Weiblichen einen Eigenwert zusprechen zu können, zielt aber letztlich auf eine Überwindung von Hierarchisierung überhaupt. Gleicht dieses Verfahren Irigarays zunächst dem Derridas, so zielen die konkreten Konsequenzen, die sie daraus ableitet, in die entgegengesetzte Richtung. Sie strebt keine Dekonstruktion der Geschlechterdifferenz an, sondern fordert vielmehr eine Einschreibung der Geschlechterdifferenz, die bislang nicht ›existierte‹, in das ›Symbolische‹ selbst. Sie argumentiert dabei eher strategisch als – wie ihr oft vorgeworfen wurde – essentialistisch: Der Versuch einer Dekonstruktion der Geschlechterdifferenz müsse, solange die weibliche Seite dieser Differenz gar nicht vorhanden sei, notwendig zu einer Affirmation des status quo, einer Bestätigung der Nichtexistenz der Frau führen.

Irigaray will die sexuelle Differenz zum Ausgangspunkt einer neuen sozialen Ordnung machen. Nicht mehr ein universales männliches/menschliches Subjekt soll der Kultur supponiert werden, sondern zwei Subjekte, die irreduzibel voneinander verschieden sind. Das wäre die Voraussetzung einer wechselseitigen Spiegelung der Geschlechter. Irigaray bezieht sich dabei auf die unterschiedliche »körperliche Realität« von Männern und Frauen; diese bedeute jedoch nicht, »daß die Frauen auf ihr ›anatomisches Schicksal‹ zurückverwiesen werden sollen, es bedeutet vielmehr, daß wir auf dasjenige von unserem Körper achten müssen, was in einer vom anderen Geschlecht bestimmten Geschichte unterdrückt und unterworfen worden ist« (ebd., 68f.).

Die Funktion der gesamten Philosophiegeschichte sieht Irigaray darin, die Erfahrung des geschlechtlich differenzierten Körpers, der Materie, der Sinnlichkeit, der Geburt und des Todes zu leugnen – Erfahrungen, die das Subjekt auf seine Herkunft aus dem mütterlichen Körper, seine Eingebundenheit in die Natur und seine Vergänglichkeit verweisen. An die Stelle dieses Wissens um die kreatürliche Abhängigkeit des Menschen tritt ein narzißtischer Diskurs, durch den sich das männliche Subjekt in einer Umkehrung der realen (Re-)Produktionsbedingungen zum alleinigen Produzenten und Beherrscher einer Welt der ›fixen Ideen‹ aufschwingt. Das männliche Subjekt versucht, sich seiner Allmacht zu vergewissern, indem es das komplexe Lebendige durch Repräsentationen ersetzt; es konstituiert eine Welt identischer Objekte, die es bezeichnen, besitzen und beherrschen kann. Das ›Andere‹, das den Herrschaftsanspruch bedroht – die ›Mutter/Materie‹, der Körper, die Natur, der Tod – wird zum Unwesentlichen, Nichtidentischen, Abgeleiteten erklärt und metaphorisch mit dem Weiblichen verbunden, während das Männliche mit dem phantasmatischen Einen und Ursprünglichen identifiziert ist: Form, Geist, Gott. Der Vatergott, das Zentrum der symbolischen Ordnung, ist eine rechtfertigende Projektion der väterlichen Macht, die der Frau ihre Macht zur (Re-)Produktion von Leben streitig macht und sich selbst als Ursprung allen Seins setzt. Der Frau wird die Funktion einer lebenserhaltenden Energieressource und eines die männliche Subjektivität stützenden und entlastenden Spiegels zugewiesen: Sie ist »der weibliche Knecht, ohne eigenes Selbst« (Irigaray 1980, 279). Sie ist zum bloßen ›Produktionsmittel‹ degradiert, das Besitztum des Mannes ist. Als enteignete Gebärmaschinen erhalten die Frauen eine männliche Genealogie am Leben, in der sie verschwinden: Während sich der Vater im Sohn reproduziert, dem er seinen Namen vererbt, gibt es für Frauen keine Genealogie.

Irigaray will der Frau Subjektstatus zusprechen; ihr Schreiben versteht sich als ein *parler femme*, ein ›die Frau sprechen‹ und ›als Frau sprechen‹, wo traditionell über die Frau gesprochen wurde. Anders als bei Kristeva oder Cixous erscheinen bei Irigaray nicht männliche Avantgardeautoren als Sprecher des *parler femme*; sie bindet männliche und weibliche Subjektivität an geschlechtlich differenzierte Körperlichkeit. Der eigentliche ›Skandal‹ ihres Schreibens liegt darin, daß sie dem männlichen ›Imaginären‹, das ihre Archäologie der philosophischen Diskurse aufdeckt, als Desiderat ein weibliches ›Imaginäres‹ an die Seite stellt. Wenn man/frau im Einklang mit Freud und Lacan annimmt, daß die symbolische Ordnung die männliche Perspektive verabsolutiert und daß diese Perspektive auf frühkindlichen (Körper-)Erfahrungen basiert, dann folgt daraus, daß die verdrängte weibliche Perspektive, wenn sie eine Stimme in dieser symbolischen Ordnung hätte, sich aus anderen Erfahrungen konstituieren würde. Diese Erfahrungen sind aber nicht verfügbar. Sie müssen ›vergessen‹ werden, weil es in der ›phallischen‹ Sprache keine Symbolisierungsmöglichkeiten dafür gibt. Die Frau ist nach Irigaray von ihrem Unbewußten, ihrem Imaginären, ihrer Sexualität entfremdet, sie hat keinen Zugriff mehr darauf. Statt dessen ist ihr in der patriarchalischen Gesellschaft die Aufgabe zugewiesen, das *männliche* Unbewußte, das *männliche* Imaginäre, die *männliche* Sexualität zu verkörpern.

In der Hysterie begehrt die Frau sprach-los gegen ihre psychophysische Enteignung auf, ohne ihr etwas Eigenes entgegensetzen zu können. Dieser hysterische Protest steht hinter dem Schreiben von Irigaray; sie versucht in ihren Texten, ihm eine Sprache zu geben.

Die ›vernünftigen‹ Worte – über die sie übrigens nur durch Mimesis verfügt – sind außerstande zu übersetzen, was in den kryptischen Bahnen der Hysterie als Leiden oder als Latenz pulsiert, schreit oder unklar in der Schwebe bleibt. [...] Dann gilt es, den Sinn *radikal zu erschüttern* und die Krisen, die ihr ›Körper‹ in seiner Unfähigkeit, zu sagen, was ihn schüttelt, durchmachen muß, in ihn zu übertragen, zu reimportieren. (Irigaray 1980, 181)

Aber Irigaray bleibt nicht im hysterischen Protest stehen. Ihre Mimesis hat ein Ziel: Sie versucht, die Leerstelle, die die Durchquerung der männlichen Diskurse offenbarte, wo der Ort des Weiblichen sein sollte, neu zu besetzen. An die Stelle der patriarchalischen Verabsolutierung des Männlichen soll ein zweifaches, geschlechtlich differenziertes Symbolisches treten, das auch der Andersartigkeit der weiblichen Erfahrung Rechnung tragen würde.

Das Flüssige und die Gottheit

Es gibt in *Speculum* einen zentralen, aber unerwähnten Text, den Irigaray durchquert, indem sie alle anderen durchquert: den Text Lacans. Ihm entlehnt sie auch ihren Begriff des ›Imaginären‹. Diese Auseinandersetzung mit Lacan hat zum Ausschluß Irigarays aus der Lacan-Schule geführt. Eine verkürzende Rezeption innerhalb der feministischen Theorie läßt die Positionen Lacans und Irigarays als entgegengesetzt erscheinen: Irigaray gilt vielen als Essentialistin, die im Körper der Frau ein unreduzierbares Weibliches suche, wogegen Lacan gezeigt habe, daß der Eintritt des Menschen in die Sprache notwendig mit dem Verlust des Realen verbunden sei. Innerhalb der um den Phallus zentrierten symbolischen Ordnung könne es keinen unmittelbaren Zugang zum Körper mehr geben, schon gar nicht zum Körper der Frau, der für die symbolische Ordnung buchstäblich nichts-sagend sei.

Irigarays Essentialismus ist aber nicht einfach naiv-realistischer, sondern strategischer Natur. Sie geht von den Prämissen des Lacanschen Denkens selbst aus: Wenn es stimmt, daß es in der symbolischen Ordnung keinen Ort der Frau gibt, dann müssen wir, um daran etwas zu ändern, nach Formen suchen, um das Weibliche zu symbolisieren. Um Geltung gewinnen zu können, dürfen diese Formen nicht willkürliche individuelle Schöpfungen sein; Irigaray sucht sie im Fundus der Kultur selbst, in den Spuren des Verdrängten, das diese in der Verdrängung bewahrt: ein Unbewußtes noch jenseits des Unbewußten des Patriarchats. Irigaray praktiziert dabei eine Besitzergreifung dessen, was den Frauen immer schon kulturell zugewiesen wurde – der Bereich der Natur und der Mimesis –, aber sie wertet diesen Bereich radikal um. Dadurch soll das patriarchalische Sinn-System selbst, das sich konstituiert hat, indem es diesem Bereich den Ort der Negativität angewiesen hat, in seinem Wesen verändert werden: »dann gilt es also, allen Sinn von oben nach unten, von hinten nach vorn zu kehren. Dann gilt es, den Sinn *radikal zu erschüttern*« (Irigaray 1980, 181).

Von Lacan bezieht Irigaray auch das zentrale Bild-Feld in *Speculum*, die optische Metaphorik, die um Licht, Auge, optische Apparaturen und Spiegel kreist. Im Anschluß an ein Diktum Freuds, man habe sich die Psyche vorzustellen wie einen optischen Apparat, veranschaulichte Lacan in seinem Seminar von 1953/54 die Funktion des ›Imaginären‹ anhand einer Installation, die aus der Montage eines Hohl- und eines Planspiegels bestand. Diese Spiegelmontage sollte eine Zweiphasigkeit des ›Imaginären‹ veranschaulichen: Der Hohlspiegel, der imaginäre Bilder im realen Raum hervorbringt, steht für das urspüngliche Imaginäre, das allererst die Hervorbringung einer ›Welt‹ durch die Bewegung einer sich konstituierenden Subjektivität ermöglicht. Der Planspiegel, der das Bild des Hohlspiegels nochmals spiegelt, symbolisiert das narzißtische Einrasten des Ich als *moi*, das am Ausgang der Spiegelphase eine ›phallische Identifikation‹ vollzieht (Lacan 1978).

Irigaray wendet diese Spiegelmetaphorik aber gegen die Theorie Lacans, der sie entstammt: Ihr geht es um eine Rückkehr hinter den patriarchalischen Planspiegel zu den verdrängten Bildern des Hohlspiegels. Sie weist (wie Kristeva und Cixous) Lacans Postulat von der Unhintergehbarkeit des Symbolischen zurück: daß der Spracherwerb den absoluten und unwiderbringlichen Verlust der präödipalen Welt bedeute. Wie Kristeva geht es auch Irigaray darum, die präödipale Erinnerung an den Körper und die Mutter in das Symbolische einzubringen. Irigaray versucht jedoch, ein zweifaches, geschlechtlich differenziertes ›Imaginäres‹ zu denken: Wenn die Verabsolutierung des Männlichen in der symbolischen Ordnung auf einem phallischen Narzißmus, einem männlichen Körperbild beruht, und wenn ein Zurück hinter dieses männliche Symbolische gedacht werden kann, dann kann dieses als Rekonstruktion eines verdrängten weiblichen Körperbildes vorgestellt werden, durch das der weiblichen ›Morphologie‹ ein Wert zugesprochen würde: Räume, Höhlungen, Flüssigkeiten, Öffnungen, Lippen würden an die Stelle des Phallusmonopols treten. Derartige Überlegungen als ›Biologismus‹ zu bezeichnen, greift zu kurz; sie beziehen sich nicht auf ein ›Reales‹, sondern ein ›Imaginäres‹, und sie haben nicht zuletzt die strategische Funktion einer Antwort auf den gigantischen Biologismus, den die phallozentrische Ordnung selbst darstellt. In ihr ist »das Imaginäre *eines* Geschlechts, eines Moments in der Geschichte eines Geschlechts für die Wahrheit und sogar für die einzig mögliche Realität genommen worden« (Irigaray 1987, 154; Hervorh. im Text).

Ein weibliches Symbolisches, das eine weibliche Selbst-Identifikation auf der Grundlage eines anderen, weiblichen ›Imaginären‹ ermöglichte, würde auch eine neue soziale Interaktion der Frauen bedeuten. Bislang gab es im Grunde keine Beziehung der Frauen untereinander: Sie verhielten sich zueinander als konkurrierende ›Waren‹, die nach männlichen ›Käufern‹ suchten. Eine Selbst-Identifikation war ihnen nur über ihren Bezug zum Mann/Vater möglich, nicht zur Frau/Mutter. Eine weibliche Identifikation denkt Irigaray als eine grundsätzlich andere, die nicht mehr unter dem phallischen Primat des Einen und der Abgrenzung stünde; als ein *Geschlecht das nicht eins ist*: eine ›flüssige‹ Subjektivität, die sich auf sich selbst bezieht, ohne sich vom Anderen abzugrenzen. Ihre Bestimmung dieser Subjektivität leitet Irigaray von den Charakteristika der weiblichen Morphologie her: der

Zweiheit der Schamlippen und deren ›Selbstberührung‹. Aufgrund der
anderen Form ihrer Geschlechtsorgane und ihres Selbstbezugs sei der
Frau auch ein anderer Umgang mit ihren Objekten zu eigen – die
keine ›Objekte‹ mehr wären: »der Vorrang des Blicks und der Abson-
derung der Form, der Individualisierung der Form, (ist) einer weiblichen Erotik fremd« (Irigaray 1979, 25). Wichtiger als der Blick sei der
Frau die Berührung; der ›zweidimensionalen‹ Welt der Repräsentationen, die der patriarchalische Planspiegel hervorbringe, stellt Irigaray
einen weiblichen ›Raum‹ gegenüber, in dem die Grenzen zwischen
Innen und Außen durchlässig sind.

Irigaray ist die einzige feministische Theoretikerin, die versucht, auf
der Grundlage des poststrukturalistischen Denkens der Affirmation
weiblicher Nicht-Subjektivität im Poststrukturalismus zu entgehen, also
am feministischen Programm der Konstitution einer weiblichen Subjektivität festzuhalten. Die Art, wie sich weibliche Subjektivität und
weiblicher Gegen-Diskurs bei Irigaray verbinden, erscheint dennoch
problematisch. Blick, Form, Metapher stehen auf der Seite des Männlichen; Berührung, Fluß und Metonymie auf der des Weiblichen. Diese Zuweisung hat eine ähnliche Dualisierung zur Folge wie bei Cixous,
die die traditionelle Opposition der Geschlechter in der Umkehrung
bewahrt. Wenn Form/Identität/Eigentum als männlich zurückgewiesen werden, verweigert die Frau sich selbst Möglichkeiten der Selbstidentifikation, die eine *lebbare* Alternative zur patriarchalischen Rollenzuweisung wären. ›Leben‹ – ein Begriff, den Irigaray und Cixous
dem patriarchalischen Diskurs entgegenhalten – ist nicht nur Flüssig-
keit, Kontinuität, Interaktion und Vernetzung, sondern eben auch
Individuation und Abgrenzung. Irigaray wertet zurecht das Ausgegrenzte auf. Aber sie neigt dazu, es zu verabsolutieren.

Die Privilegierung des ›Flüssigen‹ bildet auch einen Widerspruch
zu Irigarays Suche nach symbolischen Gestalten des Weiblichen, die in
ihren späteren Schriften mehr und mehr in den Vordergrund tritt.
Diese andere, nicht weniger problematische Seite ihres Denkens führt
Irigaray zu einer Relektüre antiker Weiblichkeitsmythen und gipfelt in
der Forderung nach einer weiblichen Gottheit. Diese denkt sie zwar
nicht als Eine, sondern als die Dualität einer Mutter-Tochter-Beziehung, wobei sie sich auf den antiken Demeter-Kore-Mythos bezieht.
Sie knüpft dabei jedoch deutlich an Lacans Konzept des symbolischen
Vaters an, nach dem das Göttliche als zentrale ›Metapher‹ notwendig
ist, um Sozialität, Subjektivität und Sinnproduktion zu regeln. Karin
Rick weist in ihrem Vorwort zu dem Interview-Band Zur *Geschlechterdifferenz* den Verdacht zurück, Irigaray habe in jüngster Zeit eine
Wendung zum Mystizismus vollzogen. Irigaray habe in ihre Analyse

der Ausgrenzung der weiblichen Sexualität die Reflexion über Entstehungsmythen hineingenommen, weil jede Form von Herrschaft eine legitimierende Verankerung im Imaginären zur Grundlage habe. Irigarays Forderung nach einer weiblichen Gottheit sei die Konsequenz ihres Anspruchs auf die Setzung einer positiven, weiblichen Ordnung und einer weiblichen Identität. Diese müsse sich mit einer Revision des Religiösen verbinden, das sonst in »travestierter Form [...] unmerklich unser Handeln bestimmt« (Irigaray 1987, 7).

Die Forderung nach einer neuen weiblichen Religion ist aber eine fragwürdige Antwort auf die theologische Fundierung der patriarchalischen symbolischen Ordnung. Irigaray gerät dadurch in Gefahr, die autoritären Festschreibungen, die sie bei Lacan zurückweist, entgegen ihrer Absicht in einer ›weiblichen symbolischen Ordnung‹ zu wiederholen. Eine Aufwertung des Weiblichen setzt Intersubjektivität voraus, Akte wechselseitiger Anerkennung unter Frauen. Weibliche Selbstidentifikation kann über sehr unterschiedliche Beziehungen zwischen (symbolischen) ›Müttern‹ und ›Töchtern‹ oder auch ›Schwestern‹ erfolgen. »Die sich selbst verdoppelnde Frau« (Elisabeth Lenk) findet in der anderen Frau einen weiblichen ›Spiegel‹, der ihr ermöglicht, sich selbst *als* Frau zu bejahen und damit den Hang zum Selbsthaß oder zur Selbstauslöschung zu überwinden, den unsere Kultur vielen Frauen immer noch aufdrängt. Das hat niemand eindringlicher bewußt gemacht als Irigaray. Aber eine Aufwertung des Frauseins braucht keine Verankerung in einer neuen Religion, die, wenn sie überhaupt möglich wäre, die Geschlechterdifferenz als unverrückbare Dualität zweier Essenzen festschreiben würde.

Symptomatische Lektüren

Die Vorstellung einer mimetischen Durchquerung der männlichen Diskurse, die als eine Bewegung innerhalb des patriarchalischen ›Symbolischen‹ auf ein Ziel außerhalb dieses ›Symbolischen‹ ausgerichtet ist, ermöglicht eine differenziertere Sicht auf literarische Texte von Frauen als die Theorie Kristevas, die sie auf das Innerhalb festlegt oder die Cixous', die das Außerhalb eines befreiten weiblichen Schreibens propagiert. Wo die anderen Theoretikerinnen jede Konstitution weiblicher Subjektivität zurückweisen, kann Irigaray gerade in ihrem Zusammendenken von Innerhalb und Außerhalb die Vorstellung eines positiven weiblichen Selbstbezugs entwickeln.

Lektüren literarischer Texte von Irigaray selbst sind mir nicht bekannt. Eine Ausnahme stellt vielleicht ihr Vortrag über Unica Zürn

dar, der sich allerdings nicht explizit auf die literarischen Texte, eher
auf das zeichnerische Werk bezieht. Unica Zürn gelingt es Irigaray
zufolge nicht, in ihren künstlerischen Produktionen einen Bezug zu
sich selbst zu entwickeln, der einen eigenen ›Raum‹ konstituieren
würde. Sie arbeite zwar ohne Unterlaß an einer Selbstbefragung, aber
diese könne sich nur als Selbstzerstückelung artikulieren: Zürn frag-
mentiere sich, ihren Körper, ihr Ich, ihr Leben. Irigaray verurteilt diese
künstlerische Produktion nicht, sondern liest sie als Symptom, das die
Suche nach dem fehlenden weiblichen Selbstbezug zugleich artikuliert
und zum Scheitern bringt. Den Grund dafür sieht sie in der Unfähigkeit der Künstlerin, sich von der männlichen Sicht zu lösen. Zürn
mache sich die Zerstückelungsphantasien ihres Lebensgefährten Hans
Bellmer zu eigen, die der Zweidimensionalität eines destruktiven, ana-
lytischen Blicks verhaftet seien; »sie verliert sich in dem einseitigen
Spiegel, den der Mann ihr präsentiert« (ebd.). Zürn, die sich als »un-
geboren« empfinde, könne darin für viele Frauen stehen:

> Die Geburt ist Distanz vor jeder Form oder, genauer, sie begründet das Ein-
> treten in eine Morphologie. Einmal geboren, ist es unmöglich, vollkommen
> wandelbar, vielgestaltig zu bleiben. Geboren werden ist für eine Frau schwie-
> rig, weil sie vom gleichen Geschlecht ist wie die Mutter [...]. Jede Geburt ist
> ein Opfer durch Trennung, Durchtrennung einer Symbiose, Verlust des Le-
> bens, in dem alles gegeben ist. Unterscheidung eines Lebens und eines Todes,
> zweier Leben und zweier Tode vor allem. [...] (Unica Zürn) fehlt der Halt
> einer Grenze, einer Existenz, eines Alleinseins [...]. Diese Geburt steht den
> Frauen noch bevor, muß ihre eigenen Formen noch finden (oder wiederfin-
> den?). Das ist ihre Chance, schöpferisch zu sein. (Irigaray 1987, 147f.)

In einer von Irigaray inspirierten Lektüre dreier Texte von Marguerite
Duras kommt Rosa Rigendinger zu ähnlichen Ergebnissen wie Irigaray
in ihrem Vortrag über Unica Zürn. Auch Rigendinger interpretiert das
Schreiben von Duras als eine Selbstbefragung, die, weil sie unter der
Herrschaft des männlichen Blickes erfolgt, zu einer Selbstdestruktion
führt. Im Gegensatz zu Zürn, deren Texte vor allem als Dokumente
eines psychotischen Wahns rezipiert wurden, ist Duras aber eine anerkannte Autorin. In Übereinstimmung mit ihrem Selbstverständnis gelten ihre Texte vielen als Inbegriff ›weiblichen‹ Schreibens überhaupt;
im Anschluß an Lacans *Hommage* ist sie zu einer poststrukturalistischen Musterautorin avanciert. In dieser Situation wird aus dem fehlenden weiblichen Selbstbezug der Künstlerin eine Ideologie, die normative Geltung beansprucht.

Rigendinger unterzieht die Texte einer ›genealogischen Lektüre‹.
Anders als die dekonstruktive Lektüre, die Texte ausschließlich als auto-
referentielle Sprachkunstwerke liest, befragt sie die Texte gerade auf

ihre verborgene Semantik hin: die Einschreibung der Materie, der Körper, der sexuellen Differenz im Text.

Literaturproduktion (ist) auch dann noch – ungewollt – Sinnproduktion [...], wenn sie diese gerade vermeiden will; wenn sie, wie im Falle Duras, bestimmte Sinnzentren in nicht mehr einholbare Spuren zu zerstreuen vorgibt. (Rigendinger 1993, 15)

Rigendinger unterzieht die dekonstruktiven Texte der Duras also wiederum einer Dekonstruktion, die deren Textintention subvertiert. Diese Subversion erfolgt, wie in Irigarays Lektüren philosophischer Texte in *Speculum*, über eine Entzifferung und Entflechtung der »Bild-Räume« (ebd., 70), die die Texte entwerfen.

Rigendingers Lektüre gilt drei Texten der Duras, die in den siebziger und achtziger Jahren veröffentlicht wurden. Alle drei inszenieren das Verhältnis der Geschlechter in der Form einer Überschreitung: *L'Homme assis dans le couloir* (1980; *Der Mann im Flur*, 1982), in dem eine beobachtende Erzählerfigur eine gewaltsame sexuelle Begegnung zwischen einem Mann und einer Frau beschreibt; *Agatha* (1981; *Agatha*, 1986), der szenische Dialog eines Geschwisterpaares, das eine Inzesterfahrung sprachlich rekapituliert; *Aurelia Steiner* (II) (1979; *Aurelia Steiner*, 1989), ein experimenteller Text, der im Schreiben einer jungen, jüdischen Ich-Erzählerin über das Sterben ihrer Eltern im KZ gegenwärtige und erinnerte, szenisch-reale und phantasierte Ereignisse bruchstückhaft montiert, ohne daß diese sich zu einer Sinneinheit zusammenfügen ließen. Rigendinger beobachtet in allen Texten eine Vermischung zweier Diskurse, die das Konkreteste und Abstrakteste in eins zusammenziehe: »die Rede körperlicher Lust verbindet sich unentwindbar mit der Rede über Gesetz und Verbot« (ebd., 94). Indem Rigendingers Relektüren diese Diskurse wieder entflechten, machen sie eine hierarchische Struktur sichtbar, die in die Texte eingeht: Sie zeigen, wie bei Duras die Physis durch ein patriarchalisches ›Meta-Physisches‹ überformt wird. Die Texte selbst reflektieren dieses Machtverhältnis nicht, sondern stellen es als ›Natur‹ dar: Duras beansprucht, das wahre, unbewußte Wesen des Begehrens zum Vorschein zu bringen. Diese Naturalisierung hindert sie Rigendinger zufolge an einer Infragestellung des Geschlechterverhältnisses in seiner bestehenden Form; sie nimmt die Ideologie, die der Frau ihren Körper abspricht, vielmehr beim Wort und macht die Negation des Körpers zur Berufung der Frau. Bei aller scheinbaren Hinwendung zum Materiellen ist die Eliminierung des Körpers der eigentliche Kern ihres Schreibens:

Individuation und Sexierung, das Leben in der eigenen Haut sind nur als Grenze und Gefängnis, die überwunden werden müssen, figuriert. Durch verzweifelte Penetrationen, Verletzung, Distanzierung, Tötung des Körpers. (ebd., 105)

So fungiert in dem Vergewaltigungs- und Tötungsszenario *Der Mann im Flur* der Phallus des Mannes als gemeinsamer Nenner der Lust, der beide Geschlechter in sich vereint:

> Von dort geht alle Macht aus, dort nährt sich die Frau [...] Außer sich, aus ihrem eigenen Körper fortgezogen [...]. Ihr Geschlecht hat keine Form [...] Es erscheint nur als Abseite, Rückseite, Negativ, als nicht lust-, nicht form-, nicht symbolfähiges Übriges. (ebd., 95)

So kann auch die weibliche Figur in *Agatha* nur über den Bruder und dessen Sprache einen Weg zu ihrem Körper finden, der ihr ein fremdes Objekt geworden ist. In *Aurelia Steiner* (II) verschmelzen Mutter und Tochter im Blick des Mannes zu einer ungeschiedenen Einheit, die sich in ihrer Namensgleichheit ausdrückt. So muß die Suche nach der Mutter und damit der eigenen weiblichen Identität in einer Auslöschung enden: »Die schreibende Frauenfigur Aurelia Steiner lebt in totaler Spaltung von Körper und Geist/Schrift« (ebd., 166). Während ihr Geschlecht die Ich-Erzählerin ungeschieden von ihrer Mutter läßt, definiert sie sich als Schreibende über den toten Vater, an den sie Briefe schreibt; die Mutter, mit einer dem Tod verfallenen Natur gleichgesetzt, verschwindet als Identifikationsfigur, die mütterliche Genealogie wird entwertet. Auch hier ist die Ich-Erzählerin ihrem Körper entfremdet, den sie nur über ihre Prostitution an Männer erfahren kann. Der Text feiert Rigendinger zufolge diese Prostitution als ein Opfer, in dem die Protagonistin mimetisch die Opferung der Juden nachvollzieht. Letztlich würden, so Rigendinger, Opfer und Tötung gerechtfertigt und zum Vehikel des Heiligen erklärt, das sich in der zum Paradigma des ›Weiblichen‹ stilisierten, christusgleichen Heldin verkörpere. Die Frau finde ihre mimetische Existenz in einem ›Leben‹, das mit Leiden, Tod und Schrift identisch werde. »Den Frauengestalten (ist) die alte Opferrolle zugewiesen [...] Ohne Ausblick, tatenlos [...] im selbstgewählten Exil – anästhesiert, ästhetisiert« (ebd., 190). Der Wert der Texte von Marguerite Duras liegt für Rigendinger nicht in der Textintention, sondern in der Symptomatik, die darin ungewollt zum Ausdruck kommt. Sie sind »Lehrstück(e), allerdings weniger über das wahre, das unbewußte Wesen von Trieb und Begehren, als über unsere Form des (Nicht-)Sehens und Denkens der Differenz: das abendländische Theater der Repräsentation« (ebd., 84).

Die Italienerinnen

> *Jenseits der aus der weiblichen Anatomie abgeleiteten Rollen*
> *hängt das Schicksal einer Frau in der Luft; es hängt von per-*
> *sönlichen Entscheidungen ab, die man den Frauen heutzutage*
> *problemlos zugesteht, die jedoch nicht durch das Bewußtsein*
> *aufgewertet sind, daß sie irgendeiner objektiven Notwendigkeit*
> *entsprechen. [...] Das menschliche Wesen weiblichen Geschlechts*
> *bindet sich an nichts, wenn es nicht für die Fortpflanzung*
> *sorgen muß. Wenn die Frau von der Knechtschaft ihres anato-*
> *mischen Schicksals befreit ist, wird sie nicht automatisch frei,*
> *sondern überflüssig.*
>
> Libreria delle donne di Milano:
> *Wie weibliche Freiheit entsteht*

Luce Irigaray ist zwar von der Bewegung des poststrukturalistischen
Denkens nicht zu trennen, aber mit ihrer Theorie der Geschlechterdifferenz ist sie in Frankreich, wo die Zweiheit der Geschlechter nach
Derrida als ›Metaphysik‹ gilt, eine Außenseiterin. Ihre Stimme fand
jedoch im italienischen Feminismus, dessen Tendenz zur kollektiven
Theoriebildung in Projektgruppen Irigarays Konzept einer neuen weib-
lichen Sozialität entgegenkam, einen starken Widerhall. Vor allem zwei
Gruppen haben mit Publikationen auf sich aufmerksam gemacht, die
auch im deutschsprachigen Raum Verbreitung fanden: die *Libreria delle*
donne di Milano (*Wie weibliche Freiheit entsteht*) und *Diotima*, eine
Philosophinnengruppe aus Verona. Deren Buch *Der Mensch ist zwei* ist
nicht mehr wie das der *Libreria* rein kollektiv verfaßt, die einzelnen
Beiträge sind namentlich gekennzeichnet; *Diotima* zieht damit die
Konsequenz aus der zentralen Erkenntnis der *Libreria*, es komme nicht
darauf an, eine abstrakte Gleichheit und Solidarität der Frauen in ihrem Opferstatus zu praktizieren, sondern gerade die Differenzen der
Frauen untereinander – die Unterschiede in ihren Kompetenzen, ihrem Wissen, ihrer persönliche Autorität – in einer nicht-repressiven
Form sozialer Hierarchien fruchtbar werden zu lassen. Die Theoriebildung beider Gruppen ist stark praxisorientiert; sie übernehmen zwar
aus Frankreich den Begriff der ›symbolischen Ordnung‹ – »die Ordnung der Dinge hängt von der Sprache ab« (Libreria 1989, 127) –,
aber die Erfahrung der konkreten Individuen, die materielle und gesellschaftliche Realität tritt nicht dahinter zurück. Beide Gruppen
wenden sich gegen den Anspruch auf Gleichheit der Geschlechter, der

die erste Phase des Feminismus bestimmt habe und stellen die sexuelle
Differenz in den Vordergrund. Wie Irigaray gehen sie davon aus, daß
die Geschlechterdifferenz in der abendländischen Kultur nie wirklich
gedacht worden sei; vom Beginn des abendländischen Denkens an sei
das Männliche als Universelles, Allgemeinmenschliches gesetzt worden,
während die Bestimmungen des Weiblichen nachträglich von diesem
Maßstab abgeleitet wurden: »Im logischen Prozeß der Universalisierung des Männlich-Begrenzten ist das Weiblich-Begrenzte in der Tat
abwesend, und erst zuletzt wird es außerhalb des Prozesses vorgefun-
den und ihm einverleibt« (Diotima 1989, 67), schreibt die Philosophin Adriana Cavarero. Die Frau als andere des Mannes werde als das
›andere-desselben‹ bestimmt und nicht als eine irreduzibel andere Weise
menschlicher Subjektivität. Diese Privilegierung des Männlichen und
Eliminierung des Weiblichen als eines anderen sei hinter einer scheinbaren sexuellen Neutralität der kulturellen Diskurse verborgen geblieben.

Für die Italienerinnen sind Mannsein und Frausein zwei irreduzibel
unterschiedene Weisen des Menschseins. Sie versuchen jedoch nicht,
diese Seinsweisen inhaltlich zu bestimmen, sondern sehen sie als eine
grundsätzliche Gegebenheit, die mit verschiedenen Bedeutungen aufgeladen werden kann:

Die sexuelle Differenz ist eine ursprüngliche Differenz im Menschsein. Wir
dürfen sie nicht in dieser oder jener Bedeutung einschließen, wir müssen sie
zusammen mit unserem Körper-Sein akzeptieren und ihr Bedeutung geben –
als unerschöpflicher Quelle immer neuer Bedeutungen. (Libreria 1989, 150)

Es geht ihnen um die sozialen Beziehungen, durch die eine Selbstidentifikation der Individuen möglich wird. Beziehungen der Frauen untereinander sind in der ›symbolischen Ordnung‹ nicht vorgesehen; die
westliche Kultur ist ›homosexuell‹ (Irigaray), ein Vertragswerk unter
Männern, in dem Frauen als Subjekte nicht vorkommen, obwohl sich
die Männer über sie definieren und reproduzieren. Weil das Verhältnis
der Frauen untereinander nicht über den kulturellen Vertrag geregelt
ist, ist es auf einem vorkulturellen Stand stehengeblieben und einerseits
von einem undifferenzierten Wir-Gefühl, andererseits von Neid, Kon-
kurrenz und Raub bestimmt. Die einzelnen Frauen können sich innerhalb dieser Ordnung nur als unwesentlich erfahren; sie »finden [...]
sich entweder in einer für sie selbst und die Gesellschaft unsichtbaren
Innerlichkeit wieder oder sie verlieren sich an ihre Liebesobjekte« (Diotima 1989, 59). Dem wollen die Italienerinnen durch die Konstitution einer ›weiblichen symbolischen Ordnung‹ begegnen, durch ein
Netz von Beziehungen der Frauen untereinander, das ein »Sich-Ein-

schreiben in die Repräsentationssysteme« (ebd., 10) zum Ziel hat. Den Weg dorthin sehen sie in einer neuen Praxis weiblicher Intersubjektivität, die sie *affidamento* nennen. Das Wort meint eine Freundschaftsbeziehung zwischen Frauen, in der sich Frauen gegenseitig *als* Frauen bestätigen und anerkennen. ›Freiheit‹ kann eine Frau nach Ansicht der Italienerinnen nicht durch Gesetze und Rechte allein gewinnen, die ihr den gleichen Status wie dem Mann garantieren, sondern nur, wenn sie sich selbst als Frau bestätigen kann. Dazu braucht sie eine weibliche Vermittlungsinstanz zum gesellschaftlichen Anderen, wo es bislang nur männliche Identifikationsmuster gab.

Das *affidamento* ist als eine Erneuerung der Beziehung zur Mutter gedacht. Die ursprüngliche Mutterbeziehung einer Frau ist meist ebenso wirksam wie verdrängt, weil sie keinen Ort in der symbolischen Ordnung hat. Wenn die Frau aber nicht anerkennt, was sie ihrer Mutter ›schuldet‹, kann die Beziehung zu ihr nicht für eine Selbstidentifikation produktiv werden. Dies soll nachgeholt werden in einer bewußten, gewählten Beziehung zu einer anderen Frau, die die Funktion einer ›symbolischen Mutter‹ übernimmt. Die Beziehung des *affidamento* stellen sich die Italienerinnen als eine Beziehung zwischen zwei Frauen vor, die von einer Differenz getragen wird: einer Differenz im Alter, im Wissen, in der Erfahrung. Indem die eine dieses ›mehr‹ der anderen freiwillig anerkennt, findet sie in ihr eine ›symbolische Mutter‹. Die ›Autorität‹ der ›symbolischen Mutter‹ wird nicht als repressiv, sondern als unterstützend gedacht: Sie unterdrückt nicht das ›Begehren‹ der anderen, sie fördert es. Nach den Italienerinnen gibt es in jeder weiblichen Existenz einen Widerspruch zwischen einem ›Willen zu siegen‹ und einer ›Fremdheit‹ gegenüber dem gesellschaftlichen Leben: Die Hoffnung darauf, sich in der Welt durchzusetzen, die bei jungen Mädchen noch stark ist, stößt auf die Erfahrung des Ausgeschlossenseins aus der Kultur und erzeugt einen inneren Widerstand, aktiv am gesellschaftlichen Leben teilzunehmen. Diese Resignation soll durch das *affidamento* aufgefangen werden: Der ›Wille zu siegen‹ und das Wissen um den Ausschluß der Frau sollen sich gegenseitig ergänzen. Das Wissen allein kann zu Depression und Resignation, das Begehren nach Geltung zur Verleugnung der eigenen Weiblichkeit und zu männlicher Identifikation führen. – Mir erscheint an diesem Modell weiblicher Interaktion die Festlegung auf Mutter-Tochter-Beziehungen, in denen Differenz nur als ein ›mehr‹, nicht als ein ›anders‹ gedacht ist und die Tochter das ›Begehren‹ stellvertretend für die ›wissende‹ Mutter ausagiert, unbefriedigend. Die Erkenntnis der identitätskonstituierenden Beziehung einer Frau zur anderen Frau wird, analog zu Irigarays weiblicher Gottheit, auf eine einzige, hierarchisch strukturierte Form festgelegt.

Das *affidamento*-Konzept der *Libreria* entstand innerhalb eines Lektüreprojekts, in dessen Verlauf die Teilnehmerinnen entdeckten, daß Jane Austen, Emily und Charlotte Brontë, Elsa Morante, Gertrude Stein, Silvia Plath, Ingeborg Bachmann, Anna Kavan, Virginia Woolf und Ivy Compton-Burnett für sie als ›symbolische Mütter‹ fungierten. In dieser Autorin-Leserin-Beziehung wird die Problematik der Hierarchie und Rollenverteilung innerhalb der *affidamento*-Beziehung nochmals deutlich: Die Schrift der literarischen ›Mütter‹ erscheint als Artikulierung eines ›Wissens‹, das Leben der feministischen Töchter als Einlösung dieses Wissens durch ein intaktes Begehren. Wenn sich dieses Literaturprojekt als ein »totales Experimentieren« verstand, das »zur Aufhebung der Grenzen zwischen Leben und Literatur« (Libreria 1989, 127) führen sollte, so erfolgt diese Aufhebung nur einseitig: Literatur wird funktionalisiert zum bloßen Vehikel von Bewußtwerdung, die in politischer Praxis eingelöst wird. Nach der Rezeption ihrer Inhalte sind die Texte offenbar überflüssig geworden.

Die Frauen von *Diotima*, deren weiblicher ›Kanon‹ sich zum Teil mit dem der *Libreria* deckt – Gertrude Stein, Virginia Woolf, Elsa Morante, Ivy Compton-Burnett, Christa Wolf, Clarice Lispector – bestimmen Literatur als einen Sonderdiskurs, der eine Artikulation von Erfahrungen ermöglicht, für die es im ›Symbolischen‹ eigentlich keine Sprache gibt. Der literarische Diskurs sei zwar selbst Teil des männlichen ›Symbolischen‹, aber er sei offener als der philosophisch-wissenschaftliche Diskurs:

Der poetische oder erzählerische Diskurs hat geschmeidigere und feinere Instrumente, um vermittels der fremden Sprache die möglichen Bedeutungen der fehlenden Sprache zu evozieren. Es gibt [...] eine Literatur von Frauen, die zu Frauen spricht. (Diotima 1989, 76)

Literatur wird als ein privilegierter Ort der Einschreibung der in der ›symbolischen Ordnung‹ verleugneten sexuellen Differenz angesehen. Literarische Texte von Frauen, so *Diotima*, artikulierten die verleugnete Differenz als »Passion«: als Erfahrung, daß »der geistigen Substanz [...] aufgrund des Körpers etwas widerfährt« und »das Denken [...] in sich die nicht gewußte Differenz erleidet« (ebd., 40f.). Die »große Frauenliteratur des zwanzigsten Jahrhunderts« sei über die bloße Artikulation dieser Erfahrung hinausgegangen und habe ihr die Form eines Wissens verliehen. Dieses Wissen meint aber nicht das Wissen um ein genuin Weibliches jenseits der patriarchalischen Zuschreibungen. Eine »reine und freie« Vorstellung der Frau ist nicht möglich; die Auslöschung durch die entfremdete Sprache kann nicht einfach ungeschehen gemacht werden. Die einzige Möglichkeit, die der Frau bleibt, ist eine Durchquerung des männlichen ›Symbolischen‹, die einen in dieser Sprache nicht aufgehenden ›Rest‹ festzuhalten versucht: die Erfahrung des eigenen Gespaltenseins in eine unbestimmt gefühlte, aber nicht symbolisierbare ›andere‹ und eine vom Mann aus bestimmte ›andere-desselben‹. Auch die »Literatur von Frauen, die zu Frauen spricht«, hat keine ›weibliche‹ Sprache; solange es kein wirkliches Denken und Darstellen der Geschlechterdifferenz gibt, kann sie nur versuchen, »vermittels der fremden Sprache die möglichen Bedeutungen der fehlenden Sprache zu evozieren« (ebd.).

Beide Bücher – *Wie weibliche Freiheit entsteht* und *Der Mensch ist zwei* – haben eine Schwäche: Sie benennen eine Programmatik, die sie selbst nicht einlösen. Sie sprechen unentwegt von der Konstitution einer anderen, weiblichen Interaktion und Sprache, aber sie selbst praktizieren sie nicht. Anders als Cixous oder Irigaray, denen es in ihren mimetischen Lektüren gelingt, den »geschmeidigeren« Charakter des literarischen Schreibens in den theoretischen Diskurs selbst einfließen zu lassen und dadurch »die möglichen Bedeutungen der fehlenden Sprache zu evozieren«, bleiben die Italienerinnen ganz traditionellen – journalistischen, wissenschaftlichen, philosophischen – Diskursen verhaftet. Ihre Sprache und deren Inhalt treten auseinander: Sie sprechen davon, daß die Frauen sich in der Sprache und der ›Ordnung der Dinge‹ nur in der Form der Entfremdung wiederfinden – und geben sich doch als Herrinnen ihrer Sprache, sind sich ihrer Sache und ihrer Subjektivität offenbar sicher. Wenn die Sprach-Bewegungen Cixous' und Irigarays ein Konzept der An-Eignung vermissen lassen (die sie doch auch praktizieren, wenn sie fremde Texte durchqueren, umfunktionieren oder neu zum Sprechen bringen), so ist bei den Italienerinnen das Gegenteil der Fall: Sie präsentieren ein ›Eigenes‹, ein Resultat, eine theoretische Erkenntnis, aber sie machen nicht die konkrete Bewegung spürbar, die sie nach ihrer eigenen Aussage dorthin geführt hat: die dialogische Erfahrung eines Anderen in Gestalt lebendiger Frauen und literarischer Texte, durch die eigene Erfahrungen allererst artikulierbar und verstehbar wurden. In der Selbstgewißheit ihrer Sprache ist die »Passion« bloße Behauptung, in der »der geistigen Substanz [...] aufgrund des Körpers etwas widerfährt« (ebd., 40). Irigaray dagegen hatte in ihrem ›weiblichen Diskurs‹ versucht, die Konstitution eines weiblichen Symbolischen mit einem ›hysterischen‹ Diskurs zu verbinden: einem Diskurs der Uneigentlichkeit, der verschiebenden Mimesis und zersetzenden Maskerade. Die ungelöste Problematik dieser Verbindung spiegelt sich meiner Ansicht nach in der polaren Zweiteilung der Irigaray-Rezeption wider, für die auf der einen Seite der Diskurs der Italienerinnen stehen kann, auf der anderen die poststrukturalistische Rezeption, für die Eva Meyers bereits erwähntes Buch *Zählen und Erzählen* exemplarisch ist (Meyer 1984).

Diese beiden Diskurse erscheinen wie eine Aufspaltung des Irigarayschen Denkens selbst; aber in der Spaltung zeigt sich auch, daß keines der beiden Momente für einen feministischen Diskurs verzichtbar ist. Die Italienerinnen nehmen Irigarays Programm weiblicher Subjektivität, einer weiblichen Genealogie und einer Einschreibung des Weiblichen in die symbolische Ordnung auf, nicht aber ihre radikale Infragestellung des abendländischen Diskurses und seines Subjekts. Bei ihnen fehlt die Bezugnahme auf den hysterischen Diskurs und den Körper; sie reproduzieren den traditionellen politisch-philosophischen Diskurs. Dagegen unterschlägt Meyers Irigaray-Rezeption, die das weibliche Verfahren der verschiebenden Mimesis aufnimmt, den Gedanken einer weiblichen symbolischen Ordnung und eines weiblichen Selbstbezugs und bleibt gleichfalls in einer verabsolutierten männlichen Perspektive stehen (vgl. S. 142f.).

In den 90er Jahren fand auch bei den Italienerinnen der Hysterie-Aspekt stärkere Beachtung. »Was ist die Hysterie, bevor sie Leiden und Unordnung wird? Sie ist eine innere Mutterbindung, die einen Mutterersatz nicht akzeptiert« (Muraro 1993, 71), schreibt die Philosophin Luisa Muraro (die beiden Frauenkollektiven angehörte) in ihrem Buch *Die symbolische Ordnung der Mutter*, in dem sie versucht, die Hysterie mit der Theorie des *affidamento* zu verbinden. Muraro zufolge ist die menschliche Realitätskonstitution, die Fähigkeit, »unsere Erfahrung als realistisch zu interpretieren und sie nicht als einen Schein zu betrachten«, identisch mit der »Fähigkeit, Mutterersatzfiguren zu akzeptieren« (ebd., 66). Diese Operation sei die verdrängte Grundlage des Symbolischen überhaupt; das Symbolische sei eine »Re-Präsentation«, eine »Rückerstattung« der Mutter (ebd., 69). Die erste und befriedigendste Mutterersatzfigur, durch die das Kind »symbolische Unabhängigkeit« gewinne, sei die Sprache im Sinne der »Muttersprache«, der primären Sprache des Kindes: »Die Worte dieser Sprache ersetzen nämlich nicht andere Worte; sie ›ersetzen‹ zwar die Dinge, aber ohne etwas an deren Stelle zu setzen« (ebd., 75). In der komplexen, metaphorischen Verweisungsstruktur des patriarchalischen Symbolischen träten dagegen männliche Ersatzfiguren an die Stelle der ursprünglichen Mutterbindung: »Vater, Gott, Liebe, Geld« (ebd., 64). In dieser männlichen Kultur sieht Muraro einen Versuch der Männer, die Mutter zu verdrängen. Denn die Struktur der mütterlichen Genealogie, in die eine Frau hineingeboren werde, sei die eines »mütterlichen Kontinuum(s) [...], eine(r) Brücke zwischen Natur und Kultur« (ebd., 65), aus der Kinder männlichen Geschlechts sich ausgeschlossen fänden. In dem männlichen Symbolischen, das gegen die Mutter mobilisiert werde, fänden Frauen ihre eigene Erfahrung nicht wieder:

Ich hatte in der Tat das Gefühl der Übereinstimmung zwischen Wort und Sein verloren, weil – wie ich im nachhinein rekonstruierte – mir jeder mögliche Mutterersatz wie das Gegenteil ihrer Rückerstattung schien. (ebd., 69)

Die Hysterikerin, die keinen Bezug zu einer realen Welt hat, macht Muraro zufolge dieses weibliche Dilemma sichtbar:

Die Hysterikerin scheint [...] zu nichts eine Bindung zu haben; es ist, als sei sie immer in den Wünschen anderer eingenistet, aber in einer Art und Weise, aus der früher oder später klar wird, daß sie sich das Wünschen des anderen nicht dem anderen zuliebe vergegenwärtigt, sondern um damit das eigene Fühlen zu nähren: leiden oder genießen. (ebd., 71)

Muraro will »die Erfahrung des hysterischen Körpers [...] in Wissen umsetzen« (ebd., 84), denn »in unserer Kultur (stellt) der hysterische Körper noch heute das größte Hindernis dar [...] für die Inbesitznahme der Mutter durch die Männer und deren symbolische Ordnung oder Unordnung« (ebd., 84). Aber im Widerstand der Hysterikerin ist das Beharren auf der verdrängten Mutterbindung mit einer Unterwerfung unter die männliche Macht verflochten; die Hysterie ist eine »zum Scheitern verurteilte und irreführende Reaktion« (ebd., 73). Denn obwohl sie die gesellschaftlich sanktionierten Mutterersatzfiguren zurückweist, wendet sich die Hysterikerin haßerfüllt gegen die Mutter. Die »Lösung« dieses weiblichen Dilemmas sieht Muraro in einer Rückkehr zur »Muttersprache«, in einem kommunikativen, dialogischen »Sprechen«, das den Weg nimmt »über das, was anderen gegenwärtig ist, um das zu sagen, was mir gegenwärtig ist« (ebd., 79). Dieses Sprechen ist der erste Schritt hin zu einer symbolischen Ordnung, die nicht mehr die »symbolische Unordnung« der patriarchalischen Gesellschaft wäre. Zur Konstitution einer anderen symbolischen Ordnung aber bedarf es einer Anerkennung der Mutter:

Die symbolische Ordnung (beginnt) für die Hysterikerin in dem Moment [...], in dem sie die Frau, die sie zur Welt gebracht hat, als diejenige anerkennt, die sie in das mütterliche Kontinuum einführt: sie (die symbolische Ordnung) beginnt mit der Anerkennung der Dankbarkeit. (ebd., 74)

6.   Die wahre Lüge der Hysterie

Vor allem in der französischen Theoriebildung ist die Hysterikerin zur
zentralen Figur des Feminismus geworden. Sie ist uns bereits in den
Kapiteln über Lacan und Derrida als Inbegriff eines ›Weiblichen‹ begegnet, das als (sich maskierendes, ›verlogenes‹) Nicht-Subjekt vorbildlich wird für eine Dekonstruktion des erstarrten phallogozentrischen
Bedeutungssystems. Auch für Cixous, die sich in zahlreichen Essays
und in einem Theaterstück mit dem ›Fall Dora‹ befaßt hat und in den
Schriften von Luce Irigaray ist der mimetische ›Körperdiskurs‹ der
Hysterikerin von zentraler Bedeutung. Irigaray und Cixous bleiben
jedoch nicht bei einer bloßen Affirmation der Hysterie stehen, sondern entwerfen die Möglichkeit einer Befreiung der Hysterikerin in
einer *écriture féminine* oder einem weiblichen Symbolischen.

Zugespitzt läßt sich sagen, daß Dora im Zuge des poststrukturalistischen Paradigmenwechsels Nora in der Rolle der feministischen
Vorbildfigur abgelöst hat – ein Wandel, der auf den ersten Blick schwer
nachvollziehbar ist. Wie kann die Hysterikerin, eine kranke Frau, die
sich von ihrem ›Schicksal‹ nicht befreit, sondern in ein körperliches
Leiden flüchtet, das bis zur Bettlägerigkeit, zur vollständigen Immobi-
lität und Sprachlosigkeit führen kann, zu einer emblematischen Figur
weiblichen Protests werden?

Die [...] männlich determinierte(n) Identitäts- und Subjektkonzepte, wie sie
medizinisch und philosophisch fundiert werden, schließen das Weibliche als
eine Krankheit aus. Insofern spezifiziert die Hysterie nicht eine Krankheit von
Frauen, sondern sie betrifft die Frauen schlechthin. In der Rede über Hysterie
wird über Frauen verhandelt. (Schuller 1990, 24)

Hysterie und Psychoanalyse

Daß Freud in die Dynamik psychischer Prozesse Einblick nehmen
konnte, verdankte er der Analyse der ›Frauenkrankheit‹ Hysterie, jenem rätselhaften, seit der Antike bekannten psychosomatischen Leiden, das die unterschiedlichsten Krankheitsbilder ›vortäuschen‹ konnte. Die *Studien über Hysterie* (1895), die Freud noch zusammen mit
Breuer verfaßte, stehen am Beginn der Psychoanalyse. Die psychoanalytische Therapie selbst ist eigentlich die Erfindung einer Hysterikerin:
Breuers Patientin Anna O. (Berta Pappenheim) entdeckte die von ihr
so genannte ›*talking cure*‹ als sie zur Überraschung ihres Arztes in der
Hypnose ihre unbewußten Erinnerungen, Phantasien und Konflikte
auszusprechen begann und damit ihre Symptome zum Verschwinden

brachte. Anna O. heilte sich in gewisser Weise selbst. Der Arzt war dabei notwendig als Gegenüber und als eine väterliche Instanz, die das ›böse Ich‹ der Hysterikerin immer wieder zum Sprechen drängen mußte; aber Breuer unterwarf sich ganz der inneren Notwendigkeit ihres ›Aussprechens‹ und ›Wegerzählens‹ und zwang ihr keine Deutungen auf. Mit Freud dagegen wird der Arzt zum Analytiker: Er macht aus der psychoanalytischen Therapie ein Machtverhältnis. Freud sieht sich »als Aufklärer, [...] als Lehrer, als Vertreter einer freieren oder überlegenen Weltauffassung, als Beichthörer, der [...] nach abgelegtem Geständnisse gleichsam Absolution erteilt« (Freud/Breuer 1991, 299).

Der theoretische Ertrag, den Freud aus seinen Hysterietherapien zog, fand nur wenig Entsprechung in seinen Heilungserfolgen; nach seinem späten Eingeständnis blieb die weibliche Psyche, wie sie sich in der Hysterie in ihrer Rätselhaftigkeit offenbarte, für ihn letztlich ein ›dark continent‹. Die 1905 veröffentlichte Analyse der 18jährigen Patientin, die er Dora nannte, ist Freuds bekanntester Mißerfolg. Dora brach die Sitzungen kurzerhand ab, nachdem sie erfolglos seine autoritären Deutungen ihrer Krankheitsmotive zurückgewiesen hatte. Freuds Annahme, der Grund ihrer Symptome liege in abgewehrten sexuellen Affekten, die vom Unterleib in den Oberkörper ›verschoben‹ wurden, ist zwar von richtungweisender Bedeutung. Seine Rekonstruktionsversuche der unbewußten Krankheitsmotive Doras sind jedoch geprägt von der Annahme, weibliche Wünsche seien passiv und masochistisch ausgerichtet und auf den männlichen Penis zentriert. Das hindert ihn zum einen daran, sexuelle Gewalt, wie sie Dora begegnet ist, als krankmachende Faktor stärker in Betracht zu ziehen; zum anderen entgeht ihm die Bedeutung ihrer Beziehung zur Mutter und zu anderen Frauen. An unauffälliger Stelle, in einer Fußnote seines Nachwortes, gibt Freud als Grund für das Scheitern der Analyse von Dora einen »technischen Fehler« zu: Ihm sei entgangen, daß »die homosexuelle (gynäkophile) Liebesregung für Frau K. die stärkste der unbewußten Strömungen ihres Seelenlebens war« (Freud 1905, 114). Zwar hatte er diese ›Strömung‹ bemerkt, sie aber als störend empfunden, da sie »den schönen, poesiegerechten Konflikt, den wir bei Dora annehmen dürfen, nur trüben und verwischen« (ebd., 59) könne. In seinen theoretischen Äußerungen räumt er der lesbischen Tendenz vieler Hysterikerinnen, die er als typisch für die Hysterie bezeichnet, zwar einen zentralen Platz ein; aber er sieht in ihr eine ›männliche‹ Gefühlsströmung. Die ›Bisexualität‹ der Hysterikerinnen sei das Zeichen einer Unreife, einer Regression zur ›männlichen‹ Frühphase der präödipalen Liebe zur Mutter, in der das Mädchen noch ein ›kleiner Mann‹ gewesen sei. »Was sich in der Hysterie aufbäumt, ist eine Weiblichkeit, der von Freud die Weiblichkeit abgesprochen wird« (Schlesier 1990, 69).

Freud (wandte sich) [...] von der Erforschung der Hysterie als eines geschlechtsspezifischen Deutungsmusters ab, um demgegenüber eine Theorie des Weiblichen auszuarbeiten, die sich am gelungenen ›Normaltypus‹ weiblicher Identitätsbildung orientierte. Mit seiner Theorie des Unbewußten und seiner allgemeinen Neurosenlehre hatte Freud zugleich den Anspruch auf die Neukonstruktion eines allgemeinen, d.h. geschlechtsunspezifischen Menschenbildes erhoben. [...] Aus diesem Grunde kehren einige feministische Autorinnen bewußt zur klassischen Hysterieproblematik – d.h. zu den Anfängen der psychoanalytischen Theoriebildung – zurück, weil die dort zum Ausdruck kommende Weiblichkeitsproblematik in der endgültigen Form der Freudschen Theorie nachträglich wieder verschüttet worden ist. (Schaps 1992, 146)

Die Schrift des Körpers und das gespaltene Ich

Am Ursprung einer hysterischen Erkrankung steht Freud/Breuer zufolge eine heftige emotionale Erschütterung, ein psychisches Trauma. Die Hysterikerinnen leiden an »Reminiszenzen« (Freud/Breuer 1991, 31); sie werden von quälenden Erinnerungen geplagt, die körperliche Innervationen auslösen (in derselben Weise leidet Bachmanns Franza-Figur an »Reminiszenzen«, die ihren Körper schütteln, in Totenstarre und ›Absencen‹ fallen lassen). Die schmerzlichen Erinnerungen sind der Hysterikerin nicht mehr präsent, sie sind verdrängt. An ihre Stelle ist eine Ansammlung von Symptomen getreten, die das Erlebte unbewußt archivieren und immer neu inszenieren. Die Hysterie zeigt dabei eine fast unbegrenzte Verfügungsgewalt über die unterschiedlichen Körper- und Sinnesfunktionen, die sie sich bei der Symptombildung zunutze macht. Zur hysterischen Symptombildung kommt es, wenn ein Erlebnis eine starke Gefühlsregung auslöst, die das Ich nicht zulassen und ausagieren kann. Grund dafür ist ein innerer Widerspruch oder ein Gewissenskonflikt, der das Ich Einspruch gegen die eigenen Gefühle erheben läßt. So trat etwa der hysterische Husten Anna O.'s zum ersten Mal auf, als während ihrer aufopfernden Wache am Bett des tödlich erkrankten Vaters »aus einem benachbarten Hause Tanzmusik herübertönte und der aufsteigende Wunsch, dort zu sein, ihr Selbstvorwürfe erweckte« (Freud/Breuer 1991, 60). Der verdrängte Affekt wird im Symptom gleichsam ›archiviert‹. Das Symptom kann nur in Verbindung mit einem tatsächlichen, krankhaften oder normalen Körpervorgang entstehen; so ist der Ursprung der schweren Lähmungen, die Anna O. monatelang ans Bett fesselten, ein ›eingeschlafe-

ner‹ Arm (ebd., 58). Zu einem hysterischen Symptom wird dieser Körpervorgang aber erst, wenn er sich ohne organische Ursache wiederholt, weil er mit einem psychischen ›Sinn‹ aufgeladen wurde.

Diesen Sinn bringt das hysterische Symptom nicht mit, er wird ihm verliehen,
gleichsam mit ihm verlötet, und er kann in jedem Falle ein anderer sein, je
nach der Beschaffenheit der nach Ausdruck ringenden unterdrückten Gedanken. (Freud 1905, 200)

Das Verhältnis zwischen dem Symptom und seinem Sinn ist nicht eine
einfache Signifikant-Signifikat-Relation. Ein Symptom kann seinen
Sinn im Verlauf der Krankheit nicht nur ändern, es hat immer schon
mehr als einen Sinn. Aufgrund der verdichtenden Tätigkeit des Unbewußten ist ein Symptom in der Regel ›überdeterminiert‹: Es dient
gleichzeitig zur Darstellung mehrerer unbewußter Gedanken. (Durch
diese Dynamik einer Wiederholung, deren Sinn fluktuieren kann, wird
für Lacan in der Hysterie die sprachliche Bedeutungskonstitution mittels Metonymie und Metapher sichtbar, die die Signifikate unter den
Signifikanten ›gleiten‹ läßt.) Das Prinzip der hysterischen Symptomatik ist ein immer neues, verdichtendes und verschiebendes Wiederholen. Kommt eine Hysterikerin in eine Situation, die die Erinnerung an
das traumatische Erlebnis evoziert, so verfällt sie in ihre Symptomatik
wie eine Schallplatte, die immer an derselben Stelle hängenbleibt.
Dabei entsteht eine Struktur von Überlagerungen. Die psychoanalytische Erinnerungsarbeit wird daher von Breuer und Freud als ein müh-
samer und langwieriger Vorgang dargestellt, bei dem die erstarrten,
einander überlagernden ›Archive‹ der Erinnerung Schicht für Schicht
abgetragen und entziffert werden müssen, um an den pathogenen
Ursprung zu gelangen.

In der psychoanalytischen Therapie kann das nicht ausagierte Gefühl ›wegerzählt‹ werden; sie »hebt die Wirksamkeit der ursprünglich
nicht abreagierten Vorstellung dadurch auf, daß sie dem eingeklemm-
ten Affekt derselben den Ablauf durch die Rede gestattet« (Freud/Breu-
er 1991, 40). Dies ist aber nur möglich, wenn ›Übertragung‹ stattfindet: Wenn das traumatische Erlebnis nicht einfach nur erinnert, sondern auch der begleitende Affekt aktualisiert werden kann.

Lacans ›Hommage‹ an die Hysterikerin zufolge spricht sich in der
Hysterie das *je*, das verdrängte ›Subjekt des Unbewußten‹ aus. Der Fall
der Anna O. ist geeignet, diese Rede von einer unbewußten Subjektivität anschaulich zu machen. Breuer beobachtete bei ihr eine Ich-Spaltung in zwei verschiedene Bewußtseinszustände. In dem einen, bewußten Zustand ist sie ›normal‹ und verhält sich ihrem – Breuer zufolge –
eigentlichen, nämlich »guten« Charakter entsprechend; in dem ande-

ren, unbewußten Zustand, der anfallartig in Gestalt von ›Absencen‹
und psychotischen Halluzinationen auftritt, ist sie »böse«, aggressiv,
»unzurechnungsfähig«. Trotz der Lücken, die diese ›Absencen‹ in ihrem bewußten Erinnerungsvermögen hinterlassen, ist ihr die Existenz
dieses anderen Zustands durchaus bewußt; sie klagt, sie habe zwei Ichs,
»ihr wirkliches und ein schlechtes, das sie zu Schlimmem zwinge«
(ebd., 45).

Was aber agiert dieses andere Ich in seinen Anfällen aus? Und was
ist die Botschaft der symptomatischen ›Körperschrift‹? Bei Anna O. ist
der alienierte Zustand durch Aggression und halluzinatorische Phanta-
sieproduktion gekennzeichnet. Breuer sah eine Ursache ihrer Erkrankung und der Hysterie überhaupt in unbefriedigtem Ehrgeiz, in brach
liegenden Begabungen und intellektuellen Interessen, die mit der weiblichen Rollenzuweisung kollidierten:

> Die Adoleszenten, welche später hysterisch werden, sind vor ihrer Erkrankung
> meist lebhaft, begabt, voll geistiger Interessen; ihre Willensenergie ist oft be-
> merkenswert. Zu ihnen gehören jene Mädchen, die nachts aufstehen, um heim-
> lich irgendein Studium zu treiben, das ihnen die Eltern aus Furcht vor Über-
> anstrengung versagten. (ebd., 259)

Bei den meisten Hysterikerinnen aber waren die konvulsivischen Anfälle deutlich erotischer Natur. Charcots fotografische Dokumentation
der Hysterikerinnen in der Salpetrière gibt dafür anschauliche Beispiele. Es scheint, als verschaffe die Unbewußtheit des alienierten Verhal-
tens der Hysterikerin ein Alibi, um ihre sexuellen Wünsche, Machtphantasien und Aggressionen auszuleben, die in der ›normalen‹ weiblichen Existenz tabu sind. In ihren Anfällen negiert sie imaginär die
pathogenen Kränkungen oder Versagungen, die ihr widerfahren sind;
sie inszeniert die Wunscherfüllung oder artikuliert ihre unterdrückte
Wut. Unter dem Alibi der Verrücktheit macht sie sich imaginär zu
dem, was ihr versagt blieb: zum Subjekt des von ihr Erlebten.

In ihren Symptomen aber bestraft sie sich gewissermaßen selbst.
Den hysterischen Symptomen ist ein Zug von Autoaggression, von
Selbsthaß einbeschrieben. Das macht sie zutiefst ambivalent. Die Hysterie bringt den Körper zur Geltung und zerstört oder schädigt ihn
zugleich. Sie versagt dem Ich die körperliche Befriedigung, die sie
imaginär halluziniert. So leidet Anna O. an Ekel vor Nahrung, der bis
zur anorektischen Selbstaushungerung geht, an starken Sehstörungen,
Taubheit, Desorganisation der Sprache, schweren Lähmungen der
Arme und Beine und psychotischen Halluzinationen, die sie in Angst
und Schrecken versetzen. Elisabeth Bronfen sieht in der körperfeindli-
chen Tendenz der Hysterie ein »gleichzeitiges Akzeptieren und Ableh-

nen jener Weiblichkeitsfiktionen, die die Kultur bietet« (Bronfen 1994, 579), ein »Oszillieren zwischen Komplizenschaft und Widerstand« (ebd., 583): »Die kulturelle Konstruktion von Weiblichkeit (macht) den Körper der Frau [...] zum privilegierten Ort [...], an dem ihre gesellschaftliche Unterdrückung mit der Welt verzahnt ist« (ebd., 560); so versucht die Hysterikerin, einer »Expropriation von Sprache und Sein« durch eine »Entkörperlichung« zu begegnen (ebd.). Aber diese Entkörperlichung bringt den Körper zugleich zur Geltung. Die Hysterikerin wiederholt in überzogener Weise das, was ihr angetan wird. Man ›lähmt‹ sie, und sie antwortet mit einer Lähmung, man bringt ihre Wünsche zum Schweigen, und sie verliert die Sprache oder Stimme, man übersieht sie, und sie versucht sich umzubringen, man unterdrückt oder vergewaltigt ihre Sexualität, und sie bekommt eine Unterleibserkrankung oder wird frigide. Sie hält ihrer Umgebung damit einen Spiegel vor; aber ihr Protest bleibt der Instanz, gegen die sie protestiert, hoffnungslos verhaftet. Das hysterische Leiden entspringt einer Unfähigkeit, sich in die weibliche Rolle einzufügen und ist zugleich eine Übererfüllung dieser Rolle. Es ist eine unfreiwillige Parodie, eine Karikatur der ›normalen‹ weiblichen Existenz. Sie läßt das Künstliche, Gewaltsame, Krankhafte der weiblichen Rollenzuweisung sichtbar werden, das die patriarchalische Ordnung hinter dem Anschein von Natur zu verbergen trachtet. Nach Inge Röhnelt krankt die Hysterikerin an einer mißglückten *normalen* weiblichen Psychosexualentwicklung; ihre Symptome sind Protest gegen die ihr auferlegten Verdrängungsschübe. »Sie stellt dem Arzt ein Stück einer weiblichen Geschichte vor, an deren ›unerträgliche Erlebnisse‹ sie sich im Gegensatz zur normalen Frau erinnert« (Röhnelt 1990, 54).

Das Verdrängte der weiblichen Sexualität, dessen vollständige Verdrängung die Hysterikerin verweigert, ist die präödipale Mutterbindung: eine Liebesbeziehung ›jenseits des Phallus‹, in der das Mädchen aktiv begehrte, noch nicht zur Passivität und Bedeutungslosigkeit der weiblichen Rolle verurteilt war. »Was ist die Hysterie, bevor sie Leiden und Unordnung wird? Sie ist eine innere Mutterbindung, die einen Mutterersatz nicht akzeptiert« (Muraro 1991, 71). »Nicht ein ›Über-Ich‹ wie in der Zwangsneurose provoziert Hysterie, sondern der unbefriedigte Wunsch, zu lieben und geliebt zu werden« (Schlesier 1990, 57); »wenn Liebe nicht sein kann, dann soll Leiden sein: Nach diesem Motto macht die Hysterikerin Ernst mit der Liebe als ›Passion‹« (ebd., 49). Im Gegensatz zu Freud, der die Hysterie als mißlungene, regressive Entwicklung charakterisiert, sieht Schlesier ihr eine »utopische Tendenz« einbeschrieben: Die hysterische Symptombildung klage ein uneingelöstes Liebes- und Lustversprechen ein, das

der präödipalen Mutterbindung entstamme. Schlesier zufolge ist die
Hysterie ein »Kompromiß zwischen dem Festhalten an der Beziehung
zur Mutter [...] und an der unerfüllten Hoffnung auf ein befriedigen-
des Geschlechterverhältnis« (ebd., 171); sie antizipiert die Utopie einer
»Versöhnung« zwischen geschlechtlich differenzierter Genitalität und
der allumfassenden, ›polymorph-perversen‹ Sexualität der frühen Kindheit.

Fixiert sind die hysterisch Kranken ans Vergangene nicht regressiv, sondern in
dem Maße, wie das Vergangene selber auf noch nicht eingelöste Zukunft verweist. Diese Zukunft versuchen die Hysterischen ›hic et nunc‹ in der Gegenwart zu realisieren. [...] Die Wunscherfüllung jedoch [...] bleibt [...] unvoll-
ständig. Zwar werden körperliche Innervationen und Affektregungen nachgeholt, die in der pathogenen Situation noch nicht sich äußern konnten. Aber
weil im hysterischen Symptom die Verdrängung nur partiell überwunden wird,
bleibt Unlust an Lust gebunden; weil die Objekte, mit deren Hilfe Befriedigung gefunden werden soll, fehlen, sind die Hysterischen genötigt, alle am
Liebesspiel beteiligten Personen ›mit ihren eigenen Mitteln darzustellen‹.
(ebd., 45)

›Verlogene‹ Identifikationsversuche: Vater und Mutter

Die Hysterikerin ist also (auch) eine Schauspielerin. Bevor Breuer und
Freud das rätselhafte ›Es‹, das sich in dem *alter ego* der Hysterikerin
und in ihren wandelnden Symptombildungen offenbarte, als das ›Unbewußte‹ zu wissenschaftlichen Ehren kommen ließen, galt es zumeist
als »groß angelegte(s) Täuschungsmanöver [...], das als Beleg einer
fundamentalen, sich der Physiologie einschreibenden Verlogenheit der
Frau interpretiert (wurde)« (Schuller 1990, 17). In ihren Symptomen
und Phantasien verwischt die Hysterikerin in der Tat die Grenzen
zwischen Realität und Fiktion. Die Rede von der hysterischen Verlogenheit impliziert jedoch das Vorhandensein einer ›Wahrheit‹, die verborgen werden soll. Der Begriff der Lüge trifft das mimetische Verhalten der Hysterikerin daher nicht wirklich: Sie hat keine andere, au-
thentische Identität, die sie dahinter verbergen würde. Die Hysterie ist
die ›Krankheit der Ichlosigkeit‹ (Christina von Braun). Die hysterische
Mimesis bezeugt den unentwegten Versuch, Ich zu werden, Eigenschaften zu haben. Die Hysterikerin nimmt überall Identifikationen
vor. Diese kommen darin zum Ausdruck, daß die Hysterikerin die
Symptome anderer für ihr Leiden übernimmt oder sogar stellvertretend für andere leidet. Anschaulich wird diese Tendenz im ›Fall Dora‹,
an dem sich »in einer schier unendlichen und unendlich sich wieder-

holenden Prozedur von Identifikationen mit allen anderen am Spiel Beteiligten [...] der verzweifelte Versuch einer Identitätsstiftung bemerkbar (macht)« (Schuller 1990, 75).

Dora findet in den anderen keinen Spiegel, in dem sie sich ihrer Identität vergewissern könnte. Alle, die Spiegel sein könnten oder müßten, enttäuschen, verraten und verlassen sie: die Mutter, die an einer ›Hausfrauenneurose‹ leidet; der Vater, der sie Herrn K. überläßt, um ungestört seiner Beziehung zu Frau K. nachgehen zu können; Herr K., der nicht nur sie, sondern auch andere Frauen sexuell bedrängt; und die geliebten Mutterersatzfiguren – die Gouvernante und Frau K. –, die nur scheinbar an ihr, in Wirklichkeit am Vater interessiert sind. Das Ungenügen der geliebten Personen, von denen sie sich ›geopfert‹ fühlt und das Gefühl der eigenen Nichtexistenz, das dieser ›Verrat‹ hervorruft, bricht sich in der psychosomatischen Symptomatik Bahn. Ihre Symptome, die sie von den geliebten Personen übernimmt, drükken zugleich ihre Identifikationswünsche und ihr Leiden an deren Unerfüllbarkeit aus. »Das Kranksein (wird) ihre einzige Waffe in der Lebensbehauptung« (Freud 1905, 204). Die Glorifizierung der Hysterie als einer ›Maskerade‹ ohne Identität, wie sie uns bei Derrida/Nietzsche begegnet ist und von Poststrukturalistinnen wie Eva Meyer und Marianne Schuller aufgenommen wurde, verleugnet dieses Moment der Ichsuche in der Hysterie. Sie übersieht, daß die Hysterie unentwegt das Nichtexistierende einklagt: eine weibliche Identität. Die ›Wahrheit‹ der hysterischen ›Lüge‹ ist ihr Beharren auf diesem Unerfüllten.

Die Ichlosigkeit oder gespaltene Subjektivität der Hysterikerin läßt sich als ein Produkt der spezifischen weiblichen ödipalen Situation in der patriarchalischen Gesellschaft verstehen. In der Bedeutung, die der Mutter und dem Vater bzw. ihren Stellvertretern und Ersatzfiguren in der Selbstdefinition der Hysterikerin zukommt, liegt ein Schlüssel zum Verständnis ihrer ambivalenten Haltung zwischen Unterwerfung unter die väterliche Ordnung und Aufbegehren gegen sie, zwischen Männlichkeit und Weiblichkeit, zwischen Ehrgeiz und Minderwertigkeit, zwischen ihren Machtphantasien und dem Gefühl der Nichtexistenz.

»Die dominierende Person war der Vater [...]. Die Tochter hing an ihm mit besonderer Zärtlichkeit und ihre frühzeitig erwachte Kritik nahm umso stärkeren Anstoß an manchen seiner Handlungen und Eigentümlichkeiten« (Freud 1905, 176), schreibt Freud über Dora; dagegen war »das Verhältnis zwischen Mutter und Tochter [...] seit Jahren ein sehr unfreundliches« (ebd., 178). Die in den psychoanalytischen Fallstudien geschilderten Hysterikerinnen sind auffallend oft ›Vatertöchter‹. Weil sie mutterlos aufgewachsen sind oder weil ihr Begehren und ihr Ehrgeiz in der weiblichen Rolle der Mutter keine Befriedigung finden kann, definieren sie sich über den Vater. Er wird zum idealisierten Vorbild, das aber, wenn es versagt, um so stärker ihrer Kritik verfällt. In dieser Situation können sie ihm jedoch nichts anderes, eigenes entgegensetzen, da sie an ihren Müttern und anderen Frauen keinen Halt, keine Solidarität, keine Liebe finden.

Weil sie kein weibliches Geschlechtsbewußtsein entwickeln kann, reproduziert die Hysterikerin im selben Akt, in dem sie gegen ihre Nichtexistenz aufbegehrt, die patriarchalische Ordnung, die sie ausschließt: sie »macht den Vater« (Cixous 1977, 27). Im Widerspruch zu dieser Vaterorientierung steht aber die lesbische Tendenz der Hysterikerinnen und ihre immer wiederkehrende Charakterisierung als egoistische, rücksichtslose, infantile Personen, die dem Mann Zuwendung und Unterstützung verweigern. Die Rebellion der Hysterikerin drückt sich häufig in einer »Überidealisierung mit gleichzeitiger Abwertung des Mannes« (Schaps 1992, 99) aus; sie konfrontiert ihn mit einem idealen Vaterbild und kritisiert sein Nichtgenügen diesem Bild gegenüber. Der Schlüssel für diese Ambivalenz liegt in Freuds Erkenntnis, daß die starke Vaterbindung der Hysterikerinnen nur das Erbe einer intensiven Mutterbindung ist, die verdrängt, aber nie wirklich aufgegeben wurde. Die verdrängte Mutterbindung hat für die Hysterikerin eine zweifache Unmöglichkeit der Befriedigung zur Folge: ein Ungenügen des männlichen Liebesobjekts, auf das die Hysterikerin die mütterlichen Eigenschaften projiziert, und eine Gespaltenheit der Selbstidentifikation, die mit dem eigenen weiblichen Geschlecht in Konflikt gerät.

Freud selbst gelangte über den aufschlußreichen Hinweis, die Phase der Mutterbindung lasse »eine besonders intime Beziehung zur Ätiologie der Hysterie vermuten« (Freud 1931, 519), nicht hinaus. Da ihm »alles auf dem Gebiet dieser ersten Mutterbindung [...] so schwer analytisch zu erfassen, so altersgrau, schattenhaft, kaum wiederbelebbar (erschien), als ob es einer besonders unerbittlichen Verdrängung erlegen sei« (ebd.), ging er diesem ›gespenstischen‹ Bereich nicht weiter nach. So blieb ihm »der Zugang zu einer Weiblichkeit verschlossen [...], die jenseits einer phallisch-ödipalen Identität anzusiedeln wäre« (Schaps 1992, 150). Erst die genannten feministischen Ansätze haben die Mutterbindung der Hysterikerin in ein neues Licht gerückt.

Die bisher herausgearbeitete Struktur der Hysterie läßt sich an einer literarischen Figur ablesen, die von Lacan (Lacan 1978) und Cixous (Cixous 1977) in den Kontext der Hysterie gerückt wurde: Lol, die Protagonistin der Erzählung *Le ravissement de Lol V. Stein* von Marguerite Duras (1964; *Die Verzückung der Lol V. Stein*). Das Schreiben der Duras' gilt nicht nur in Frankreich vielen als Inbegriff ›weib-

lichen Schreibens‹ überhaupt. *Le ravissement de Lol V. Stein* macht die
›hysterischen‹ Züge dieses Schreibens explizit. Die Erzählung hat die
Form einer Recherche des männlichen Ich-Erzählers Jacques Hold nach
der Ursache und Natur der ›Verrücktheit‹ Lols, deren Darstellung im
Text zwischen Krankheit und bewußter Verweigerung changiert. Jacques Holds Recherche findet in der ›Lüge‹ so etwas wie die nichtsub-
stantielle Substanz von Lols Existenz:

> Wenn sie spricht, wenn sie sich bewegt, einen anblickt oder sich einem ent-
> zieht, habe ich das Gefühl, eine ganz wesentliche und persönliche Art zu lügen
> vor meinen Augen zu haben, ein riesiges, jedoch von stählernen Schranken
> umgebenes Feld der Lüge. Für uns lügt diese Frau [...], sie lügt auch über sich
> selbst, für uns lügt sie, weil sie als einzige die Trennung zwischen sich und uns
> ausgesprochen hat – nicht mit Worten – in einem Traum, der so stark war,
> daß er ihr nicht bewußt geworden ist und sie nicht weiß, daß sie ihn geträumt
> hat. (Duras 1984, 87)

Das Thema der Mutter ist in der Erzählung ebenso stark wie unter-
schwellig präsent. Der Text situiert Lol zwischen zwei Müttern – eine
Konstellation, die Duras selbst als autobiographisch bezeichnet hat. Die
eine ist die biologische Mutter, deren Abwertung durch Lol der Text
wiederholt, die andere die selbstgewählte ›erotische‹ Muttergestalt
Anne-Marie Stretter – eine Figur, die im Werk der Duras immer wieder
auftaucht und die ihrer eigenen Aussage nach von zentraler Bedeutung
für ihr Schreiben überhaupt war. Zu Anne-Marie Stretter steht Lol in
einer ähnlichen Beziehung wie Dora zu Frau K.

Wie in den Hysterie-Studien Freuds und Breuers wird Lols Zustand durch ein traumatisches Erlebnis ausgelöst: eine Ballnacht, in
der ihr Verlobter sie wegen einer anderen Frau, jener Anne-Marie Stretter, verläßt. Auch Lol agiert ihre Affekte während des traumatischen
Erlebnisses nicht aus: Sie empfindet keinen Schmerz, sondern identifiziert sich vollständig mit dem Liebespaar. Der Zustand, in den Lol
nach diesem Ereignis gerät, ist ein lustbesetzter Verzicht auf eine per-
sonale Identität: Lol will kein Ich mehr sein. Sie gerät in einen ekstatischen Zustand, in dem sie phantasmatisch versucht, sich als abge-
grenzte Existenz zum Verschwinden zu bringen. Wie die Hysterikerinnen bleibt sie der Vergangenheit, der Erinnerung an das Ereignis so
vollständig verhaftet, daß ihre Gegenwart davor verschwindet. Ihre
ganze Existenz ist von dem obsessiven Versuch geprägt, die Konstellation der Ballnacht zu wiederholen. Diese Wiederholungen sind mit
einer immergleichen erotischen Phantasie verbunden: Sie imaginiert
die Liebesnacht zwischen ihrem Verlobten und Anne-Marie Stretter, in
der sie selbst im begehrenden Blick des Mannes mit der anderen Frau
identisch wird.

[...] in dem Maße, wie der Körper der Frau dem Manne sichtbar wird, schwindet der ihre dahin, schwindet, welche Wollust, aus der Welt. [...] Der Mann [...] hat nur noch eine Aufgabe zu erfüllen, es ist immer dieselbe in Lols Welt: Michael Richardson beginnt jeden Nachmittag eine andere Frau als Lol zu entkleiden [...], ein Gott, der müde ist von diesem Entkleiden, seiner einzigen Aufgabe. (ebd., 40)

Lols äußere Existenz ist darauf reduziert, die Bühne dieser obsessiven Phantasie bereitzustellen; sie ist ein Sich-Totstellen in einer perfekten, unpersönlichen Ordnung. Lol hat kein Ich, keine Gegenwart, keine Realität. Ihr gesamtes Agieren ist Nachahmen, ihr Leben eine leere Bühne. Aber sie leidet nicht unter ihrem Zustand wie Anna O., Dora oder Franza. Sie sucht keine Heilung und keine Identität. Das Besondere, Befremdende am Text der Duras besteht in einer konsequenten Umkehrung der Wertungen. Lol entäußert, entkörperlicht, entpersonalisiert sich bis ins Extrem und zieht aus ihrem Zustand eine »Verzükkung«, ein mystisches »Glück«. Aber sie übererfüllt dabei wie die Hysterikerin die weibliche Rolle, unterwirft sich rückhaltlos dem männlichen Blick, der sie nichtexistent und austauschbar macht. Sie läßt damit in ihrer Krankheit gerade die Normalität als Krankheit erkennbar werden: »Man hält ihr Bilder vor, die nicht an ihr haften, und sie bemüht sich, diesen Bildern zu gleichen, wie wir alle es getan haben« (Cixous 1977, 27), schreibt Cixous über Lol.
      Die ›Lüge‹ Lols ahmt den herrschenden Diskurs nach, aber ihre Nachahmung entstellt ihn zugleich.

Lol V. Stein richtete ihr Vaterhaus in S. Tahla mit derselben strengen Sorgfalt ein wie das Haus in U. Bridge [...], aber diesmal beging sie einen Fehler in der Anlage. Sie wollte vor dem Hauseingang einen regelmäßigen Fächer von Parkwegen haben. Aber diese Wege, von denen keiner den anderen berührte, waren nicht benutzbar. (ebd.)

In dieser Entstellung, die der Ordnung der anderen einen Spiegel vorhält, liegt das subversive Potential von Lols ›Krankheit‹. Aber ihr Zustand führt sie nicht aus dem patriarchalischen Kerker heraus. Lol geht zwar keineswegs in einer Ergänzungsfunktion des Mannes auf. Die Kehrseite ihres emphatischen Selbstopfers, ihrer totengleichen Existenz ist vielmehr ein großer Machtwille: »Sie will – despotisch und unwiderstehlich« (ebd., 92). Gerade durch ihre Selbstentäußerung gelingt es ihr, absolute Macht über Jacques Hold zu gewinnen, den Mann, den sie gewählt hat, um ihn zum Ausführenden ihrer erotischen Phantasie zu machen. Als Erzähler und Rekonstrukteur ihrer Geschichte und ihres Wesens tritt er ganz in ihren Dienst: auch er »ein Gott, der müde ist von diesem Entkleiden, seiner einzigen Aufgabe«. So kehrt

Lol die Kränkung des traumatischen Erlebnisses, das Verlassenwerden in der Ballnacht, in sein Gegenteil um: Indem sie es wiederholt, wird sie zum allmächtigen Subjekt des Geschehens. *Die Verzückung der Lol V. Stein* erzählt das Realwerden einer hysterischen Phantasie. Nichts außer Lols Wille geschieht mehr, aber ihr Wille ist fremdbestimmt. Ihr hysterischer Protest ist ein »Aufruhr im Selben« (Rigendinger 1993). In diesem Sinne ist *Die Verzückung der Lol V. Stein* selbst ein hysterischer Text. Die Figur des männlichen Ich-Erzählers, der Lol liebt, sich ihrem Willen unterwirft und vollkommen darin aufgeht, ihr leeres Wesen zu ergründen, läßt sich als eine Figuration der hysterischen Phantasie vom männlichen Liebesobjekt als Mutterersatz lesen. Aber *er* ist das Subjekt des Textes, nicht die Hysterikerin. Der Text wiederholt so in seiner Erzählweise das, wovon er erzählt: die emphatische Bejahung der weiblichen Nichtexistenz.

Das Ideal der Entäußerung findet sich in den Selbstaussagen der Duras als ästhetisches Programm ihres Schreibens wieder. Ihre Texte, darauf hat Rosa Rigendinger hingewiesen, sind in ihrer De(kon)struktivität zugleich bemüht, eine Ideologie zu etablieren, die sich als Verklärung der Opferung der Frau bezeichnen läßt. So wird Lol als eine Auserwählte dargestellt, die sich auf unvergleichliche Weise der Wahrheit der menschlichen Existenz genähert hat und von dort aus die Lebens-Lüge der anderen aufdecken kann: »Lol ist erstaunt. Ihr Erstaunen trifft genau die Angst, die Tatiana nicht eingesteht. Sie hat die Lüge aufgedeckt [...]. Tatiana verbirgt plötzlich nichts mehr« (Duras 1984, 123). Aber auf diese negative, destruktive Funktion bleibt Lol, bleibt der Weiblichkeitsentwurf der Duras beschränkt: Er ist eine einzige Feier der Entsubjektivierung, Entkörperlichung, des freiwilligen Selbstopfers.

Mystik

Durch das Titelwort *ravissement* (›Entrückung‹, ›Verzückung‹) rückt Duras ihre Erzählung in den Kontext der Mystik. Lols Zustand gleicht der Ekstase der Mystikerin, die die Vereinigung mit dem höchsten Sein erlebt. Auch in diesem Zug erscheint *Die Verzückung der Lol V. Stein* exemplarisch für den hysterischen Diskurs. Bereits Freuds Lehrer Charcot sah in den mystisch inspirierten Figuren der Kunst des Mittelalters und des Barock eine Ahnengalerie der Hysterie (Charcot/Richer 1988). Über die von Charcots Publikationen inspirierten Surrealisten läßt sich eine Traditionslinie der Verbindung von Hysterie und Mystik bis zu Lacans Encore ziehen. Das emblematische Bild dieser Verbindung ist bei Charcot, den Surrealisten und Lacan die Statue der Heiligen Theresa von Bernini – ein »ästhetisch codiertes Zeichen« (Schuller 1990, 88), in dem der hysterische Protest im wahrsten Sinne des Wortes stillgestellt ist.

Die Lacan-Schülerin Irigaray stellt sich gleichfalls in diese Tradition. Auch sie verbindet in *Speculum* Mystik, Hysterie und weiblichen Diskurs, wenn sie das Kapitel über die einzige Epoche in der Geschichte der abendländischen Philosophie, in der Frauen zu Wort kamen, »La Mystérique« nennt. Aber sie polemisiert in *Cosi fan tutti*, einer Lektüre von Lacans *Encore*, mit ungewohnter Schärfe gegen die Vereinnahmung der Hysterie durch jenen Diskurs unter Männern, die zu wissen glauben, was die Frauen praktizieren, ohne es zu wissen. Irigaray zitiert Lacan: »›Sie brauchen nur nach Rom zu gehen und die Statue von Bernini zu betrachten, um alsbald zu begreifen, daß sie Lust empfindet, die heilige Therese, darüber gibt es keinen Zweifel‹« – und kommentiert:

Nach Rom? So weit? Betrachten? Eine Statue? Einer Heiligen? Von einem Mann in Stein gehauen? Um welche Lust handelt es sich? Um wessen Lust? Denn was die der hier in Frage stehenden Therese angeht, sind ihre Schriften vielleicht beredter. Aber wie soll man sie ›lesen‹, wenn man ein ›Mann‹ ist? Die Produktion von oftmals vorzeitig abgegangenen Ergüssen aller Art läßt ihn, in dem Wunsch, sich mit der Dame zu identifizieren, dasjenige verfehlen, was ihr daran Lust bereitete. (Irigaray 1979, 94)

Theresa von Avila, die spanische Mystikerin des 16. Jahrhunderts, steht in einer Tradition christlicher Liebesmystik, die mit der Bewegung der *religiosae mulieres* im 13. Jahrhundert einsetzte. Diese Frauen waren meist Beginen, die ein heiliges Leben außerhalb der Klöster, zwischen Orden und Welt, zu verwirklichen suchten. Zum Teil lebten sie isoliert und nur in Kommunikation mit ihren Beichtvätern, oft aber bildeten sie nichtklausurierte Frauengemeinschaften, die neue Formen weiblichen Zusammenlebens und weiblicher Lehr- und Freundschaftsbeziehungen entstehen ließen. Die »neu orientierte und oft in extremsten Formen ausgebildete Spiritualität« (Ruh 1993, 81) der Mystikerinnen fand in ganz Westeuropas Verbreitung; die ekstatische Visionärin, die zur *unio mystica* ihrer Seele mit Gott strebt, ist »der ausgeprägteste geistliche Frauentypus« (ebd., 82) des 13. bis 16. Jahrhunderts. In der Frauenmystik verbinden sich zwei widerstreitende Tendenzen: ein lebensverneinender Nachvollzug der Passion Christi in Armut, Leiden und Selbsterniedrigung und eine Liebesmystik, die deutlich erotische Züge trägt. Anders und stärker als bei den männlichen Mystikern ist bei den Frauen die Vorstellung einer Liebesbeziehung zu dem göttlichen Anderen konkretisiert. Bei ihnen verwirklicht sich die auf die

›innere‹ Gottesbegegnung ausgerichtete *vita religiosa* nicht mehr nur in den traditionellen christlichen Frömmigkeits- und Askesepraktiken, sondern »vor allem in den verschiedensten Formen körperlicher Sensationen, der Entrückung und affektiven Kommunikation mit dem göttlichen Partner« (Peters 1988, 95); sie wandeln die Lehren mystischer Prediger in eine »handfeste Erlebnismystik« (ebd., 104) um. In diesen Aspekten manifestiert sich die spezifisch weibliche Weise mystischer Erfahrung.

Die Haltung der Mystikerin ist geprägt von einer tiefen Demut gegenüber Gott und einem Selbstbewußtsein gegenüber der ›Welt‹, das sie aus ihrer exklusiven Beziehung zu ihrem göttlichen Geliebten bezieht. Charakteristisch für den mystischen Diskurs der Frauen ist die Aussage der französischen Mystikerin Marguerite Porete, nicht sie selbst, sondern Gott bzw. die Liebe habe ihr Buch *Miroir des simples âmes* (*Spiegel der einfachen Seelen*) geschrieben – »für sie fallen Gott und Liebe zusammen« (Ruh 1993, 343). Der Diskurs der Mystik ist wie der der Hysterie ein Liebesdiskurs: »Die Mystikerin schafft sich ihren Gott, der nichts anderes als ein gigantischer Liebesentwurf ist« (Bäurle/Braun 1985, 9). Marguerite Porete gilt neben Mechthild von Magdeburg und der flämischen Mystikerin Hadewijch als eine der drei großen Verfasserinnen volkssprachlicher mystischer Literatur des 13. Jahrhunderts. Die Texte dieser Frauen sind Zwiesprachen mit Gott, der in einer neuen Gestalt auftritt: als ein Liebender, der sich der Geliebten in ekstatischen Erlebnissen offenbart. So ist der grandiose Andere, den die Mystikerin sich schafft, der Spiegel ihrer eigenen Grandiosität: Er macht sie durch seine Liebe zum Zentrum des Universums. Aber er spiegelt kein Ich. Die Mystikerin strebt vielmehr danach, sich ihrer Identität zu entäußern: »Du sollst minnen das Nicht, Du sollst fliehen das Ich«, schreibt Mechthild von Mageburg (zit. n. Bäurle/Braun, 5). Auch in dieser Verbindung von Hybris und Selbstauslöschung gleicht die Mystikerin der Hysterikerin. Der Preis ihrer Vereinigung mit Gott ist ihre Vernichtung. Erst in der Selbstvernichtung kann die Seele zum leeren Spiegel des Göttlichen werden, das ihr selbst Göttlichkeit verleiht.

Beide, die Mystikerin und die Hysterikerin, sind so in einer imaginären Welt allein mit ihrem imaginären, vergöttlichten Anderen; sie haben keinen Zugang zu einem realen Anderen. Sie versuchen vielmehr, sich bis zur Selbstzerstörung von der materiellen Realität und vom eigenen Körper zu befreien. Die Nahrungsverweigerung der Hysterikerinnen und Lols lustvolle Imagination der eigenen Entkörperung zeugen von dieser Tendenz ebenso wie die asketischen Übungen und Selbstkasteiungen der Mystikerinnen. Zugleich sind die ekstatischen Erlebnisse der Mystikerin wie die Phantasien der Hysterikerin erfüllt von einer Sinnlichkeit, die sich in intensiven Körperempfindungen manifestiert.

Die Imaginationen der Mystikerinnen (bzw. die Texte, die sie schreiben) lassen sich so als ein ›doppelter Diskurs‹ beschreiben, in dem weibliche Subjekte *zugleich* den herrschenden Diskurs bestätigen und sich einen subversiven Raum eigener Ausdrucks- und Erfahrungsmöglichkeiten, einer eigenen, anderen Erotik, schaffen. Die Mystikerin/ Hysterikerin verdrängt und verachtet in Übereinstimmung mit dem herrschenden Diskurs ihrer Zeit die ›Welt‹ – die Sexualität, die eigene Körperlichkeit, die materielle Realität – und strebt nach Vergeistigung; aber zugleich hat bei ihr »auch der Geist Sinne« (Bürger 1990, 157). Wie die hysterische Symptomatik ist der mystische Diskurs durch eine paradoxe Vereinigung von Erotik und Entkörperlichung geprägt; wie die Hysterikerin klagt die Mystikerin im selbstzerstörerischen Leiden eine utopische Erfüllung ein, die sie in ihren Ekstasen imaginär antizipiert.

Anders als das der Hysterikerinnen wurde das Verhalten der Mystikerinnen in ihrer Zeit zwar als abweichend, meist aber nicht als pathologisch empfunden. Vielen von ihnen wurde eine Anerkennung zuteil, die ihnen den Status und das Selbstbewußtsein religiöser Lehr- und Leitfiguren verlieh – wenn auch der Grat zwischen Verehrung und Vernichtung nur sehr schmal war: Zahlreiche Mystikerinnen wurden Opfer der Inquisition.

Ein weiterer Unterschied zwischen Hysterie und Mystik, der mit der anderen historischen Situation der Mystikerin zusammenhängt, liegt in der Schriftlichkeit der Frauenmystik, die eine eigene literarische Tradition, einen eigenen Diskurs hervorbrachte. Oft erhielten die Visionärinnen sogar einen ›Schriftbefehl‹ von ihren Beichtvätern; viele von ihnen verfaßten Lehrschriften für die Frauengemeinschaften, in denen sie lebten. Entspricht die große Bedeutung der Schrift für die Mystikerinnen einerseits ihrem Willen zur Weltabkehr und Vergeistigung, so bringen sie andererseits einen ›anderen‹ Diskurs hervor, der sich durch eine Reflexion auf seine eigene Sprachlichkeit auszeichnet:

Weil [...] sowohl ihr Gott als auch ihr Schreiben historisch neu waren, schrieben sie nicht nur auf, was sie glaubten verkünden zu müssen, sondern sie machten den Bruch zwischen Schweigen und Schrift selbst zum Thema. (Bäurle/Braun, 1)
Sie [die Mystikerin, L. L.] schwiege gerne, weil das, was sie sagt, nicht das benennt, was die Liebe an ihr wirkt. [...] Für die Mystikerin ist Sprache Annäherung und begleitender Gesang, Präludium und Nachspiel für etwas, was sie nie wird treffen können: die ›unio mystica‹. Sämtliche Mystikerinnen fin-

den viele Worte für ihr Nicht-Sprechen; sie schweigen in der Sprache. (ebd., 11f.)

Anders als Bäurle/Braun vertritt Ruh die Ansicht, daß die Sprache der Mystikerinnen kein »Schweigen«, sondern eine »Eigensprache« ist, die als eine »nicht kategoriale Sprache« und insofern als »Metasprache« bezeichnet werden kann. Als »Schweigen« erscheint sie nur, insofern sie eine »Negation der kategorialen Menschensprache« ist; in Wirklichkeit ist sie eine »›andere‹ Rede« (Ruh 1993, 281). Die mystische Sprachproblematik ist danach kein »Kampf gegen die Sprache« überhaupt, sondern ein Übersetzungsproblem. Der Leser dieser Sprache kann »nicht wie sonst kategorisieren und registrieren, er muß lernen, diaphan [auf das in dieser Sprache ›Durchscheinende‹, das mystische Erlebnis, hin, L. L.] zu lesen, und seine Zuständigkeit erweist sich auf dieser Ebene nicht in der Analyse, sondern eher im erhellenden Übersetzen« (ebd.).

Die Mystik läßt sich so verstehen als Versuch, die Sprache zum Ausdruck dessen zu machen, was Sprache in ihrer traditionellen Gestalt gerade ausschließt, indem sie die Präsenz eines Seienden durch ein leeres Zeichen ersetzt. Die mystische Sprache evoziert das Erlebnis einer Anwesenheit, die niemals ganz auf den Begriff gebracht werden kann; sie ist der Versuch einer »Vergegenwärtigung« (Haug, zit. n. Ruh 1993, 257), ein Schreiben der Präsenz und der Erfahrung des Anderen. (Dieser Aspekt macht sich auch im Schreiben der Duras geltend; er trägt zur Faszinationskraft dieses Schreibens wesentlich bei.) In diesem Sinne ist die mystische Sprache die Utopie einer ›anderen‹ Sprache, die dem ›Nichtidentischen‹ und dem Begehren zum Ausdruck verhelfen könnte. Darin liegt die Bedeutung des mystischen/hysterischen Diskurses für die Frage nach einem ›weiblichen‹ Diskurs, der die bestehende Ordnung/Sprache infragestellen und das Verdrängte der patriarchalischen Ordnung in ein transformiertes Symbolisches einbringen könnte. Vor diesem Hintergrund ist es kein Zufall, daß sich auffallend viele Autorinnen des 20. Jh. wie Duras aus einer mystischen Schreibtradition heraus verstehen lassen.

Hysterische Weiblichkeit als Infragestellung der Identitätslogik

Marguerite Duras (hat) ausschließlich das Feld der Liebe (...) besetzt, um von hier aus, wie es heißt, dem kalten Logos, dem ›einen‹ Sinn, der linearen Kausalität männlichen Denkens und Sprechens einen andern Diskurs (ent-)gegenzuschreiben. Um in Löchern und Leeren das Abwesende der herrschenden Vernunft sichtbar zu machen. (Rigendinger 1993, 104f.)

Diese Deutung des hysterischen Diskurses als Infragestellung der abendländischen Ratio, die nicht nur für Duras gilt, hat in den letzten Jahren im Zuge des poststrukturalistischen Paradigmenwechsels in der feministischen Literaturwissenschaft Schule gemacht. Christina von Braun etwa knüpft in ihrem Buch *Nicht Ich* an die französische Hysterie-Theorie an. Auch sie schreibt eine (Gegen-)Geschichte der abendländischen Kultur. Sie versucht dabei, aus der »Hysterie, die immer Interpretationsmuster gewesen ist, ein Interpretationsmodell zu entwickeln, mit dessen Hilfe die Interpreten ihrerseits interpretiert werden können; [...] die unsichtbaren Fäden des ›Systems‹ zu offenbaren, durch die Philosophie und Medizin, Naturwissenschaften und Theologie miteinander verknüpft sind« (Braun 1990, 10). Anders als Cixous und Irigaray entwirft sie aber ein extrem pessimistisches Zukunftsbild: Der patriarchalische Logos hat einen allumfassenden Sieg errungen, das kulturell Verdrängte – die Frau, der geschlechtlich differenzierte Körper, die prädiskursive Realität – ist unwiederbringlich vernichtet und durch eine ›Kunstrealität‹ ersetzt worden; die neue Frauenkrankheit Magersucht (Anorexie) ist die letzte, ohnmächtige Schwundstufe des hysterischen Protests.

Obwohl ihre Theorie deutliche Anleihen bei Derrida macht, setzt Braun anders als Derrida die Schrift mit dem Logozentrismus gleich. Während die (›weibliche‹, entgrenzte) Schrift in der Dekonstruktion als Korrektiv des logozentrischen Systems auftritt, ist für Braun die Schrift selbst als Eliminierung des sinnlich Wahrnehmbaren die Wurzel des patriarchalischen Übels. In der Hysterie sieht sie eine Verweigerung dieser Abwendung vom Realen. Brauns zentrale These ist, daß die Hysterie, diese ›Krankheit des Gegenwillens‹, zugleich mit der Schrift geboren sei und sie durch die Geschichte hindurch als ihr Schatten und Gegenbild begleitet habe. Der Beginn der Schriftkultur ist für Braun der Einsatz des Patriarchats als eines »projektive(n) Denken(s)«, das den Geist über den Körper stellt und in einer symbolischen Rollenzuweisung der Geschlechter, die sich als ›Wahrheit‹ setzt, den Mann mit dem Menschen überhaupt, die Frau mit der Natur identifiziert. Christina von Braun geht es jedoch nicht um eine Kritik der männlichen Subjektivität oder um ein Parteiergreifen für Frauen als Nicht-Subjekte. Der eigentliche Akteur der Geschichte ist für Braun der Logos selbst: »Der Logos hat sich beider Geschlechter bedient – er hat sie mißbraucht [...] – zu seiner Verwirklichung« (ebd., 127f.). Die Geschichte des Abendlandes stellt sich bei ihr als eine Dynamik dar, in der sich der substantialisierte Logos und die gleichfalls substantialisierte Hysterie als zwei große, ungleiche Kontrahenten gegenüberstehen.

Die Entwicklung der Schrift hat Braun zufolge dazu geführt, den Menschen als Geschlechtswesen vollständig auszulöschen. Kennzeichen des Geschlechtswesens sei das Bewußtsein der eigenen Unvollständigkeit, der Trennung und Abhängigkeit vom anderen. Um den Menschen als Geschlechtswesen vom Menschen als Produkt des Logos zu unterscheiden, führt Braun zwei Schreibweisen von ›Ich‹ ein, die entfernt an Lacans *je* und *moi* erinnern: Das Bewußtsein des Geschlechtswesens, das ›ich‹, sei durch ein ›ICH‹ ersetzt worden, eine »Idee, die sich zunehmend sinnlich wahrnehmbare Formen angeeignet und bei diesem Prozeß das kleine *ich* verschlungen und ersetzt hat« (ebd., 14). Dieses große ICH bestimme sich als omnipotent und ungeschlechtlich; es erhebe den Anspruch, Mann und Frau gleichermaßen zu umfassen. Dennoch inkarniere es sich allein im Mann. Die Frau als anderes Geschlechtswesen existiere nicht mehr. Einzig die Hysterie bewahre eine Erinnerung an das verlorene Bewußtsein des Menschen als Geschlechtswesen — »eine Form von ›Bewußtsein‹, die wir heute vielleicht nur noch ahnen, nicht mehr nachvollziehen können« (ebd., 15). Den Zeitpunkt und den Schauplatz der vollständigen Eliminierung der Frau und des Realen glaubt Brauns Szenario exakt angeben zu können: Er liegt am Ende des 19. Jahrhunderts, und sein Ort ist die Kunst. Im Verlauf des 19. Jahrhunderts sei die Hysterie zur einzigen Kraft geworden, die noch von der Existenz des Menschen als Geschlechtswesen zeugte. Dies habe das Interesse und den Aneignungswillen der Kunst geweckt. Die Bewegungen der Romantik, der Décadence und des Ästhetizismus riefen einen neuen Künstlertypus ins Leben, einen ›männlichen Hysteriker‹, wie ihn etwa Flaubert, Baudelaire, Mallarmé, Proust, Huysmans oder die Surrealisten verkörperten. Für Braun ist dieses Phänomen von ambivalenter Bedeutung: sieht sie darin einerseits den Abschluß der Eliminierung des Weiblichen, so doch zugleich den Versuch des Mannes, die Existenz der nicht mehr existenten Frau wenigstens in seinem eigenen Kopf ein letztes Mal zu beschwören.

Die realen Frauen aber sind damit noch ihrer letzten Bastion, der hysterischen Inszenierung ihres weiblichen Körpers, beraubt worden. Dies führt zu einer Transformation der Hysterie im 20. Jahrhundert: Sie bringt nicht mehr den Körper zu Bewußtsein, sie bringt ihn vielmehr selbst zum Verschwinden. Zu dieser Transformation trägt noch ein weiterer Faktor bei. Das abstrakte Denken der Schriftkultur, als dessen Agent die Kunst des 19. Jahrhunderts fungiert, hat Braun zufolge nicht nur die sinnlich wahrnehmbare Realität restlos vernichtet, sondern seinerseits eine neue Realität nach seinem Bilde produziert: eine ›Kunst-Natur‹, eine ›Kunst-Frau‹, einen ›Kunst-Körper‹, ein ›Kunst-Ich‹. In der Frauenkrankheit Magersucht, die Braun als die

jüngste Gestalt der Hysterie versteht, hat der hysterische Protest seine
letzte Antwort auf die Entwicklung des Logos gefunden: Wo die sinnliche Realität selbst nichts als fleischgewordener Logos ist, materiali-
sierte Ideologie, erscheint die anorektische Verweigerung nicht mehr
als lebensfeindlich, sondern als der letzte Hort des restlos eliminierten
Lebens selbst. Diese letzte hysterische Verweigerung findet einen Ver-
bündeten in einem alten Gegner. Begleiter der neuen »Kunst-Realität«
ist für Braun die entmenschlichte »Kunst-Intelligenz«, die mit ihrer
digitalen Bilderflut die abendländische Schriftkultur zu ihrem Ende
kommen läßt. Damit ist jedoch eine neue Windung der Geschichtsspi-
rale erreicht: Der »Niedergang der Macht der Schrift« (ebd., 439) läßt
die Schrift und den Intellekt, diese beiden Feinde des Realen und des
Weiblichen, selbst zum Ort des Widerstands werden, indem sie eine
letzte Negativspur der Natur und der Frau bewahren, die der Siegeszug
des Logos eliminiert hat. Hier trifft sich Braun mit Eva Meyer, die in
ihrer *Autobiographie der Schrift* die Lebensverweigerung von Melvilles
Bartleby in eine Verteidigung des Lebens selbst umdeutet: Die Schrift
entlarvt die physische Realität als Pseudo-Realität. »Der Geist ist der
Wahrheit näher als die Materie« (ebd., 457).

Ließ sich Brauns Kritik der Schrift als Abwendung von der sinnlich
wahrnehmbaren Realität noch als eine Absage an den Sprachredukti-
onismus Derridascher und Lacanscher Prägung lesen, so trifft sie sich
im Resultat ihrer Theorie mit Derridas Verabsolutierung der Schrift
und mit Lacans Festschreibung der patriarchalischen Ordnung. Ihre
These von der restlosen Eliminierung des Weiblichen und der Natur
in der abendländischen Geschichte bestätigt nur die Allmacht der patriarchalischen Ideologie. Dieser Zementierung des ›phallogozentrischen‹ Systems durch eine Theoretikerin, deren Ausgangspunkt gerade
eine Kritik dieser Ordnung war, ist eine Unterwerfung unter die Allmacht des ›Vaters‹, die selbst hysterische Züge trägt – trotz oder gerade
wegen des ausdrücklichen Rationalismus ihrer Sprache und Argumentation. Anders als bei Kristeva, Cixous und Irigaray gibt es bei ihr kein
Zurück hinter die Sprache/Schrift. Damit ist jeder Protest letztlich
sinnlos. Braun geht es nicht darum, die Hysterie aus ihrem Status eines Leidens zu befreien und zur Grundlage eines eingreifenden Handelns werden zu lassen; sie sieht gerade in diesem Leiden die einzige,
ohnmächtige Form eines Widerstands gegen den allmächtigen Logos.

In ihren literaturwissenschaftlichen Essays befaßt sich Christina von
Brauns folgerichtig nur in geringem Umfang mit literarischen Texten
von Frauen, während sie ausführlich die Vereinnahmung des Weiblichen bei ›männlichen Hysterikern‹ wie Flaubert, Novalis oder Nabo-
kov analysiert. An einigen wenigen Texten von Frauen wie Bachmanns

Der Fall Franza oder Duras' *Agatha* belegt sie ihre These, daß der Frau keine andere Widerstandsform bleibe, als sich selbst zum Verschwinden zu bringen:

Denn ihre Alterität, der Ort ihrer Selbstbehauptung ist besetzt von der Andersartigkeit, die das männliche Ich als Alterität ›vom eigenen Blut‹ entworfen hat: als Schwester, als Personifizierung der eigenen Schöpfung [...]. Ihre Möglichkeiten einer Selbstbehauptung, ihre Aussicht darauf, Subjekt ihres Begehrens zu bleiben, gehen unter, weil sie als begehrende und sich selbst behauptende Frauen zum ›sujet‹ geworden sind. (Braun 1989, 178f.)

Was einmal zum ›sujet‹ der kulturellen Schrift geworden ist, kann nie mehr etwas darüber hinaus sein. Es gibt bei Braun nur eine Schrift, die im Verlauf ihrer geradlinigen Entwicklung die Frau eliminiert hat. Der Gedanke einer Subversion oder Transformation der Schrift mittels ›hysterischer‹ Schreibweisen, die das Verdrängte in die Sprache reimportieren, ist ihr offenbar fremd.

Eine solche hysterische Schreibweise haben andere Theoretikerinnen im *Todesarten*-Zyklus Ingeborg Bachmanns entdeckt. Bachmann sei die erste Schriftstellerin, die den krankhaft-ohnmächtigen hysterischen Protest in eine bewußte, künstlerisch-gesellschaftliche Produktionsweise überführt habe; ihr Schreiben sei »einzigartig und revolutionär in der Literaturgeschichte von Frauen« (Röhnelt 1990, 242). Vor dem Hintergrund der Hysterie-Theorie wird die Schreibweise des Spätwerks von Bachmann, dem die etablierte wie die feministische Literaturwissenschaft zunächst mit Unverständnis begegnet war, als eine spezifisch weibliche Avantgarde lesbar. So liest Marianne Schuller Bachmanns *Der Fall Franza* als die Geschichte einer »Entsymbolisierung«, die ihre Metapher in der Wüstenreise der Protagonistin finde. Die Wüste, der »gottlose« und »schlechthin leere Raum« (Schuller 1984, 153), gewähre der Frau, die am männlichen »Bedeutungswahn« kranke, »eine eigentümliche Präsenz«. In der von der Hysterikerin betriebenen »Entsymbolisierung« oder »Dekomposition« sieht Schuller die Voraussetzung dafür, daß »das der bewußten Selbstidentität Heterogene, das im väterlichen Symbolisierungsprozeß Verworfene auftauchen« kann (ebd.). Das bei Christina von Braun Undenkbare wird damit möglich: »Das weibliche Ich ist gerade nicht da, wo es festgeschrieben werden soll. Vielmehr entsteht es in der Dekomposition seiner Festschreibungen und Bilder« (ebd., 155). Obwohl die Gewalt der Symbolisierung letztlich den Tod der weiblichen Hauptfigur bewirkt, führt Bachmanns Romanfragment in Schullers Lesart die Möglichkeit einer Revision des patriarchalischen Symbolisierungsprozesses vor.

Aber der Gedanke eines anderen Symbolischen oder eines symbolisierbaren Anderen, in dem die Frau eine neue, andere Identität finden könnte, findet Schullers Zustimmung nicht. Nicht nur die patriarchalischen Identifizierungen, sondern Identitätskonzepte überhaupt sollen negiert werden. Darin sieht Schuller die Bedeutung der Hysterie mit ihren wechselnden, täuschenden Symptombildungen und ihrer Ichspaltung:

Der Arzt ist nicht mehr Herr des Sinns der Symptome. Sein Blick kann nicht mehr den Körper durchbohren, um hinter der körperlichen Erscheinung deren Ursprung zu entdecken. Der hysterische Körper tritt aus der Eindeutigkeit der Repräsentation heraus. [...] Im Angriff gegen normierte Identitätskonzepte ist der revoltierende Impuls dieser Krankheit zu sehen. (Schuller 1990, 18) Im Apparat Familie vollziehen sich die Versubjektivierungsprozesse, die die weibliche Identität als Tochter, Ehefrau und Mutter stiften. Eben diese patriarchalisch determinierte Identitätsstiftung, deren gesellschaftspolitische Reproduktionsfunktionalität zu bestimmen wäre, ist es, gegen die die weiblichen Individuen in der Figur der Hysterika aufbegehren. (ebd., 22)

Warum aber soll die Zurückweisung der »patriarchalisch determinierten« weiblichen Identitäten zu einer Zurückweisung von Identität/Subjektivität überhaupt führen? Ist nicht die hysterische Infragestellung der patriarchalischen Identitätslogik gerade die Voraussetzung der Frage nach einer anderen, offeneren Form von Subjektivität, die sich nicht über die Eliminierung des Anderen konstituierte? Da sie die Frage nach einer weiblichen Subjektivität zurückweist, kann Schuller auch nur wenig Interesse für die Bedeutung der Mutterbeziehung in der Hysterie aufbringen. Hier übernimmt sie völlig Freuds Rede von der Androgynie der Hysterikerin, in deren lesbischen Neigungen sich eine »männliche« Komponente ausdrücke (ebd., 23f.). Implizit übernimmt Schuller damit aber auch die Ansicht, das prädipale kleine Mädchen sei ein ›kleiner Mann‹, das weibliche Geschlecht defizitär. Wird die Hysterie wie bei Schuller als bloße Verweigerung des »bewußtseinsphilosophische(n) Konzept(s)« von Identität (ebd., 19) gedeutet, so wird der hysterische Protest seiner Bedeutung entleert. Die Hysterikerin wird ihrerseits von einer an ihrer Nichtexistenz leidenden Frau, die ein Unerfülltes einklagt, zu einem (anti-)philosophischen Konzept.

IV. Nora und Dora: Sich freisprechen

Die soziohistorischen Ansätze der feministischen Literaturwissenschaft leiteten aus der Erkenntnis des Ausschlusses der Frau aus der kulturellen Ordnung die Forderung nach einer Gleichberechtigung der Frauen innerhalb dieser Ordnung ab. Die poststrukturalistischen Ansätze dagegen fragen, inwiefern der Ausschluß des Weiblichen *konstitutiv* ist für die Hervorbringung dieser Ordnung selbst. Ihre Forderungen sind daher einerseits tiefgreifender – sie zielen auf eine Dekonstruktion des kulturellen Systems überhaupt –, andererseits folgenloser: Sie richten sich in erster Linie auf eine neue sprachliche Praxis, lassen die gesellschaftliche aber unangetastet. Die Konsequenzen diskursiver Praktiken für das Leben von Individuen geraten aus dem Blickfeld. So kann der hysterische Diskurs als Vorbild eines dekonstruktiven Verfahrens gefeiert werden; das ›Weibliche‹ wird zur »Metapher des Metonymischen« (Weigel 1986):

Die Tatsache, daß die erwähnten mimetischen Verfahren [in den poststrukturalistischen Theorien, L. L.] sämtlich als Bewegungen zu verstehen sind, die der Logik der Symbolisierung, einem phallo-logozentrischen Denken entgegenwirken, (hat) dazu verführt, sie als weibliche Verfahren oder als Bewegungen des Weiblichen zu bezeichnen. Ist damit einerseits das Geschlecht nun nicht mehr an Subjekt und Gegenstand der literarischen Produktion gebunden (die Frau als Autorin und Figur), sondern auf die Ebene des Verfahrens verlagert (weibliche Schreibweise), so ist andererseits damit die Frage nach dem Ort und dem Schicksal des Weiblichen in der Subjektkonstitution und in der Schrift allzu schnell ad acta gelegt: im Entwurf einer subversiven, weiblichen Textpraxis (wobei in diesem Nebeneinander subversiv und weiblich austauschbar werden). (Weigel 1986, 112)

Die »Frage nach dem Ort und dem Schicksal des Weiblichen« müßte somit auf der Grundlage der poststrukturalistischen Theoriebildung neu gestellt werden.

Charakteristisch für die Hysterikerinnen ist das Fehlen eines weiblichen Gegenüber, die Unmöglichkeit einer Identifikation mit der Mutter, die sie in die Vateridentifikation und damit in eine Persönlichkeitsspaltung treibt. Elisabeth Bronfen zitiert eine Feststellung Juliet Mitchells, derzufolge jede Schriftstellerin in gewisser Weise eine Hysterikerin ist: Ihre Stimme ist »die Stimme der Hysterika, die die *männliche Sprache der Frau* ist [...], die von weiblicher Erfahrung spricht«

(Mitchell, zit. n. Bronfen 1994, 579; Hervorhebung im Text). Diese Stimme ist auf die Mimesis an den männlichen Diskurs verwiesen, auch dann, wenn sie versucht, ihre eigene, andere Erfahrung zu artikulieren:

Ganz gleich, ob die narrative Strategie darin besteht, Tropen zu wörtlich zu nehmen, die Bedeutung ambivalenter Gesten explizit zu machen oder die hinter kulturellen Gemeinplätzen verborgenen Voraussetzungen zu enthüllen, jedenfalls machen Parodie und Exzeß der hysterischen Stimme das Dilemma, in dem Frauen sich finden, unzweideutig klar, auf thematischer wie auf rhetorischer Ebene des Textes. In gewissem Sinn gehorchen diese Texte einem Wiederholungszwang, um den Punkt der Nicht-Existenz aufzuzeigen, über den eine schreibende Frau bislang nicht hinausgehen kann. (Bronfen 1994, 583)

Die Texte Marguerite Duras' und Ingeborg Bachmanns sind vielleicht die radikalsten Beispiele für dieses Verwiesensein der Artikulation weiblicher Erfahrung auf »Parodie« (Bachmann) und »Exzeß« (Duras). Es ist kein Zufall, daß beide Autorinnen sich häufig einer männlichen Erzählerfigur bedienen; *Die Verzückung der Lol V. Stein* oder *Malina* machen die von Mitchell beschriebene Spaltung in ein männliches (Erzähler-)Subjekt und ein weibliches Ich, das nicht Subjekt sein kann, evident. Bronfen verweist in diesem Zusammenhang auf Bachmanns *Der Fall Franza*. Aber sie weist anders als Marianne Schuller auf die Problematik dieser Figur und der Schreibweise Bachmanns hin:

Die Psyche verbindet sich mit dem Soma in einer Geste, in der Franzas frühere Opferwerdung buchstäblich wird, indem sie Zuflucht findet in einem gemeinsamen Agieren mit dem Körper. [...] Dennoch überschreitet dieses Vorführen an ihrem Körper [...] diese (Kultur) nur insofern, wie es sie bestätigt und materialisiert [...] Die trostlose Logik, die Bachmann ihrer Protagonistin anbietet, ist die, daß, wenn die Kultur ihre Töchter vorzeitig beerdigt, die Töchter nur widerstehen können, indem sie [...] sich selbst [...] beerdigen. (ebd., 614)

Ingeborg Bachmann wollte ihrer geplanten Romantrilogie, die den einzigen zu Lebzeiten veröffentlichten Roman *Malina* und die beiden Romanfragmente *Der Fall Franza* und *Requiem für Fanny Goldmann* umfaßt, den Titel *Todesarten* geben; drei Tode von Frauen wollte sie darin darstellen, die für sie ›Morde‹ waren. Wenn sie diese Morde, wie Marianne Schuller gezeigt hat, als Effekte des abendländischen Symbolisierungsprozesses sichtbar macht, so nimmt ihnen das nichts von ihrer Grausamkeit: Sie bleiben gesellschaftlich sanktionierte ›Verbrechen‹ am Weiblichen. Die Texte Bachmanns machen spürbar, wie unerträglich die vom Poststrukturalimus gefeierte Nichtexistenz einer weiblichen Subjektivität für diejenigen ist, die sie leben müssen. Aus der Perspektive einer Selbstkritik der verabsolutierten männlichen Subjektivität erscheint dieses Tödliche als positiv; in den Theorien Lacans, Derridas oder Eva Meyers ist das Weibliche immer schon dort, wo das dekonstruktive männliche Subjekt ankommen will. Aus einer weiblichen Perspektive sieht das ganz anders aus. Der Leidensaspekt des ›hysterischen‹ Diskurses, der von poststrukturalistischen Theoretiker/inne/n unterschlagen wird, fordert ein Unerfülltes ein: eine gelungene weibliche Selbstidentifikation. Auch wenn frau einen normativen Begriff weiblicher ›Gesundheit‹, wie er sich bei angloamerikanischen Theoretikerinnen der siebziger Jahre findet, vermeiden will, so wäre doch die Perspektive einer ›Heilung‹ der Hysterikerin zu entwickeln.

Vergangenheit ist in der Hysterie wie in jeder Neurose [...] noch nicht abgeschlossen, Gegenwart noch nicht herstellbar. Die Natur der hysterischen Symptome ist die der Geister und Dämonen, die erlöst erst zur Ruhe gehen, wenn sie ganz und gar durchschaut sind, wenn sie bei ihrem Namen genannt werden konnten. (Schlesier 1990, 18)

Vielleicht ließe sich in diesem Zusammenhang ein Lacanscher Begriff für eine Bestimmung ›weiblichen‹ Schreibens fruchtbar machen: der Begriff der ›sekundären Historisierung‹, der in Lacans Rede über *Funktion und Feld des Sprechens und der Sprache in der Psychoanalyse* die Arbeit der psychoanalytischen Therapie benennt: Indem es dem Subjekt in der Interaktion mit dem Analytiker gelingt, seine unbewußte Determination durch die ›symbolische Ordnung‹ als seine ›Geschichte‹ anzuerkennen, kann es seine neurotische Erstarrung überwinden, den Zugang zu seinem Begehren wiederfinden und Subjekt seines Handelns werden; die Symptom-›Schrift‹ des Unbewußten ist wieder zur Sprache des Subjekts geworden. – In der Verknüpfung von Autobiographie und Fiktion, der fehlenden Trennung von Leben und Werk ist immer wieder eine charakteristische Eigenart des Schreibens von Frauen gesehen worden. Das Schreiben der Frauen zielt weniger als das männlicher Autoren darauf, das eigene Leben im literarischen Werk ›aufzuheben‹; es läßt sich in vielen Fällen eher mit einer sprachlichen Selbstanalyse vergleichen. Virginia Woolfs *To the Lighthouse* läßt sich dafür ebenso als Beispiel heranziehen wie die Texte von Bachmann oder Duras. Mit dem Begriff der ›sekundären Historisierung‹ ließe sich dieses Schreiben als Versuch verstehen, die stigmatisierende Symptomatik, die die konfliktreiche Selbstsituierung der Frau in der patriarchalischen Ordnung hinterlassen hat, durch den literarischen Text ›freizuschreiben‹ – Versuche, die zum Teil steckengeblieben sind oder vorschnell abgeschlossen wurden. ›Sich freischreiben‹ wäre dabei gleichbedeutend mit der Konstruktion einer eigenen, sinnhaften Geschichte –

jenseits der Frage nach der ›Wahrheit‹ dieser Geschichte. Schlesier schreibt über den psychoanalytischen »Konstruktionsprozeß«:

> Durch die ständige Veränderung und Vervollständigung der Konstruktion, durch den immer neuen Wechsel von ›Deutung‹ und ›Wirkung der Deutung‹ wird sie nicht nur ständig ›wahrscheinlicher‹, sondern auch zu einem immer tauglicheren Instrument, das schrittweise Veränderungen vornimmt. Der Konstruktionsprozeß entwickelt sich zum Heilungsprozeß [...] und hinter diesem Zweck der Konstruktion tritt zurück, ob die Konstruktion ›wahr‹ ist oder nicht, ob das Vergangene ›so, wie es war‹ ins Bewußtsein rückt oder nicht. (ebd., 16f.)

Das Ziel dieses (unabschließbaren) Selbstfindungsprozesses wäre die Gewinnung einer Subjektposition, die eigene Begehrens- und Handlungsmöglichkeiten eröffnet. Die neurotische Symptom-›Schrift‹, die es zum Sprechen zu bringen gilt, ist bei Frauen tendenziell eine andere als bei Männern: Wo das männliche Subjekt das Einrasten einer phallischen Subjektivität zu überwinden hat, muß das weibliche seine Subjektlosigkeit und seine ›Vergötterung‹ des Anderen thematisieren (die gleichfalls in einem narzißtischen Selbstbild erstarrt sein kann). An das Schreiben der Frauen kann daher zwar durchaus die Lacansche Forderung herangetragen werden, narzißtische Ich-Konstrukte durch die Anerkennung der überindividuellen, diskursiven Struktur, die diesem Selbstbild zugrunde liegt, zu überwinden. Aber die feministische Suche nach weiblicher Identität wird durch die Lacansche Theorie keinesfalls als ein überflüssiges Projekt entlarvt.

›Weibliches Schreiben‹ ließe sich als der problematische Versuch einer weiblichen ›Auto-bio-graphie‹ verstehen, einer Selbst-Lektüre und eines Sich-Schreibens der Frauen, das die (Er-)Findung der eigenen Subjektivität mittels des ›Symbolischen‹ unternimmt und dabei zugleich beide – das Konzept von Subjektivität und das ›Symbolische‹, das es vorfindet –, in Frage stellen muß. Denn dieses Schreiben kommt an der Ordnung der Dinge, die die Ordnung der väterlichen Sprache ist, nicht vorbei – einer Ordnung, aus deren symbolischen Repräsentationen die Frau ausgeschlossen ist. Wenn diese Ich-Suche scheitert oder in Selbstauslöschungen endet, dann spricht das nicht gegen dieses Vorhaben selbst, sondern offenbart gerade seine Notwendigkeit: der geschlechtlichen Differenzierung Rechnung zu tragen, statt den Ausschluß der Frau immer neu zu bestätigen.

Die Selbstkonstitution der Frau als Subjekt kann aber kein einsames Unterfangen sein: Sie ist nur innerhalb einer intersubjektiven Struktur, einer Spiegelstruktur möglich. Darin liegt der Grund für das Scheitern der Suche nach weiblicher Selbstidentifikation, wie es sich an den selbstzerstörerischen Zügen der Texte Duras', Bachmanns oder Unica Zürns ablesen läßt. Selbst bei Virginia Woolf wird die masochistische Lust der Hysterikerin, sich zum Verschwinden zu bringen, erkennbar, etwa wenn das erzählende Ich in *A Room of One's Own* den eigenen Namen, das individuelle Leben im Vergleich zum kollektiven, als unwichtig empfindet (statt eine Dialektik zwischen beiden zu entwerfen, in der die Selbstidentifikation des Subjekts nicht verabsolutiert wäre). Die Möglichkeit einer anderen, weiblichen Selbstidentifikation fehlt bei diesen Autorinnen; in der ausweglosen Alternative zwischen Täter und Opfer, Mörder und Ermordeter bleibt nur der Weg, sich selbst zum Opfer zu machen, statt zum Opfer gemacht zu werden. Ihnen allen gelingt es nicht, sich innerhalb einer weiblichen Beziehungsstruktur zu verorten. Als Einzelwesen stehen sie einer Welt der Männer gegenüber.

Nach Irigaray und den Italienerinnen ist die Verwiesenheit der Frau auf den männlichen Diskurs, den sie nur in einem hysterischen Protest parodieren oder ins Extrem führen kann, die Folge ihrer fehlenden Beziehung zur Mutter bzw. zur anderen Frau. Eine Frau, die kein weibliches Gegenüber findet, kann nicht zu einer Selbstaffirmation als Frau gelangen. Dieser Gedanke liegt dem *affidamento*-Konzept zugrunde, dem Beharren der Italienerinnen auf den Differenzen der Frauen untereinander, die sie den (hysterischen) weiblichen Verschmelzungsphantasien, den Identifikationen ohne Gegenüber, entgegenstellen. Andererseits – und dieser Aspekt, auf den vor allem Schlesier hinweist, kommt bei den Italienerinnen zu kurz – klagt die Hysterikerin mit ihrem Beharren auf einem Liebeskonzept, das die Ichidentität überschreitet, auch ein Verdrängtes ein: die präödipale Mutterbindung als eine Beziehung, die die kulturellen Trennungen zwischen Körper und Geist, zwischen Subjekt und Objekt, zwischen den einzelnen Individuen unterläuft. Diese Überschreitung kultureller Grenzziehungen kommt auch in Virginia Woolfs Entwurf einer anderen, weiblichen Ästhetik zum Ausdruck, wie sie in ihrem Roman *To the Lighthouse* aus der Mutter-Tochter-Beziehung zwischen Lily Briscoe und Mrs. Ramsay hervorgeht. Die Theoriebildung Luce Irigarays löst diesen ›utopischen‹ Aspekt des hysterischen Protests am ehesten ein, indem sie einerseits versucht, eine ›weibliche symbolische Ordnung‹ zu denken, in der die Frau eine eigene Subjektivität und kulturelle Repräsentation finden könnte, andererseits aber diese Subjektivität nicht als Identität im traditionellen Sinne faßt, sondern als einen Selbstbezug in der Entgrenzung zum Anderen hin. In dieser Hinsicht ist Irigaray noch immer die aktuellste Denkerin des Feminismus.

Angesichts der Nicht-Existenz der Frau in der ›symbolischen Ordnung‹, die der westlichen Kultur zugrundeliegt, ist die Konstruktion weiblicher Subjektivität auf Antizipation verwiesen. So nimmt bei Vir-

ginia Woolf die weibliche Subjektivität, die, wenn es sie gäbe, einer
eigenen weiblichen Schreibtradition zugrundeliegen würde, in der fiktiven Figur von Shakespeares Schwester die Gestalt einer mythischen
Dichterin an, die sich durch die Jahrhunderte immer neu zu inkarnie-
ren versucht; so supponieren Gilbert und Gubar dieser Tradition eine
mother of us all. Daß eine mythische Schreibende in den Frauen ›lebt‹,
als eine Andere in ihnen, die endlich geboren werden will, impliziert
eine Verdoppelung der Frau, die sich selbst zum Objekt wird und damit
als Frau eine eigene Gestalt gewinnen kann. Diese ›Selbstverdopplung‹
der Frau kann aber nur über ein Spiegelverhältnis erfolgen: Um Subjekt werden zu können, muß die Frau sich selbst Objekt werden, und
das kann sie nur innerhalb einer intersubjektiven Struktur. Eine Frau
kann »das neue Verhältnis zu sich nur über andere Frauen entwickeln«
(Lenk 1976, 73).

Einen solchen weiblichen Spiegel sucht Dora in Frau K., Bettina
von Arnim in Caroline von Günderrode und Duras' Wunsch-Ich Lol
in Anne-Marie Stretter. Aber ihre Suche muß vergeblich bleiben innerhalb einer undurchschauten Struktur, die sie in der anderen Frau nur
den leeren Spiegel des männlichen Subjekts finden läßt. Erst wenn die
weibliche Spiegelung selbst in einer sozialen Struktur eingebettet ist,
können Frauen in einen neuen Bezug zu sich selbst und zu anderen
Frauen eintreten. Diese Struktur läßt sich antizipieren und damit allererst produzieren: Wie der liebende Blick Lilys in Virginia Woolfs Roman *To the Lighthouse* Mrs. Ramsay so spiegelt, *als ob* diese jenes weibliche Subjekt sei, das sie in ihrer gesellschaftlichen Rolle, von der sie
aufgezehrt wird, nicht sein kann.

Während Nora als diejenige, die sich emanzipiert, dem patriarchalischen System nicht entkommen kann, weil sie seine symbolischen
Fundamente, die sie selbst negieren, nicht reflektiert, stellt die Hysterikerin das symbolische System selbst in Frage. Dies geschieht nicht in
Form einer diskursiven Kritik, sondern in Form einer anderen Logik
des Handelns, die das Verdrängte geltend macht, und einer anderen
Art der Interaktion, die eine Entgrenzung des Ich anstrebt. Zugleich
aber ist sie, als weibliche Existenzmöglichkeit verstanden, nur die andere Seite derselben patriarchalischen Medaille. Sie bleibt von der
männlichen Ordnung, den männlichen Zuschreibungen an die Frau
abhängig, über die sie sich weiterhin definiert – wenn auch negativ, als
deren Opfer. Sie gibt sich weiterhin dafür her, das Verdrängte der
männlichen Ordnung zu repräsentieren und verliert sich dabei selbst.
Hier muß Nora wieder ins Spiel kommen. In der Trennung der Hysterikerin und der sich emanzipierenden Frau wiederholt sich die »Schizophrenie weiblicher Autorschaft« (Gilbert/Gubar): die alte Spaltung

weiblicher Identität. Wie die vernünftige Heldin und ihr verrücktes Double in den englischen Frauenromanen des 19. Jahrhunderts, so sind auch Nora und Dora ein Paar: die eine ist der Schatten der anderen. Dora muß Nora werden und umgekehrt. Diese Umkehrung ist in beiden Frauenfiguren angelegt; eine verkürzende Rezeption hat an ihnen jeweils nur eine Geste festgehalten, die andere ausgespart: Nora ist auch Dora, die Kindfrau, die eine hysterische Tarantella tanzt; Dora ist auch Nora, die hinter sich die Tür zuschlägt. Dem verhängnisvollen Kreislauf von Hysterie und Emanzipation können sie als Einzelne nicht entkommen, aber als Paar: indem die eine zum Spiegel der anderen wird. Und umgekehrt.

Literatur

Abel, Elizabeth (Hg.) (1982): Writing and Sexual Difference. Chicago

Abraham, Karl (1971): »Äußerungsformen des weiblichen Kastrationskomplexes«. In: Psychoanalytische Studien, Bd. 2, Frankfurt/M., 69–99

Adorno, Th. W./Horkheimer, Max (1969): Dialektik der Aufklärung. Frankfurt/M.

Althoff, Gabriele (1991): Weiblichkeit als Kunst. Die Geschichte eines kulturellen Deutungsmusters. Stuttgart

Amstutz, Nathalie/Kuoni, Martina (Hg.) (1994): Theorie – Geschlecht – Fiktion. Basel, Frankfurt/M.

Anderson, Linda (1997): Women and Autobiography in the Twentieth Century: Remembered Futures. London

Auburtin, Grazielle (1979): Tendenzen der zeitgenössischen Frauenliteratur in Frankreich. Ein Beitrag zum literarischen Aspekt der weiblichen Identitätsfindung. Frankfurt/M.

Auerbach, Nina (1978): Communities of Women: An Idea in Fiction. Cambridge, Mass.

Baader, Renate/Fricke, Dietmar (Hg.) (1979): Die französische Autorin vom Mittelalter bis zur Gegenwart. Wiesbaden

Bachmann, Ingeborg (1978): Werke. Hrsg. v. Christine Koschel, Inge v. Weidenbaum, Clemens Münster. München/Zürich

– Bd. 2: Erzählungen

– Bd. 3: Todesarten: Malina und unvollendete Romane

Bäurle, Margret/Braun, Luzia (1985): »›Ich bin heiser in der Kehle meiner Keuschheit‹: Über das Schreiben der Mystikerinnen«. In: Hiltrud Gnüg/Renate Möhrmann (Hg.), Frauen Literatur Geschichte: Schreibende Frauen vom Mittelalter bis zur Gegenwart. Stuttgart, 1–16

Barrett, Michèle (ed.) (1979): Virginia Woolf: Women and Writing. London

Barthes, Roland (1976): S/Z. Frankfurt

Battersby, Christine (1989): Gender and Genius. Toward a Feminist Aesthetics. London

Baym, Nina (1995): American Women Writers and the Work of History, 1790-1860. New Brunswick, NJ

Bazin, Nancy (1973): Virginia Woolf and the Androgynous Vision. New Brunswick

Beauvoir, Simone de (1968): Das andere Geschlecht. Sitte und Sexus der Frau. Hamburg

Belsey, Catherine (1980): Critical Practice. London

Belsey, Catherine/Moore, Jane (Hg.) (1989): The feminist Reader. Essays in Gender and the Politics of Literary Criticism. London

Benhabib, Seyla/Butler, Judith/Cornell, Drucilla/Fraser, Nancy (1993): Der Streit um Differenz. Feminismus und Postmoderne in der Gegenwart. Frankfurt/M.

Benjamin, Jessica (1989): »Herrschaft – Knechtschaft: Die Phantasie von der erotischen Unterwerfung«. In: Elisabeth List, Herlinde Studer (Hrsg.): Denkverhältnisse. Feminismus und Kritik. Frankfurt/M., 511–538

Benjamin, Jessica (1990): Die Fesseln der Liebe. Psychoanalyse, Feminismus und das Problem der Macht. Frankfurt/M.

Benjamin, Walter (1980): Denkbilder. Ges. Schriften, Bd. 10., Frankfurt/M., 305–438

Benstock, Shari (ed.) (1987): Feminist Issues in literary Scholarship. Bloomington

Benstock, Shari (ed.) (1988): The Private Self: The Theory and Practice of Women's Autobiographical Writing. London

Berger, Renate/Stephan, Inge/Weigel, Sigrid u.a. (Hg.) (1985): Frauen, Weiblichkeit, Schrift. Berlin

Berger, Renate/Stephan, Inge (Hg.) (1987): Weiblichkeit und Tod in der Literatur. Köln

Bernheimer, Charles/Kahane, Claire (Hg.) (1985): In Dora's Case. Freud – Hysteria – Feminism. New York

Bloom, Harold (1973): The Anxiety of Influence. Oxford

Bloom, Leslie Rebecca (1998): Under the Sign of Hope: Feminist Methodology and Narrative Interpretation. Albany

Bock, Ulla/Alfermann, Dorothee (Hg.) (1999): Androgynie: Vielfalt der Möglichkeiten (Querelles, Jahrbuch für Frauenforschung, Band 4) Stuttgart

Böhmer, Ursula (1979): »Se dire – s'écrire: Frauen, Literatur, Psychoanalyse in den siebziger Jahren in Frankreich«. In: Zeitschrift für Literaturwissenschaft und Linguistik, 9/35, 60–81

Bogdal, Klaus-Michael (1990): Neue Literaturtheorien. Opladen

Bovenschen, Silvia (1976): »Über die Frage: Gibt es eine ›weibliche‹ Ästhetik«? In: Ästhetik und Kommunikation, 25, 60–75

Bovenschen, Silvia (1979): Die imaginierte Weiblichkeit. Exemplarische Untersuchungen zu kulturgeschichtlichen und literarischen Präsentationsformen des Weiblichen. Frankfurt/M.

Bowlby, Rachel (1983): »The feminine Female«. In: Social Text, 7, Spring and Summer, 54–68

Braun, Christina von (1989): Die schamlose Schönheit des Vergangenen. Zum Verhältnis von Geschlecht und Geschichte. Frankfurt/M.

Braun, Christina von (1990): Nicht Ich. Logik, Lüge, Libido. Frankfurt/M.

Braun, Christina von/Stephan, Inge (Hg.) (2000): Gender Studien: Eine Einführung. Stuttgart

Brennan, Teresa (ed.) (1989): Between Feminism and Psychoanalysis. London

Brinker-Gabler, Gisela (Hg.) (1978): Deutsche Dichterinnen vom 16. Jahrhundert bis zur Gegenwart. Frankfurt/M.

Brinker-Gabler, Gisela (Hg) (1988): Deutsche Literatur von Frauen. München

Bronfen, Elisabeth (1994): Nur über ihre Leiche. Tod, Weiblichkeit und Ästhetik. München

Bronfen, Elisabeth (1998): Das verknotete Subjekt: Hysterie in der Moderne. Berlin

Brown, Cheryl L./Olson, Carol (Hg.) (1978): Feminist Criticism. London

Brüns, Elke (1998): Außenstehend, ungelenk, kopfüber weiblich: psychosexuelle Autorpositionen bei Marlen Haushofer, Marieluise Fleißer und Ingeborg Bachmann. Stuttgart

Buck, Claire (1991): H. D. and Freud: Bisexuality and a Feminine Discourse. Hempstead

Bürger, Christa (1990): Leben Schreiben. Die Klassik, die Romantik und der Ort der Frauen. Stuttgart

Bußmann, Hadumod/Hof, Renate (Hg.) (1995): Genus: Zur Geschlechterdifferenz in den Kulturwissenschaften. Stuttgart

Burkhard, Marianne (Hg.) (1980): Gestaltet und gestaltend. Amsterdamer Beiträge 10

Butler, Judith (1991): Das Unbehagen der Geschlechter. Frankfurt/M.

Butler, Judith (1995): Körper von Gewicht. Die diskursiven Grenzen des Geschlechts. Berlin

Caduff, Corinna/Weigel, Sigrid (Hg.) (1996): Das Geschlecht der Künste. Köln, Weimar, Wien

Cameron, Deborah (1985): Feminism and Linguistic Theory. London

Charcot, Jean-Marie/Richer, Paul (1988): Die Besessenen in der Kunst. Göttingen

Chasseguet-Smirgel, Janine (Hg.) (1974): Psychoanalyse der weiblichen Sexualität. Frankfurt/M.

Chodorow, Nancy (1985): Das Erbe der Mütter. Psychoanalyse und Soziologie der Geschlechter. München

Cixous, Hélène/Clément, Catherine (1975): La Jeune Née. Paris

Cixous, Hélène (1977): Die unendliche Zirkulation des Begehrens. Berlin

Cixous, Hélène (1976a): Portrait de Dora. Paris

Cixous, Hélène (1976b): »Schreiben, Feminität, Veränderung«. In: Das Lächeln der Medusa. Alternative 108/109, 134–147

Cixous, Hélène (1980): Weiblichkeit in der Schrift. Berlin

Cixous, Hélène (1987): »Von der Szene des Unbewußten zur Szene der Geschichte«. In: Karin Rick (Hg.): Das Sexuelle, die Frauen und die Kunst. Tübingen, 62–89

Code, Lorraine (Hg.) (2000): Encyclopedia of Feminist Theories. London

Conley, Verena A. (1984): Hélène Cixous: Writing the Feminine. Lincoln, London

Culler, Jonathan (1988): Dekonstruktion. Derrida und die poststrukturalistische Literaturtheorie. Reinbek b. Hamburg

Deleuze, Gilles (1992): Woran erkennt man den Strukturalismus? Berlin

Derrida, Jacques (1980a): Die Schrift und die Differenz. Frankfurt/M.

Derrida, Jacques (1980b): »Nietzsches Otobiographie oder Politik des Eigennamens«. In: Fugen, Deutsch-Französisches Jahrbuch für Text-Analyse, Olten/Freiburg, 64–98

Derrida, Jacques (1986a): Positionen. Graz, Wien

Derrida, Jacques (1986b): »Sporen. Die Stile Nietzsches«. In: Werner Hamacher (Hg.): Nietzsche aus Frankreich. Frankfurt, Berlin

Derrida, Jacques (1990): Grammatologie. 3. Aufl., Frankfurt

Deutsch, Helene (1930): »Der feminine Masochismus und seine Beziehung zur Frigidität«. In: Internat. Zeitschr. f. Psychoanalyse, 16

Deutsch, Helene (1988): Psychologie der Frau. Eschborn

Dinnerstein, Dorothy (1979): Das Arrangement der Geschlechter. Stuttgart

Diotima (Philosophinnengruppe aus Verona) (1989): Der Mensch ist zwei. Das Denken der Geschlechterdifferenz. Wien

Donovan, Josephine (Hg.) (1989): Feminist Literary Criticism. Explorations in Theory. Second Ed., Lexington

Duras, Marguerite/Porte, Michelle (1982): Die Orte der Marguerite Duras. Frankfurt/M.

Duras, Marguerite (1982): Der Mann im Flur. Berlin

Duras, Marguerite (1984): Die Verzückung der Lol V. Stein. Frankfurt/M.

Duras, Marguerite (1986): Agatha. Frankfurt/M.

Duras, Marguerite (1989): Aurelia Steiner. Frankfurt/M.

Eagleton, Mary (Hg.) (1986): Feminist literary Theory. Oxford

Eagleton, Mary (Hg.) (1996): Working with Feminist Criticism. Cambridge

Eisenstein, Hester/Jardine, Alice B. (eds.) (1980): The Future of Difference. Boston

Ellmann, Mary (1968): Thinking about Women. New York

Evans, Mary (1997): Introducing Contemporary Feminist Thought. Oxford

Ezell, Margaret J.M. (1993): Writing Women's Literary History. Baltimore

Fay, Elizabeth A. (1998): A Feminist Introduction to Romanticism. Malden, Mass.

Felman, Shoshana (1988): »Die Lektürepraxis erneuern«. In: Manfred Frank, Anselm Haverkamp (Hg.): Individualität. München, 203–209

Felman, Shoshana (1992): »Weiblichkeit wiederlesen«. In: Barbara Vinken (Hg.): Dekonstruktiver Feminismus. Literaturwissenschaft in Amerika. Frankfurt/M., 33–61

Fetterley, Judith (1978): The Resisting Reader. Bloomington

Finke, Laurie (1992): Feminist Theory, Women's Writing. Ithaca

Fischer, Karin (Hg.) (1992): Bildersturm im Elfenbeinturm: Ansätze feministischer Literaturwissenschaft. Tübingen

Fischer, Lisa/Brix, Emil (Hg.) (1997): Die Frauen der Wiener Moderne. Wien, München

Flax, Jane (1990): Psychoanalysis, Feminism and Postmodernism in the Contemporary West. Berkeley

Foucault, Michel (1988): Schriften zur Literatur. Frankfurt/M.

Foucault, Michel (1991): Die Ordnung des Diskurses. Frankfurt/M.

Fox Keller, Evelyn (1986): Liebe, Macht, Erkenntnis. Männliche oder weibliche Wissenschaft? München, Wien

Fraser, Hilary/R.S. White (Hg.) (1994): Constructing Gender: Feminism and Literary Studies. Nedlands

Frauensprache – Frauenliteratur. Akten des VII. Internat. Germanisten-Kongresses, Tübingen 1986

Freud, Sigmund: Gesammelte Werke. Frankfurt/M., 1966ff.
– (1895) Studien über Hysterie, Bd. 1, 75–312.
– (1900) Die Traumdeutung, Bd. 2/3.
– (1905) Bruchstück einer Hysterie-Analyse, Bd. 5, 161–286.
– (1920) Jenseits des Lustprinzips, Bd. 13, 1–69.
– (1923) Das Ich und das Es, Bd. 13, 235–289.
– (1931) Über die weibliche Sexualität, Bd. 14, 515–537.
– (1933) Neue Folge der Vorlesungen zur Einführung in die Psychoanalyse, Bd. 15

Freud, Sigmund/Breuer, Josef (1991): Studien über Hysterie. Frankfurt/M.

Friedrichs, Elisabeth (1981): Die deutschsprachigen Schriftstellerinnen des 18. und 19. Jahrhunderts. Stuttgart

Fullbrook, Edward/Fullbrook, Kate (1998): Simone de Beauvoir. A Critical Introduction. Cambridge

Gallas, Helga (1981): Das Textbegehren des Michael Kohlhaas. Die Sprache des Unbewußten und der Sinn der Literatur. Reinbek b. Hamburg

Gallop, Jane (1982): The Daughter's Seduction. Feminism and Psychoanalysis. Ithaca

Gallop, Jane/Burke, Carolyn G. (1985): »Psychoanalysis and Feminism in France«. In: Hester Eisenstein/Alice B. Jardine (ed.): The Future of Difference. New Brunswick, New Jersey

Galster, Ingrid (1997): Simone de Beauvoir zwischen Heiligenverehrung und Muttermord. In: Feministische Studien 15. Jg., Nr. 1, 130–134

Gerhardt, Marlis (1982): »Rückzüge und Selbstversuche«. In: Kein bürgerlicher Stern, nichts, nichts konnte mich je beschwichtigen. Essays zur Kränkung der Frau. Neuwied/Darmstadt, 131–141

Gilbert, Sandra/Gubar, Susan (1979): The Madwoman in the Attic. The Woman Writer and the Nineteenth-Century Literary Imagination. New Haven, London

Gilbert, Sandra/Gubar, Susan (1985): The Norton Anthology of Literature by Women. New York, London

Gilbert, Sandra/Gubar Susan (Hg.) (1986): The Female Imagination and the Modernist Aesthetic. New York

Gilbert, Sandra/Gubar Susan (1987): »Tradition und das weibliche Talent«. In: Karen Nölle-Fischer (Hg.): Mit verschärftem Blick. Feministische Literaturkritik. München, 225–253

Gilbert, Sandra/Gubar Susan (1988/89): No Man´s Land. The Place of the Woman Writer in the Twentieth Century. Vol. 1: The War of the Words. New Haven London 1988; Vol. 2: Sexchanges. New Haven, London 1989

Gnüg, Hiltrud/Möhrmann, Renate (1989): Frauen – Literatur – Geschichte. Schreibende Frauen vom Mittelalter bis zur Gegenwart. Frankfurt/M.

Goodman, Elizabeth (Hg.) (1996): Literature and Gender. London

Greene, Gayle/Coppelia Kahn (Hg.) (1993): Changing Subjects: The Making of Feminist Literary Criticism. London

Gutenberg, Andrea (1999): Schielender Blick, ›double-voiced discourse‹ und Dialogizität: Zum Dopplungskonzept in der feministischen Literaturwissenschaft. Trier

Gutenberg, Andrea/Poole, Ralph J. (2001): Zitier-Fähigkeit. Findungen und Erfindungen des Anderen. Berlin

Günter, Andrea (1997): Literatur und Kultur als Geschlechterpolitik: Feministisch-literaturwissenschaftliche Begriffswelten und ihre Denk(t)räume. Königstein

Hagemann-White, Carol (1979): Frauenbewegung und Psychoanalyse. Frankfurt/M., Basel

Hagemann-White, Carol (1984): Sozialisation: weiblich – männlich? Opladen

Hanson, Clare (1998): Looking Within: Women's Writing in the Modernist Period, 1910–40. London

Harrison, Elizabeth Jane/Peterson, Shirley (Hg.) (1997): Unmanning Modernism: Gendered Re-Readings. Knoxville

Heath, Stephen (1978): »Difference«. In: Screen 19, 51–112

Heath, Stephen (1999): Writing, Sex and Gender: A Literary Historical Introduction. Oxford

Hechtfischer, Ute u.a. (Hg.) (1998): Metzler Autorinnen Lexikon. Stuttgart

Heilbrun, Carolyn G. (1973): Toward a Recognition of Androgyny. New York, London

Heinärnaa, Sara (1997): What is a Woman? Butler and Beauvoir on the Foundations of the Sexual Difference. In: Hypatia, Winter, Vol. 12, No.1, 20–39 (auf Deutsch in: Die Philosophin 10. Jg., H. 20, Oktober (1999), 62–83)

Hey, Barbara (1995): Women's history und Poststrukturalismus. Zum Wandel der Frauen- und Geschlechtergeschichte in den USA. Pfaffenweiler

Heydebrand, Renate von/Winko, Simone (1995): Arbeit am Kanon: Geschlechterdifferenz in Rezeption und Wertung von Literatur. In: Bußmann, Hadumod/Hof, Renate (Hg.): Genus: Zur Geschlechterdifferenz in den Kulturwissenschaften. Stuttgart, 162–204

Hiatt, Mary (1977): The Way Women Write. New York

Hof, Renate (1995): Die Grammatik der Geschlechter: Gender als Analysekategorie in der Literaturwissenschaft. Frankfurt/M.

Hoffmann-Curtius, Kathrin/Wenk, Silke (Hg.) (1997): Mythen von Autorschaft und Weiblichkeit im 20. Jahrhundert. Marburg

Honegger, Claudia/Heinz, Bettina (Hg.) (1981): Listen der Ohnmacht. Zur Sozialgeschichte weiblicher Widerstandsformen. Frankfurt/M.

Horner, Shari (2001): The Discourse of Enclosure. Representing Women in Old English Literature. Albany

Horney, Karen (1984): Die Psychologie der Frau. Frankfurt/M.

Humm, Maggie (1994): A Reader's Guide to Contemporary Feminist Literary Criticism. New York

Humm, Maggie (1995): Practising Feminist Criticism: An Introduction. London

Irigaray, Luce (1977): Das Geschlecht das nicht eins ist. Berlin

Irigaray, Luce (1980): Speculum. Spiegel des anderen Geschlechts. Frankfurt/M.

Irigaray, Luce (1987): Zur Geschlechterdifferenz. Interviews und Vorträge. Wien

Irigaray, Luce (1991): Ethik der sexuellen Differenz. Frankfurt/M.

Israel, Lucien (1983): Die unerhörte Botschaft der Hysterie. München

Jacobus, Mary (Hg.) (1979): Women Writing and Writing about Women. London, Totowa

Jacobus, Mary (1986): Reading Women. Essays in Feminist Criticism. New York

Jannidis, Fotis u.a. (Hg.) (1999): Rückkehr des Autors. Zur Erneuerung eines umstrittenen Begriffs. Tübingen

Jannidis, Fotis u.a. (Hg.) (2000): Texte zur Theorie der Autorschaft. Stuttgart

Jardine, Alice (1985): Gynesis: Configuration of Woman and Modernity. New York

Johnson, Barbara (1987): A World of Difference. Baltimore

Johnson, Barbara (1992): »Lyrische Anrede, Belebung, Abtreibung«. In: Barbara Vinken (Hg.): Dekonstruktiver Feminismus. Literaturwissenschaft in Amerika. Frankfurt/M., 147–183

Jones, Ernest (1935): »Über die Frühstadien der weiblichen Sexualentwicklung«. In: Internat. Zeitschr. f. Psychoanalyse, 21, 331–341

Kahlert, Heike (1996): Weibliche Subjektivität. Geschlechterdifferenz und Demokratie in der Diskussion. Frankfurt/M., New York

Kettler Penrod, Lynn (1996): Helene Cixous. New York

Klein, Melanie (1987): Die Psychoanalyse des Kindes. Frankfurt/M.

Klüger, Ruth (1996): Frauen lesen anders. Essays. München

Kofman, Sarah (1980): L'Énigme de la femme: la femme dans les textes de Freud. Paris

Kolodny, Annette (1981): »Dancing through the Minefield. Some Observations on the Theory, Practice und Politics of a Feminist Literary Criticism«. In: Feminist Studies, 6, 1–25

Kord, Susanne (1996): Sich einen Namen machen. Anonymität und weibliche Autorschaft 1700–1900. Stuttgart

Kristeva, Julia (1976): »Produktivität der Frau«. In: Alternative 108/109, 166–172

Kristeva, Julia (1978a): Die Revolution der poetischen Sprache Frankfurt/M.

Kristeva, Julia (1978b): Die Chinesin. Die Rolle der Frau in China. Frankfurt/M.

Kristeva, Julia (1979a): »Kein weibliches Schreiben?« In: Freibeuter 2, 79–84

Kristeva, Julia (1979b): Le Temps des femmes. In: Cahiers de recherche de sciences des textes et documents, 34/44, no. 5,

Kroll, Renate/Zimmermann, Margarete (Hg.) (1995): Feministische Literaturwissenschaft in der Romanistik. Stuttgart

Kroll, Renate (Hg.) (2002): Metzler Lexikon Gender Studies/Geschlechterforschung. Stuttgart, Weimar

Kuhn, Annette/Wolpe, Ann Marie (Hg.) (1978): Feminism and Materialism: Women and Modes of Production. London

Lacan, Jacques (1973): Schriften I. Olten.
- Das Seminar über E. A. Poes ›Der entwendete Brief‹, 7–60.
- Das Spiegelstadium als Bildner der Ichfunktion, 61–70.
- Funktion und Feld des Sprechens und der Sprache in der Psychoanalyse, 71–169
Lacan, Jacques (1975): Schriften II. Olten.
- Das Drängen des Buchstaben im Unbewußten oder die Vernunft nach Freud, 15–59.
- Die Bedeutung des Phallus, 119–132
Lacan, Jacques (1976): »Hommage fait à Marguerite Duras du ravissement de Lol V. Stein«. In: Marguerite Duras, par Marguerite Duras e.a.. Paris, 93–100
Lacan, Jacques (1978): Freuds technische Schriften. Das Seminar I. Olten
Lacan, Jacques (1991): Encore. Das Seminar XX. 2. Aufl., Weinheim, Berlin (auszugsweise Übersetzung aus Encore: »La femme n'existe pas«. In: Alternative 108/109 (1976), 160–164)
Lampl-de-Groot, Janine (1933): »Zu den Problemen der Weiblichkeit«. In: Internat. Zeitschr. f. Psychoanalyse, 19, 385–415
Laplanche, Jean/Pontalis, J.-B. (1989): Das Vokabular der Psychoanalyse. 9. Aufl., Frankfurt/M.
Lavergne-Peguilhen, Marietta von (1997): Undermining Gender – Overcoming Sex. Identität und Autorschaft bei Mary Wilkins Freeman, Edith Wharton und Ellen Glasgow. Frankfurt/M.
Lavizzari, Alexandra (Hg.) (1991): Virginia Woolf. Frankfurt/M.
Lehnert, Gertrud (2000): Die Leserin. Das erotische Verhältnis der Frauen zur Literatur. Berlin
Lenk, Elisabeth (1976): »Die sich selbst verdoppelnde Frau«. In: Frauen, Kunst, Kulturgeschichte. Ästhetik und Kommunikation, 25
Libreria delle donne di Milano (1989): Wie weibliche Freiheit entsteht. Eine neue politische Praxis. 2. Aufl., Berlin
Lorey, Isabell (1996): Immer Ärger mit dem Subjekt. Theoretische und politische Konsequenzen eines juridischen Machtmodells: Judith Butler. Tübingen
Lühe, Irmela von der (Hg.) (1982): Entwürfe von Frauen in der Literatur des 20. Jahrhunderts. Berlin
Makward, Christine (1978): »Structures du silence/du délire: Marguerite Duras, Hélène Cixous«. In: Poétique, 35, septembre, 314–324
Man, Paul de (1988): Allegorien des Lesens. Frankfurt/M.
Man, Paul de (1993): »Autobiographie als Maskenspiel«. In: Die Ideologie des Ästhetischen. Frankfurt/M., 131–146
Marcus, Jane (Hg.) (1981): New Feminist Essays on Virginia Woolf. London
Marcus, Jane (1987): Virginia Woolf and the Languages of Patriarchy. Bloomington, Indianapolis
Mariaux, Veronika (Hg.) (1994): Papierne Mädchen – Dichtende Mütter. Lesen in der weiblichen Genealogie. Frankfurt/M.
Marini, Marcelle (1977): Territoires du féminin avec Marguerite Duras. Paris

Marks, Elaine (1978): »Women and Literature in France«. In: Signs 3, 832–842

Marks, Elaine/Courtivron, Isabelle de (Hg.) (1981): New French Feminisms: An Anthology. Brighton

McConnell-Ginet, Sally e.a. (Hg.) (1980): Women and Language in Literature and Society. New York

Meaney, Gerardine (1993): (Un)Like Subjects: Women, Theory, Fiction. London

Meyer, Eva (1983): Zählen und Erzählen. Für eine Semiotik des Weiblichen. Wien, Berlin

Meyer, Eva (1989): Die Autobiographie der Schrift. Frankfurt/M.

Meyer, Eva (1990): »Die Autobiographie der Schrift«. In: Verein Sozialwissenschaftliche Forschung und Bildung für Frauen (Hg.): Genealogie und Traditionen. Facetten feministischer Theoriebildung, Materialienband 6, Frankfurt/M., 67–80

Meyer Spacks, Patricia (1976): The Female Imagination. A Literary and Psychological Investigation of Women's Writing. London

Millett, Kate (1982): Sexus und Herrschaft. Die Tyrannei des Mannes in unserer Gesellschaft. Köln

Mills, Sarah et al. (1989): Feminist Readings/Feminists Reading. Hempstead

Mitchell, Juliet (1976): Psychoanalyse und Feminismus. Frankfurt/M.

Mitchell, Juliet (1984): Women: The Longest Revolution. Essays in Feminism, Literature and Psychoanalysis. London

Mitscherlich, Margarete (1985): Die friedfertige Frau. Frankfurt/M.

Modleski, Tania (1991): Feminism without Women: Culture and Criticism in a ›Postfeminist‹ Age. New York

Modleski, Tania (1999): Old Wives' Tales And Other Women's Stories. New York

Moers, Ellen (1976): Literary Women. New York

Moi, Toril (1989): Sexus, Text, Herrschaft. Feministische Literaturtheorie. Bremen

Morrien, Rita (1995): Weibliches Textbegehren bei Ingeborg Bachmann, Marlen Haushofer, Unica Zürn. Würzburg

Morris, Pam (1993): Literature and Feminism: An Introduction. Oxford

Müller, Marlene (1993): Woolf mit Lacan. Der Signifikant in den Wellen. Bielefeld

Munt, Sally (Hg.) (1992): New Lesbian Criticism: Literary and Cultural Readings. Hempstead

Muraro, Luisa (1993): Die symbolische Ordnung der Mutter. Freiburg

Neumann, Gerhard (Hg.) (1997): Poststrukturalismus: Herausforderung an die Literaturwissenschaft. Stuttgart, Weimar

Newton, Judith/Rosenfeld, Deborah (Hg.) (1985): Feminist Criticism and Social Change: Sex, Class and Race in Literature and Culture. London

Nicholson, Linda (Hg.) (1990): Feminism/Postmodernism. London

Olivier, Christiane (1989): Jokastes Kinder. Die Psyche der Frau im Schatten der Mutter. München

Opfermann, Susanne (1996): Diskurs, Geschlecht und Literatur: Amerikanische Autorinnen des 19. Jahrhunderts. Stuttgart

Osinski, Jutta (1995): Einführung in die feministische Literaturwissenschaft. Berlin

Peters, Ursula (1988): »Vita religiosa und spirituelles Erleben. Frauenmystik und frauenmystische Literatur im 13. und 14. Jahrhundert«. In: Gisela Brinker-Gabler (Hg.): Deutsche Literatur von Frauen. Bd. 1, München, 88–109

Plaza, Monique: »»Phallomorphic Power‹ and the Psychology of ›Woman‹«. In: Ideology and Consciousness, 4, Autumn, 4–36

Poe, Edgar Allen (1984): Das ovale Porträt. In: Der Untergang des Hauses Usher und andere Geschichten. Zürich

Prokop, Ulrike (1976): Weiblicher Lebenszusammenhang. Von der Beschränktheit der Strategien und der Unangemessenheit der Wünsche. Frankfurt/M.

Puknus, Heinz (Hg.) (1980): Neue Literatur der Frauen. Deutschsprachige Autorinnen der Gegenwart. München

Rich, Adrienne (1972): »When We Dead Awaken: Writing as Re-Vision«. In: College English 34/1 (October 1972), 18–19

Rigendinger, Rosa (1993): Aufruhr im Selben. Unbeschriebene Genealogien in drei späten Texten von Marguerite Duras. Wien

Roebling, Irmgard/Mauser, Wolfram (Hg.) (1996): Mutter und Mütterlichkeit: Wandel und Wirksamkeit einer Phantasie in der deutschen Literatur. Würzburg

Röhnelt, Inge (1990): Hysterie und Mimesis in ›Malina‹. Frankfurt/M.

Rohde-Dachser, Christa (1991): Expedition in den dunklen Kontinent. Weiblichkeit im Diskurs der Psychoanalyse. Berlin, Heidelberg

Ruh, Kurt (1993): Geschichte der abendländischen Mystik. Bd. 2: Frauenmystik und Franziskanische Mystik der Frühzeit. München

Rullmann, Marit/Schlegel, Werner (2000): Frauen denken anders. Frankfurt/M.

Runte, Annette (1977): »Lippenblütlerinnen unter dem Gesetz. Über feministischen Diskurs in Frankreich. Irigaray, Cixous, Clément, Kristeva«. In: Die schwarze Botin, 5

Sage, Lorna (Hg.) (1999): The Cambridge Guide to Women's Writing in English. Cambridge

Schabert, Ina/Schaff, Barbara (Hg.) (1994): Autorschaft: Genus und Genie in der Zeit um 1800. Berlin

Schabert, Ina (1997): Englische Literaturgeschichte aus der Sicht der Geschlechterforschung. Stuttgart

Schaps, Regina (1992): Hysterie und Weiblichkeit. Wissenschaftsmythen über die Frau. Frankfurt/M.

Scheffer-Hegel, Barbara/Wartmann, Brigitte (1984): Mythos Frau. Projektionen und Inszenierungen im Patriarchat. Berlin

Schlesier, Renate (1990): Mythos und Weiblichkeit bei Sigmund Freud: Zum Problem von Entmythologisierung und Remythologisierung in der psychoanalytischen Theorie. Frankfurt/M.

Schor, Naomi (1981): »Female Paranoia. The Case of Psychoanalytic Feminist Criticism«. In: Yale French Studies, 62, 204–19

Schor, Naomi (1992): »Dieser Essentialismus, der keiner ist – Irigaray begreifen«. In: Barbara Vinken (Hg.): Dekonstruktiver Feminismus. Frankfurt/M., 219–246

Schottelius, Saskia (1990): Das imaginäre Ich. Subjekt und Identität in Ingeborg Bachmanns Roman ›Malina‹ und Jacques Lacans Sprachtheorie. Frankfurt

Schuller, Marianne (1984): »Wider den Bedeutungswahn. Zum Verfahren der Dekomposition in ›Der Fall Franza‹«. In: H. L. Arnold (Hg): Ingeborg Bachmann. München, 150–156

Schuller, Marianne (1990). Im Unterschied: Lesen, Korrespondieren, Adressieren, Frankfurt/M.

Schwenk, Katrin (1996): Politik des Lesens. Stationen der feministischen Kanonkritik in den USA. Pfaffenweiler

Sellers, Susan (Hg.) (1988): Writing Differences. Readings from the Seminar of Hélène Cixous. Stratford

Shaw, Marion (Hg.) (1998): An Introduction to Women's Writing: From the Middle Ages to the Present. London

Shiach, Morag (1991): Hélène Cixous: A Politics of Writing. London

Showalter, Elaine (1977): A Literature of Their Own. British Women Novelists from Brontë to Lessing. Princeton

Showalter, Elaine (Hg.) (1985): The New Feminist Criticism. New York

Showalter, Elaine (1987): »Feministische Literaturkritik in der Wildnis«. In: Karen Nölle-Fischer (Hg.): Mit verschärftem Blick. Feministische Literaturkritik. München, 49–89

Simmel, Georg (1986): Philosophische Kultur. Über das Abenteuer, die Geschlechter und die Krise der Moderne. Berlin

Smith, Barbara/Appelt, Ursula (Hg.) (2001): Write or be Written. Early Modern Women Poets and Cultural Constraints. Aldershot

Spender, Dale (1986): Mothers of the Novel. London, New York

Spivak, Gayatri (1980): »Unmaking and Making in ›To the Lighthouse‹«. In: Sally McConnell-Ginet e.a. (Hg.): Women and Language in Literature and Society. New York, 310–327

Spivak, Gayatri (1992): »Verschiebung und der Diskurs der Frau«. In: Barbara Vinken (Hg.): Dekonstruktiver Feminismus. Literaturwissenschaft in Amerika. Frankfurt/M., 183–219

Stephan, Inge/Weigel, Sigrid u.a. (Hg.) (1984): Feministische Literaturwissenschaft. Berlin

Stephan, Inge/Weigel, Sigrid (1985): Die verborgene Frau. Berlin

Stephan, Inge/Weigel, Sigrid (Hg.) (1987): Weiblichkeit und Avantgarde. Berlin

Stephan, Inge/Venske, Regula/Weigel, Sigrid (1987): Frauenliteratur ohne Tradition? Neun Autorinnenporträts. Frankfurt/M.

Stubbs, Patricia (1979): Women and Fiction: Feminism and the Novel 1880–1920. London

Theweleit, Klaus (1977): Männerphantasien. Bd. 1: Frauen, Fluten, Körper, Geschichte. Frankfurt/M.

Traub, Valerie (Hg.) (1996): Feminist Readings of Early Modern Culture: Emerging Subjects. Cambridge

Vinken, Barbara (Hg.) (1992): Dekonstruktiver Feminismus. Literaturwissenschaft in Amerika. Frankfurt/M.

Wagner, Hedwig (1998): Theoretische Verkörperungen: Judith Butlers feministische Subversion der Theorie. Frankfurt/M.

Weedon, Chris (2001): Redefining Otherness, Negotiating Difference: Contemporary British Asian Women's Writing. Amsterdam

Weiblichkeitsbilder. Silvia Bovenschen und Marianne Schuller im Gespräch mit Herbert Marcuse. In: Habermas, Jürgen/Bovenschen, Silvia u.a.: Gespräche mit Herbert Marcuse. Frankfurt 1978, 65–87

Weigel, Sigrid (1983): »Der schielende Blick. Thesen zur Geschichte weiblicher Schreibpraxis«. In: Sigrid Weigel/Inge Stephan: Die verborgene Frau. Berlin

Weigel, Sigrid (1986): »»Das Weibliche als Metapher des Metonymischen«. Kritische Überlegungen zur Konstitution des Weiblichen als Verfahren oder Schreibweise«. In: Frauensprache – Frauenliteratur? Akten des VII. Internationalen Germanisten-Kongresses, Bd. 6, Tübingen, 108–118

Weigel, Sigrid (1987): Die Stimme der Medusa. Schreibweisen in der Gegenwartsliteratur von Frauen. Dülmen

Weigel, Sigrid (1990a): »Die Verdoppelung des männlichen Blicks und der Ausschluß der Frauen aus der Literaturwissenschaft«. In: Karin Hausen/ Helga Nowotny (Hg.), Wie männlich ist die Wissenschaft? Frankfurt/M., 3. Aufl., 43–61

Weigel, Sigrid (1990b): Topographien der Geschlechter. Hamburg

Weiss, Peter (1988): Ästhetik des Widerstands. Bd. 1. Frankfurt/M.

Winnicott, D. W. (1978): Familie und individuelle Entwicklung. München

Wolf, Christa (1988): Voraussetzungen einer Erzählung: Kassandra. Frankfurt/M.

Wood, Jane (2001): Passion and Pathology in Victorian Fiction. Oxford

Woolf, Virginia (1981): Ein Zimmer für sich allein. Frankfurt/M.

Woolf, Virginia (1989): Frauen und Literatur. Frankfurt/M.

Woolf, Virginia (1989/90): Der gewöhnliche Leser. Frankfurt/M.

Woolf, Virginia (1991): Zum Leuchtturm. Frankfurt/M.

Würzbach, Natascha (1995): Einführung in die Theorie und Praxis der feministisch orientierten Literaturwissenschaft. Trier

Wynne-Davies, Marion (1998): Abandoned Women: Female Authorship in the Middle Ages. London

Wysocki, Gisela von (1982): Weiblichkeit und Modernität. Über Virginia Woolf. Frankfurt/M., Paris

Personenregister

Sammlung Metzler